John Gray

Kinder sind vom Himmel

JOHN GRAY

Kinder sind vom Himmel

Fünf Freiheiten, die Kinder stark machen

Aus dem Amerikanischen
von Clemens Wilhelm

GOLDMANN VERLAG

Die amerikanische Originalausgabe erschien 1999
unter dem Titel »Children Are From Heaven«
bei HarperCollins, New York.

Umwelthinweis:
Dieses Buch und der Schutzumschlag
wurden auf chlorfrei gebleichtem Papier gedruckt.
Die Einschrumpffolie (zum Schutz vor Verschmutzung)
ist aus umweltfreundlicher und recyclingfähiger PE-Folie.

3. Auflage

Satz: Uhl + Massopust, Aalen
Druck: GGP Media, Pößneck
Printed in Germany
www.goldmann-verlag.de
ISBN 3-442-30876-3

Dieses Buch widme ich
in Liebe und Zuneigung
meiner Frau Bonnie Gray.
Ohne ihre Weisheit und ihr Verständnis
hätte ich dieses Buch nicht schreiben können.
Das Licht ihrer Liebe und Freude
erhellt nicht nur mein Leben,
sondern auch das Leben unserer Kinder.

Inhalt

Einleitung

Nach meinem ersten Ehejahr war ich frisch gebackener Vater eines Babys, Lauren. Dazu hatte ich zwei wunderbare Stieftöchter: Juliet war acht und Shannon fast zwölf. Meine Frau Bonnie hatte also schon Erziehungserfahrung, während es für mich das erste Mal war. Plötzlich Vater dreier Kinder zu sein, war für mich keine geringe Herausforderung.

Andererseits hatte ich schon viele Workshops mit Kindern und Jugendlichen abgehalten, und ich wusste sehr gut, was Kinder ihren Eltern gegenüber empfinden. Ebenso hatte ich Tausende von Erwachsenen beraten und ihnen geholfen, Probleme zu lösen, deren Wurzeln in ihrer Kindheit lagen. Wenn sie die Zuwendung der Eltern entbehren mussten, lehrte ich sie, wie sie ihre Wunden heilen konnten, indem sie für sich selbst Eltern wurden. Mit diesem Hintergrund begann ich also meine Laufbahn als Vater.

Im Laufe der Zeit stellte ich immer wieder fest, dass ich automatisch Dinge tat, die auch meine Eltern getan hatten. Manches davon war gut, manches weniger gut und einiges war eindeutig schlecht. Auf der Grundlage meiner eigenen Erfahrungen und der Erfahrungen der Tausenden von Menschen, mit denen ich gearbeitet hatte, gelang es mir nach und nach, neue Wege der Erziehung zu entdecken.

Ich erinnere mich noch genau daran, wie ich zum ersten Mal an mir selbst etwas änderte. Shannon hatte einen Wortwechsel mit ihrer Mutter. Ich ging hinunter, um Bonnie zu unterstützen. Irgendwann wurde es mir zu bunt, und ich wurde laut. Schon nach wenigen Minuten hatte ich mich durchgesetzt. Shannon sagte nichts mehr und hielt ihren Schmerz und ihren Ärger zurück. Und da wurde mir plötzlich klar, wie sehr ich sie verletzt hatte.

In diesem Augenblick erkannte ich, dass ich einen Fehler gemacht hatte. Mein Verhalten war nicht hilfreich. Ich verhielt mich genauso, wie es mein Vater tat, wenn er sich nicht mehr zu helfen wusste: Ich schrie und schüchterte meine Tochter ein, um das Heft wieder in die Hand zu bekommen. Aber es war mir klar, dass dies nicht die Antwort sein konnte. Von diesem Tag an schrie ich meine Kinder nie mehr an.

Meine Frau und ich suchten und fanden schließlich andere, konstruktivere Möglichkeiten, die Kontrolle wiederzugewinnen, wenn sich unsere Kinder nicht richtig verhielten.

Liebe allein genügt nicht

Ich bin meinen Eltern für ihre Liebe und Unterstützung sehr dankbar, beides hat mir sehr geholfen. Aber trotz allem haben mich einige ihrer Fehler verletzt. Indem ich diese Wunden heilte, konnte ich ein besserer Vater werden. Ich weiß, dass sie im Rahmen dessen, was sie über die Bedürfnisse von Kindern wussten, ihr Bestes taten. Wenn Eltern Fehler bei der Erziehung machen, dann nicht deshalb, weil sie ihre Kinder nicht lieben würden, sondern weil sie es einfach nicht besser wissen.

Neben der Zeit, die man sich für die Kinder nimmt, ist Liebe das Wichtigste in der Erziehung. Aber Liebe allein genügt nicht. Wenn Eltern die besonderen Bedürfnisse ihrer Kinder nicht verstehen, können sie ihnen auch nicht geben, was sie brauchen.

Wenn Eltern nichts von den Bedürfnissen ihrer Kinder wissen, können sie diese auch nicht wirksam unterstützen.

Manche Eltern haben wirklich den Willen, sich für ihre Kinder Zeit zu nehmen, aber sie tun es nicht, weil sie nicht wissen, was sie mit ihnen anfangen sollen oder weil ihre Kinder sie ablehnen. Viele Eltern versuchen, mit ihren Kindern ins Gespräch zu kommen, aber die Kinder verschließen sich und bleiben stumm.

Manchen Eltern ist es auch zuwider, ihre Kinder anzuschreien, sie zu schlagen oder zu bestrafen, aber sie wissen sich einfach nicht anders zu helfen. Weil sie nicht mit ihren Kindern reden können, greifen sie als letztes Mittel zu Bestrafung oder zur Androhung von Strafen.

Alte Erziehungsmethoden kann man nur aufgeben, wenn man neue hat.

Das Gespräch ist hilfreich, aber man muss erst darüber Bescheid wissen, was Kinder brauchen. Bevor Kinder bereit sind, mit einem zu reden, muss man lernen zuzuhören. Man muss fragen lernen, damit Kinder zur Zusammenarbeit bereit sind. Man muss lernen, wie man seinen Kindern immer mehr Freiheit gibt und trotzdem die Kontrolle behält. Eltern, die sich diese Fähigkeiten erwerben, können auf überholte Erziehungsmethoden verzichten.

Es geht auch anders

Als psychologischer Berater und Lehrer von Tausenden von Menschen war mir klar, welche Erziehungsmethoden nicht funktionierten, aber ich kannte keine besseren Lösungen. Bei der Entwicklung der Philosophie von »Kinder sind vom Himmel!« und der fünf Fertigkeiten positiver Erziehung entdeckte ich allmählich eine wirksame Alternative zu traditionellen Erziehungsmethoden.

Um ein besserer Erzieher zu sein, genügt es nicht,
Dinge zu unterlassen, die sich nicht bewährt haben.

Die Entwicklung der positiven Erziehungsmethoden, wie sie in diesem Buch dargestellt sind, nahm über dreißig Jahre in Anspruch. Sechzehn Jahre lang konnte ich als Berater von Erwachsenen studieren, wo Erzieher in der Kindheit meiner Klienten Fehler gemacht hatten. Als Vater konnte ich dann weitere vierzehn Jahre lang neue Erziehungsmethoden entwickeln und erproben. Diese neuen Erkenntnisse und Fertigkeiten haben sich nicht nur bei der Erziehung meiner eigenen Kinder, sondern inzwischen auch in Tausenden anderen Familien bewährt.

Die allein erziehende Marge begann diese Methoden bei ihrer ältesten Tochter Sarah anzuwenden, die nicht mehr mit ihr redete und nahe daran war, das Haus zu verlassen. Als Marge ihr Kommunikationsverhalten veränderte, konnten sie ihre Probleme lösen. Sarah änderte sich buchstäblich über Nacht. Bevor Marge an meinem Workshop »Kinder sind vom Himmel!« teilgenommen hatte, machte Sarah sofort ein finsteres Gesicht, wenn ihre Mutter sie ansprach. Nur wenige Monate später war Sarah bereit, über ihr Leben zu reden, zuzuhören und sich gegenüber ihrer Mutter kooperativ zu verhalten.

Tim und Carol hatten Probleme mit ihrem Jüngsten, dem dreijährigen Kevin. Er bekam dauernd Wutanfälle und versuchte, seinen Willen durchzusetzen. Als sie aufhörten, ihm Prügel zu verabreichen und stattdessen das Mittel der Auszeiten einsetzten, ließen Kevins Wutanfälle nach. Tim und Carol bekamen wieder die Kontrolle, indem sie lernten, auf Kevins besondere Bedürfnisse einzugehen.

Philip war ein erfolgreicher Geschäftsmann. Durch die Teilnahme an einem Workshop »Kinder sind vom Himmel!« erkannte er, wie sehr ihn seine Kinder brauchten und wie er ihre Entwicklung unterstützen konnte. Er selbst war hauptsächlich von seiner Mutter erzogen worden und wusste nicht, wie wichtig ein Vater ist. Als ihm klar wurde, was seine Kinder brauchten und was er tun konnte, war er auch bereit, sich mehr Zeit für seine Kinder zu nehmen. Er ist dankbar für dieses neue Wissen, weil jetzt nicht nur seine Kinder glücklicher sind, sondern auch er selbst. Es entging ihm die Freude der Elternschaft, und er wusste es nicht einmal.

Viele Männer, die sich nicht an der Erziehung beteiligen, wissen nicht, was ihnen entgeht.

Tom und Karen hatten dauernd Auseinandersetzungen wegen der Erziehung. Weil sie selbst unterschiedlich erzogen waren, konnten sie sich auch nicht einigen, wie sie ihre Kinder disziplinieren oder erziehen sollten. Nach der Teilnahme an einem Workshop »Kinder sind vom Himmel!« kamen sie zu einer gemeinsamen Haltung. Die Kinder profitierten nicht nur von mehr Unterstützung, sondern auch davon, dass sich ihre Eltern nicht mehr dauernd stritten.

Und so gäbe es noch unzählige Geschichten von Familien zu erzählen, die von den neuen Erkenntnissen, die in diesem Buch aufgezeigt sind, profitierten. Wer Zweifel hat, ob sie sich wirklich bewähren, braucht es nur zu versuchen und die Ergebnisse abzuwarten. Sie werden sich sehr schnell zeigen.

Die Wirksamkeit dieser Methoden ist leicht zu beweisen: Wer sie anwendet, sieht sehr schnell Erfolge.

Die Vorschläge in diesem Buch sind leicht nachzuvollziehen. In vielen Fällen wird Ihnen beim Lesen manches plötzlich ganz deutlich werden, von dem Sie schon ahnten, dass es für Sie das Richtige ist. Bei anderen Lesern werden diese neuen Erkenntnisse Klarheit darüber schaffen, wo sie Fehler gemacht haben, und sie werden Antworten auf viele ihrer Fragen finden. Das Buch kann zwar nicht jedes Problem lösen, mit dem man konfrontiert werden kann, aber es bietet insgesamt einen ganz neuen Ansatz zur Lösung von Erziehungsfragen.

»Kinder sind vom Himmel!« ist eine umfassende praxisbezogene Erziehungsphilosophie für Kinder aller Altersstufen, von Kleinkindern bis zu Heranwachsenden. Selbst wenn die Kinder noch nicht mit diesen Methoden erzogen wurden, werden sie rasch darauf ansprechen.

»Kinder sind vom Himmel!« ist eine umfassende praxisbezogene Erziehungsphilosophie für Kinder aller Altersstufen.

Ich selbst habe die Erfahrung gemacht, dass meine beiden Stieftöchter sofort positiv auf diesen neuen Ansatz reagierten, obwohl sie noch teilweise mit den alten Methoden wie Strafen und Anschreien erzogen worden waren. Kinder jeden Alters werden ungeachtet ihrer bisherigen Erziehung kooperativer.

Die Techniken bewähren sich sogar bei Kindern, die vernachlässigt, missbraucht oder hart bestraft wurden. Natürlich treten bei solchen Kindern oft echte Verhaltensstörungen auf, doch diese lassen sich leichter korrigieren, wenn die beschriebene Methode angewandt wird. Kinder sind unglaublich anpassungsfähig, wenn sie die richtige liebevolle Unterstützung erhalten.

Erziehung in der Krise

Die Erziehungsmethodik der westlichen Welt steckt heute in einer Krise. Tagtäglich hört man von Kinder- und Jugendkriminalität, mangelndem Selbstwertgefühl und Depressionen bei Kindern, Drogenmissbrauch und Selbstmord. Nichts scheint mehr zu helfen, und die Probleme der Kinder scheinen immer größer zu werden.

Manche Eltern glauben, dass diese Probleme daher rühren, dass die Kinder zu sehr verwöhnt werden, während andere überholten Erziehungsmethoden wie Schlägen und Anschreien die Schuld geben. Wieder andere sehen die Ursache in einer allgemeinen nagativen Entwicklung der Gesellschaft. Viele halten zu viel Werbung, zu viel Gewalt und zu viel Sex im Fernsehen und im Kino für das Grundübel.

Natürlich sind gesellschaftliche Einflüsse ein Teil des Problems, und gewiss ist hier der Gesetzgeber gefordert, aber das Hauptproblem liegt zu Hause. Deshalb können die Probleme unserer Kinder auch zu Hause gelöst werden. Statt nur auf eine Veränderung der gesellschaftlichen Verhältnisse zu warten, sollten Eltern einsehen, dass es in ihrer Macht liegt, starke, selbstbewusste, kooperative und mitfühlende Kinder zu erziehen.

Die Probleme unserer Kinder beginnen zu Hause, und deshalb können diese Probleme auch zu Hause gelöst werden.

Um auf die gesellschaftlichen Veränderungen angemessen reagieren zu können, müssen Eltern ihre Erziehungsmethoden anpassen. In den vergangenen zweihundert Jahren hat die Gesellschaft dramatische Veränderungen in Richtung mehr individueller Freiheit und individueller Rechte erlebt. Aber während einerseits die Prinzipien der Freiheit und der Menschenrechte gelten, arbeiten viele Eltern noch mit den Erziehungsmethoden des Mittelalters.

Firmen wissen, dass sie auf dem freien Markt nur bestehen können, wenn sie flexibel und anpassungsfähig bleiben. Ebenso müssen Eltern, die möchten, dass ihre Kinder in einer freien Welt mithalten können, diese mit den wirksamsten und modernsten Erziehungsmethoden entsprechend vorbereiten.

Früher wurden Kinder durch Einschüchterung, dominantes Verhalten und das Einreden von Schuldgefühlen unter Kontrolle gehalten. Um sie zu gutem Betragen anzuhalten, wurde ihnen klargemacht, dass sie böse seien, wenn sie nicht gehorchten und dass sie dann keine gute Behandlung verdient hätten. Die Furcht vor Liebesentzug und davor, Privilegien zu verlieren, war ein starkes Abschreckungsmittel. Wenn dies nicht ausreichte, griff man zu härteren Strafen, um noch mehr Furcht zu erzeugen und den Willen eines Kindes zu brechen. Widerspenstige Kinder nannte man oft »eigensinnig«. Aber aus der Perspektive einer positiven Erziehung muss die Willenskraft eines Kindes gerade gefördert werden, wenn es Vertrauen, Kooperationsbereitschaft und Mitgefühl entwickeln soll.

Wenn ein Kind Vertrauen, Kooperationsbereitschaft und Mitgefühl entwickeln soll, muss seine Willenskraft gefördert, nicht gebrochen werden.

Früher versuchte man, »gute« Kinder zu erziehen. Eine positive Erziehungsmethode dagegen bringt Kinder mit Mitgefühl hervor, die nicht mit Drohungen zum Einhalten von Regeln gezwungen werden, sondern spontan handeln und Entscheidungen mit einem offenen Herzen treffen. Sie lügen und betrügen nicht, sondern sind ehrlich und gerecht. Moral wird diesen Kindern nicht von außen aufgezwungen, sondern kommt aus dem Inneren und wird durch Kooperation mit ihren Eltern erlernt.

Eine positive Erziehung versucht nicht, »gute« Kinder, sondern mitleidsvolle Kinder hervorzubringen.

Frühere Erziehungsmethoden zielten auf Unterwerfung. Eine positive Erziehung möchte jedoch selbstbewusste Persönlichkeiten hervorbringen, die ihr Schicksal selbst in die Hand nehmen und nicht bloß in die Fußstapfen ihrer Vorgänger treten. Solche selbstbewussten Kinder wissen, wer sie sind und was sie wollen.

Selbstbewusste Kinder sind für den Druck ihrer Altersgenossen nicht anfällig und sie verspüren keinen Drang zur Auflehnung. Sie denken selbstständig und bleiben trotzdem offen für die Unterstützung und Hilfe ihrer Eltern. Als Erwachsene lassen sie sich nicht durch die beschränkten Überzeugungen anderer einengen. Sie folgen einem inneren Kompass und treffen eigenständige Entscheidungen.

Die heutigen Kinder sind anders

Wie die heutige Welt anders ist, so sind auch unsere Kinder anders. Eine Erziehung auf der Grundlage von Angst nehmen sie nicht an, mit einer solchen Methode schwächen Eltern nur ihre eigene Autorität. Durch Einschüchterung mittels Schreien und Schlägen verschafft man sich heute keine Autorität mehr, sondern blockiert lediglich die Bereitschaft von Kindern, zuzuhören und sich kooperativ zu verhalten. Eltern bemühen sich um eine bessere Kommunikation mit ihren Kindern, um sie auf den vermehrten Druck der heutigen Lebensumstände vorzubereiten, aber leider wenden sie in ihrer Erziehung immer noch überholte Methoden an.

Die Androhung von Strafen
bringt Kinder nur gegen ihre Eltern auf.

Ich erinnere mich, dass auch mein Vater diesen Fehler beging. Er versuchte, seine sechs Jungen und seine Tochter mit der Androhung von Strafen zu disziplinieren. Er war Sergeant beim Militär und er kannte nichts anderes. Sooft wir versuchten, uns seiner Kontrolle zu entziehen, setzte er sie mit der Androhung von Strafen wieder durch. Eine solche Erziehungsmethode funktionierte vielleicht noch in seiner Generation, aber in meiner war es schon schwierig, und bei unseren Kindern greift sie ganz gewiss nicht mehr.

Wenn die Drohungen meines Vaters nichts fruchteten, verschärfte er sie. Er sagte: »Wenn du weiter in diesem Ton mit mir redest, kriegst du eine Woche Hausarrest.«

Blieb ich bei meinem Widerstand, sagte er: »Wenn du nicht aufhörst, gibt es zwei Wochen.«

Gab ich immer noch nicht nach, hieß es: »In Ordnung, du kriegst einen Monat, geh jetzt auf dein Zimmer.«

Die Strafe zu verschärfen, hat keine positive Wirkung und erzeugt nur noch mehr Zorn. Den ganzen Monat lang trug ich den Groll über seine Ungerechtigkeit mit mir herum. Statt meine Kooperationsbereitschaft zu vergrößern, vergrößerte er bloß meine innere Distanz zu ihm. Viel besser wäre es gewesen, wenn er einfach gesagt hätte: »Du hörst nicht auf das, was ich dir sage. Du nimmst jetzt erst mal eine Auszeit von zehn Minuten.«

Mit Bestrafung konnte man früher den Willen von Kindern brechen und möglicherweise ihren Gehorsam erzwingen, doch das funktioniert nicht mehr. Kinder sind heute viel anspruchsvoller und wacher. Sie haben ein sehr feines Gespür für Ungerechtigkeit und Missbrauch und sie nehmen dies nicht hin. Sie begehren auf und rebellieren. Vor allem aber unterbrechen Strafen und die Anordnung von Strafen die Kommunikation. Statt Teil der Lösung zu sein, werden Eltern so zu einem Teil des Problems.

Durch Strafen werden Eltern zu einem Feind,
vor dem man sich verstecken muss, statt zu Menschen,
von denen man Unterstützung erwartet.

Was geschieht, wenn man Musik mit voller Lautstärke hört? Man verliert das Gehör. Dasselbe geschieht, wenn Eltern dauernd schreien oder Ansprüche stellen. Ihre Kinder verlieren dadurch bloß die Fähigkeit zuzuhören. Doch um in der Schule erfolgreich zu sein, um auf dem freien Markt bestehen zu können, um eine erfolgreiche, dauerhafte Beziehung aufbauen zu können, brauchen Erwachsene heute bessere Kommunikationsfertigkeiten. Diese Fertigkeiten erwerben Kinder dann am leichtesten, wenn sie ihren Eltern und die Eltern ihren Kindern zuhören.

Kinder hören ihren Eltern zu, wenn Eltern lernen,
ihren Kindern zuzuhören.

In früheren Generationen wurden Gesellschaften von Diktatoren unterdrückt, beherrscht und manipuliert, aber diese Zeiten sind vorbei. Ungerechtigkeit und die Verletzung von Menschenrechten werden nicht mehr hingenommen. Für die Grundsätze der Demokratie haben Menschen ihr Leben geopfert.

Ebenso akzeptieren Kinder heute die Androhung von Strafe nicht mehr. Sie spüren die Ungerechtigkeit der Strafe intensiver, sie rebellieren und verwerfen die Werte ihrer Eltern. Bevor sie noch seelisch so weit sind, dass sie die Eltern nicht mehr brauchen, ziehen sich Kinder zurück und lehnen die Unterstützung ab, die für ihre weitere Entwicklung doch noch so wichtig ist. Sie können es nicht erwarten, die elterliche Autorität abzuschütteln.

Kinder und Jugendliche lehnen die notwendige
elterliche Unterstützung ab,
bevor sie noch seelisch reif dafür sind.

Den meisten Eltern ist durchaus klar, dass die alten Erziehungsmethoden nicht mehr funktionieren, aber sie wissen nicht, was sie sonst tun sollen. Sie verzichten dann vielleicht auf Strafen, aber dies hilft auch nichts. Lasche Erziehung enthält Kindern die elterliche Kontrolle vor, die sie brauchen; sie lassen sich dann oft nichts mehr sagen. Kinder lernen sehr schnell, ihre Möglichkeiten zur Manipulation und Kontrolle ihrer Eltern zu nutzen.

Lässt man es zu, dass Kinder starke negative Stimmungen und Wutanfälle nutzen, um ihren Willen durchzusetzen, dann haben sie die Kontrolle, und die Eltern haben sie nicht mehr in der Gewalt. In vielerlei Hinsicht entstehen dann dieselben Probleme wie bei Kindern, die noch nach dem überholten Prinzip der Strafe erzogen wurden.

Wo Kinder die Kontrolle haben, haben die Eltern sie
nicht mehr in der Gewalt.

Wenn ein Kind zu streng oder zu lasch erzogen wird, macht es in beiden Fällen nicht die Erfahrung, dass seine Eltern echte Autorität haben, und sie lehnen sich gegen alle Versuche der Eltern auf, eine Autorität auszuüben oder wiederzuerlangen. Ohne die Unterstützung der Eltern nimmt aber die Entwicklung des Kindes Schaden. Mit Hilfe der Methoden einer positiven Erziehung, wie sie in diesem Buch dargestellt werden, können Eltern ihren Kindern sowohl die Freiheit vermitteln als auch die Führung geben, die sie für die Entwicklung eines kraftvollen und gesunden Selbstbewusstseins brauchen.

Die alten Methoden, Kinder mittels Einschüchterung, Kritik, Tadel und Strafen zu erziehen, sind nicht nur unwirksam geworden, sondern sind auch kontraproduktiv. Kinder sind heute wacher als in früheren Generationen. Sie haben viel mehr Fähigkeiten, und umso schädlicher sind die Folgen alter Erziehungsmethoden wie Anschreien, Schläge, Strafen, Hausarrest, Demütigung und Beschämung.

Wenn Kinder früher Schläge bekamen, respektierten sie die »elterliche Gewalt« und fügten sich in die Vorschriften. Heute hätten diese nur die gegenteilige Wirkung. Wo Gewalt ausgeteilt wird, wird Gewalt zurückgegeben. Kinder können heute kreativer und intelligenter sein als in früheren Generationen, aber sie sind auch sensibler und darum anfälliger für äußere Einflüsse.

Weil die Kinder sensibler geworden sind, beantworten sie Gewalt mit Gewalt.

Kinder lernen Achtung vor anderen Menschen nicht durch Einschüchterung, sondern durch das Vorbild. Sie leben ganz aus der Nachahmung. Ihr Geist nimmt alles auf, was die Eltern tun und sagen, und sie tun es ihnen nach. Wenn Eltern ein Vorbild an respektvollem Verhalten sind, dann lernen auch Kinder allmählich, andere zu respektieren. Gelingt es Eltern, gelassen, ruhig und liebevoll zu bleiben, wenn ein Kind einen Wutanfall bekommt, dann lernt das Kind mit der Zeit, selbst gelassen, ruhig und liebevoll zu bleiben, wenn starke Empfindungen nach oben drängen. Deshalb müssen Eltern lernen, wie sie sich verhalten müssen, wenn Kinder aus der Kontrolle geraten.

Wenn Eltern wissen, was sie tun müssen,
wenn Kinder aus der Kontrolle geraten,
können sie gelassen und ruhig bleiben.

Schlägt man Kinder, um die Kontrolle wiederzuerlangen, dann lernen Kinder, dass Aggressivität die Antwort auf den Verlust der Kontrolle ist. Immer wieder habe ich es erlebt, dass eine Mutter ihren Sohn schlägt und sagt: »Hör auf, deinen Bruder zu schlagen.« Sie möchte ihm klarmachen, wie es ist, geschlagen zu werden, aber Schläge sind nicht die Antwort. Sie verstärkt dadurch nur seine Neigung zu aggressivem Verhalten.

Eltern haben heute weniger Zeit denn je für die Erziehung. Aus diesem Grund ist es umso wichtiger zu wissen, was Kinder vor allen Dingen brauchen. Dieses Wissen hilft nicht nur, seine Zeit wirksamer zu nutzen, sondern motiviert auch, sich mehr Zeit zu nehmen.

Positive Erziehung für unsere »himmlischen« Kinder

Dieses Buch zeigt praktische Wege auf, wie Sie Ihre Erziehungsfertigkeiten auf den neuesten Stand bringen können. Sie werden nicht nur erfahren, wie es nicht geht, sondern auch, wie Sie es besser machen können. Sie werden neue Möglichkeiten kennen lernen, Ihre Kinder ohne Einschüchterungsstrategien zu Kooperation und Leistungsbereitschaft zu motivieren.

Kinder brauchen heute nicht mehr durch Angst und Strafen motiviert zu werden. Sie besitzen ein angeborenes Wissen, was richtig und falsch ist, und man muss ihnen nur die Möglichkeit geben, diese Fähigkeit zu entwickeln. Belohnungen und der natürliche, gesunde Wunsch, seinen Eltern Freude zu machen, sind eine viel bessere Motivation als Strafe und Einschüchterung.

In den ersten acht Kapiteln werden die verschiedenen Möglichkeiten einer positiven Erziehung aufgezeigt, durch die man die Kommunikation und Kooperation verbessern und seine Kinder motivieren kann, das Beste aus sich selbst zu machen. Die letzten sechs Kapitel zeigen, wie man die fünf wichtigsten Botschaften vermittelt, die Kinder immer wieder hören müssen.

Diese fünf positiven Botschaften sind:

1. Es ist in Ordnung, anders zu sein.
2. Es ist in Ordnung, Fehler zu machen.
3. Es ist in Ordnung, negative Emotionen auszudrücken.
4. Es ist in Ordnung, mehr zu wollen.
5. Es ist in Ordnung, nein zu sagen, aber vergiss nicht, dass die Eltern das Sagen haben.

Diese fünf Botschaften, mit Hilfe der positiven Erziehung vermittelt, helfen den Kindern, ihre von Gott gegebenen Fähigkeiten, die sie für ein erfolgreiches Leben brauchen, zu entwickeln. Zu diesen Fähigkeiten zählen u. a. Nachsicht gegenüber anderen und sich selbst, teilen können, Wünsche aufschieben können, Selbstwertgefühl, Geduld, Beharrlichkeit, Respekt vor anderen und vor sich selbst, Kooperationsbereitschaft, Mitgefühl, Selbstvertrauen und nicht zuletzt, glücklich zu sein. Der Ansatz der positiven Erziehung und die Liebe und Unterstützung der Eltern bieten Kindern die Chance, sich in jedem Stadium ihres Wachstums optimal zu entwickeln.

Mit diesen neuen Erkenntnissen erwirbt man das Vertrauen, seine Kinder richtig erziehen zu können. Wenn Fragen und Unsicherheiten auftauchen, weiß man künftig, wohin man sich jederzeit wenden kann, wo man Unterstützung bekommt und daran erinnert wird, was die Kinder brauchen und was man für sie tun kann.

Vor allen Dingen aber darf man nie vergessen, dass Kinder vom Himmel sind. Sie haben schon alles in sich, was sie für ihr Wachstum brauchen. Eltern haben lediglich die Aufgabe, diesen Wachstumsprozess zu unterstützen. Durch die Anwendung der fünf Botschaften und der positiven Erziehung wird man nicht nur das Vertrauen erwerben, dass man genau das Richtige tut, sondern auch die Gewissheit haben, dass die Kinder das Leben werden führen können, zu dem sie bestimmt sind.

Kinder sind vom Himmel!

Bei ihrer Geburt sind alle Kinder unschuldig und gut. In diesem Sinne sind unsere Kinder vom Himmel. Jedes einzelne Kind ist einmalig und etwas Besonderes, jedes Kind kommt mit seinem ganz individuellen Schicksal auf die Welt. Ein Apfelkern wird in ganz natürlicher Weise zu einem Apfelbaum, er kann nicht Birnen oder Orangen hervorbringen. Eltern haben vor allem die Aufgabe, den natürlichen und einmaligen Wachstumsprozess ihres Kindes wahrzunehmen, zu respektieren und zu fördern. Es ist nicht ihre Aufgabe, Kinder nach ihren eigenen Vorstellungen zu formen. Es ist vielmehr ihre Aufgabe, sie klug in einer Weise zu unterstützen, die ihre natürlichen Begabungen und Stärken zum Vorschein bringt.

Kinder brauchen ihre Eltern nicht dafür, damit diese sie zu besseren Menschen machen, sondern um ihr Wachstum zu unterstützen. Eltern bilden den fruchtbaren Boden, auf dem der kindliche Keim zu Größe wachsen kann. Ebenso wie in einem Apfelkern ist auch im Kind schon das ganze Wachstum und die ganze Entwicklung angelegt. Statt zu glauben, dass man etwas tun müsse, um aus Kindern gute Kinder zu machen, muss man erkennen, dass die Kinder schon gut sind.

In der Seele, im Herzen und im Körper eines jeden Kindes ist schon dessen ganze Entwicklung angelegt.

Eltern müssen sich immer bewusst sein, dass Mutter Natur letztlich die Verantwortung für das Wachstum und die Entwicklung der Kinder hat. Als ich einmal meine Mutter nach dem Geheimnis ihrer Erziehungsmethode fragte, sagte sie: »Bei der Erziehung von sechs Jungen und einem Mädchen habe ich letztlich entdeckt, dass ich nur wenig Einfluss auf sie hatte. Es wurde mir klar, dass alles in Gottes Hand liegt. Ich tat mein Bestes, und Gott tat das Übrige.«

Diese Erkenntnis gab ihr Vertrauen zu dem natürlichen Wachstumsprozess. Dadurch wurde dieser Prozess nicht nur einfacher für sie, sondern sie lernte auch, diesen nicht zu stören. Dies ist eine wichtige Erkenntnis für alle Eltern.

Durch die Anwendung positiver Erziehungsmethoden können Eltern lernen, den natürlichen Wachstumsprozess ihrer Kinder zu unterstützen und Einmischung zu vermeiden. Solange Eltern nicht wissen, dass sich Kinder in einer natürlichen Weise entwickeln, erleben sie unnötige Frustrationen, Enttäuschungen, machen sich Sorgen und haben Schuldgefühle und behindern unwissend die Entwicklung der Kinder. Wissen Eltern zum Beispiel nichts von der besonderen Sensibilität eines Kindes, führt dies auf Seiten der Eltern zu Frustrationen, während das Kind das Gefühl bekommt, dass etwas mit ihm nicht in Ordnung ist. Diese falsche Überzeugung »Mit mir stimmt etwas nicht« prägt sich dem Kind ein, und es kann die Gaben nicht nutzen, die eine besondere Sensibilität mit sich bringt.

Jedes Kind hat seine individuellen Probleme

Kinder werden aber nicht nur unschuldig und gut geboren, sondern kommen auch mit ihren ganz individuellen Problemen auf die Welt. Aufgabe der Eltern ist es, den Kindern bei der Bewältigung ihrer speziellen Herausforderungen zu helfen. Ich selbst bin in einer Familie mit sieben Kindern aufgewachsen, und obwohl wir alle dieselben Eltern und dieselben Chancen hatten, wurden aus allen sieben Kindern ganz unterschiedliche Menschen. Ich habe jetzt drei Kinder im Alter von fünfundzwanzig, zweiundzwanzig und dreizehn Jahren, und jedes von ihnen ist und war immer ganz unterschiedlich und hatte seine ganz besonderen Stärken und Schwächen.

Eltern können ihren Kindern helfen, aber sie können deren spezielle Probleme und Herausforderungen nicht wegzaubern. Diese Erkenntnis ist eine Erleichterung, weil man aufhört, die Kinder verändern oder ihre Probleme lösen zu wollen. Man kann seine Kinder mehr sie selbst sein lassen und mehr darauf achten, ihnen durch den Umgang mit den Herausforderungen des Lebens bei ihrem Wachstum zu helfen. Reagieren Eltern in einer entspannteren und vertrauensvolleren Weise auf ihre Kinder, geben sie ihnen dadurch die Gelegenheit, Vertrauen in sich selbst, in ihre Eltern und in die unbekannte Zukunft aufzubauen.

Jedes Kind hat sein ganz persönliches Schicksal. Es wird unnötig Zeit und Energie mit dem Nachgrübeln darüber verschwendet, was man falsch gemacht haben könnte oder was die Kinder hätten tun sollen, statt einfach zu akzeptieren, dass alle Kinder Stärken und Schwächen haben. Die Aufgabe der Eltern ist es, den Kindern zu helfen, mit ihren Veranlagungen erfolgreich umzugehen. Man muss sich immer vor Augen halten, dass Kinder ihre guten und schlechten Seiten haben und dass man daran nichts ändern kann. Man kann aber eines tun: Ihnen die Chance geben, zu dem besten Menschen zu werden, der sie werden können.

Kinder haben ihre Stärken und Schwächen,
daran kann man nichts ändern.

In schwierigen Zeiten, wenn man glaubt, dass etwas mit den Kindern nicht in Ordnung ist, muss man sich wieder darauf besinnen, dass sie vom Himmel sind. Genau so, wie sie sind, sind sie richtig, mit all ihren individuellen Problemen. Die Hindernisse, die sie überwinden müssen, sind notwendig, damit sie verwirklichen können, was in ihnen angelegt ist. Die Probleme, mit denen sie sich auseinander setzen müssen, helfen ihnen, die Unterstützung zu bekommen, die sie brauchen, und ihren Charakter zu entwickeln.

Kinder brauchen nicht nur unser Mitgefühl und unsere Hilfe, sondern sie müssen auch ihre individuellen Herausforderungen haben, um wachsen zu können.

Ein gesunder Wachstumsprozess bedeutet immer auch, dass es Zeiten der Herausforderung gibt. Indem Kinder lernen, die Beschränkungen anzunehmen und zu akzeptieren, die ihnen ihre Eltern und die Welt auferlegen, erlangen sie auch so wichtige Fähigkeiten wie Nachsicht, Aufschieben von Wünschen, Einsicht, Kooperation, Kreativität, Mitgefühl, Mut, Beharrlichkeit, Selbstkorrektur, Selbstachtung, Selbstständigkeit und Selbstsicherheit. Einige Beispiele:

- ▷ Kinder können nur lernen zu verzeihen, wenn es jemanden gibt, dem sie verzeihen können.
- ▷ Kinder können nicht lernen, Geduld zu entwickeln oder Wünsche aufzuschieben, wenn ihnen alles in den Schoß fällt.
- ▷ Kinder können nicht lernen, ihre eigenen Unvollkommenheiten anzunehmen, wenn alles um sie herum vollkommen ist.
- ▷ Kinder können nicht lernen zu kooperieren, wenn immer alles nach ihrem Willen geht.
- ▷ Kinder können nicht lernen, kreativ zu sein, wenn ihnen alles abgenommen wird.

- ▷ Kinder können nur Mitleid und Achtung lernen, wenn sie auch selbst die Erfahrung von Schmerz und Verlust machen.
- ▷ Kinder können nur Mut und Optimismus lernen, wenn sie auch negative Erfahrungen machen.
- ▷ Kinder können keine Beharrlichkeit und Kraft entwickeln, wenn alles zu einfach geht.
- ▷ Kinder können nur lernen, an sich selbst zu arbeiten, wenn sie auch einmal Schwierigkeiten, Versagen und Fehler kennen lernen.
- ▷ Kinder können die Erfahrung von Selbstachtung oder gesundem Stolz nur dann machen, wenn sie auch einmal Hindernisse überwinden müssen, um etwas zu erreichen.
- ▷ Kinder können nur Unabhängigkeit entwickeln, wenn sie auch einmal Zurückweisung erfahren.
- ▷ Kinder können nur selbstbewusst sein, wenn sie die Gelegenheit haben, sich gegen Autorität aufzulehnen und/oder einmal auf etwas zu verzichten, was sie haben wollen.

Herausforderungen und Wachstumsschmerzen sind in vielerlei Hinsicht nicht nur unvermeidlich, sondern auch notwendig. Eltern haben nicht die Aufgabe, Kinder vor den Herausforderungen des Lebens zu schützen, sondern vielmehr die, ihnen zu helfen, diese zu überwinden und dadurch zu wachsen. In diesem Buch werden immer wieder Methoden aufgezeigt werden, durch die man seinen Kindern hilft, mit den Herausforderungen und Rückschlägen des Lebens fertig zu werden.

Es gibt die vielfältigsten Hindernisse im Leben, die den Kindern helfen, stark zu werden und das Beste in sich zu entwickeln. Für einen Schmetterling ist es ein schwerer Kampf, aus seinem Kokon herauszukommen. Wenn man diesen aber aufschneidet, um dem Schmetterling diesen Kampf zu ersparen, stirbt er bald, denn nur durch den Kampf kann sich seine Flügelmuskulatur entwickeln. Ebenso brauchen Kinder, die für diese Welt stark werden sollen, ganz bestimmte Kämpfe und eine ganz bestimmte Unterstützung.

Die fünf Botschaften einer positiven Erziehung

Es gibt fünf wichtige positive Botschaften, die dem Kind helfen, in sich die Kraft zur Auseinandersetzung mit den Herausforderungen des Lebens zu finden und sein inneres Potenzial zu entwickeln. Die neuen Erziehungsmethoden, die in diesem Buch beschrieben werden, beruhen auf der Vermittlung dieser fünf Botschaften. Diese fünf Botschaften sind:

1. Es ist in Ordnung, anders zu sein.
2. Es ist in Ordnung, Fehler zu machen.
3. Es ist in Ordnung, negative Emotionen auszudrücken.
4. Es ist in Ordnung, mehr zu wollen.
5. Es ist in Ordnung, nein zu sagen, aber vergiss nicht, dass die Eltern das Sagen haben.

Schauen wir uns diese Botschaften etwas genauer an.

1. Es ist in Ordnung, anders zu sein

Jedes Kind ist einmalig. Es hat seine besonderen Begabungen, Herausforderungen und Bedürfnisse. Eltern haben die Aufgabe, zu erkennen, was die besonderen Bedürfnisse des Kindes sind und auf diese einzugehen. Diese individuellen Bedürfnisse hängen einerseits vom Geschlecht, andererseits von den besonderen Herausforderungen und Begabungen eines jeden Kindes ab.

Kinder lernen auch unterschiedlich schnell. Es ist wichtig, dass Eltern diese Unterschiede erkennen, da sie sonst beginnen, Kinder zu vergleichen und dadurch unnötige Frustrationen erzeugen. Wenn es um die Bewältigung von Aufgaben geht, kann man Kinder in drei Kategorien einteilen: Läufer, Geher und Springer. Läufer lernen sehr schnell. Geher lernen gleichmäßig und lassen deutlich erkennen, dass sie Fortschritte machen. Springer schließlich sind oft schwieriger zu erziehen. Sie scheinen nichts zu lernen und keine Fortschritte zu machen, dann machen sie plötzlich einen Sprung und »haben es«. Springer sind »Spätzünder«. Lernen dauert bei ihnen etwas länger.

Eltern müssen lernen, Liebe bei den verschiedenen Geschlechtern unterschiedlich auszudrücken. So brauchen Mädchen oft mehr Zuwendung, während dies einem Jungen das Gefühl geben könnte, dass man kein Vertrauen in ihn hat. Umgekehrt könnte zu viel Vertrauen bei einem Mädchen den Eindruck erwecken, dass man sich nicht um es kümmert. Oft geben Väter ihren Töchtern, was Jungen brauchen, und Mütter ihren Jungen, was die Mädchen brauchen.

Wenn Eltern die unterschiedlichen Bedürfnisse von Jungen und Mädchen verstehen, können sie ihre Kinder besser fördern. Außerdem gibt es dann zwischen den Parntern weniger Streit über die Erziehung. Väter sind vom Mars, Mütter von der Venus …

2. Es ist in Ordnung, Fehler zu machen

Alle Kinder machen Fehler. Dies ist völlig normal und zu erwarten. Einen Fehler zu machen heißt nicht, dass etwas mit einem nicht in Ordnung ist, aber manchmal tun Eltern so, als ob ein Fehler niemals hätte geschehen dürfen. Aber Kinder lernen nur, wenn ihnen vorgelebt wird, dass Fehler natürlich und normal sind. Eltern lehren diesen Grundsatz am besten, indem sie ihre eigenen Fehler beim Umgang mit ihren Kindern und miteinander eingestehen.

Wenn Kinder miterleben, wie sich Eltern ganz selbstverständlich entschuldigen, dann lernen sie allmählich, auch Verantwortung für ihre eigenen Fehler zu übernehmen. Statt Kindern einzuhämmern, dass sie sich entschuldigen müssen, sollten Eltern dies vorleben. Kinder lernen durch Rollenmodelle, nicht durch Predigten. Auf diese Weise lernen Kinder nicht nur, verantwortungsvoller zu sein, sondern indem sie ihren Eltern immer wieder ihre Fehler verzeihen, erwerben sie auch die wichtige Fähigkeit des Verzeihens.

Kinder kommen mit der Fähigkeit auf die Welt, ihre Eltern zu lieben, aber sie können noch nicht sich selbst lieben oder sich selbst verzeihen. Dies lernen sie dadurch, wie sie von ihren Eltern behandelt werden und wie ihre Eltern auf eigene Fehler reagieren. Wenn Kinder wegen ihrer Fehler nicht gedemütigt oder bestraft werden, können sie dadurch das Allerwichtigste erwerben: die Fähigkeit, sich selbst zu lieben, sich selbst zu verzeihen und ihre Unvollkommenheit zu akzeptieren.

Dies geschieht durch die wiederholte Erfahrung, dass ihre Eltern Fehler machen und trotzdem der Liebe wert bleiben. In diesem Buch werden wirksame Alternativen zu Schlägen und Strafen aufgezeigt, indem die Eltern belohnen, statt zu bestrafen, oder indem sie eine Auszeit verordnen, statt zu schlagen. Wird eine Auszeit in der richtigen Weise und Konsequenz angewandt, ist sie ein vollwertiger Ersatz für Schläge und Strafen.

3. Es ist in Ordnung, negative Emotionen auszudrücken

Negative Emotionen wie Zorn, Trauer, Furcht, Kummer, Frustration, Enttäuschung, Besorgnis, Verlegenheit, Eifersucht, Verletztheit, Unsicherheit und Beschämung sind nicht nur natürlich und normal, sondern gehören auch zum Erwachsenwerden. Negative Emotionen sind immer in Ordnung und müssen geäußert werden.

Allerdings können negative Emotionen nicht überall und jederzeit ausgelebt werden. Darum müssen Eltern lernen, geeignete Gelegenheiten zu schaffen. Wutanfälle sind ein wichtiger Teil der kindlichen Entwicklung, aber Kinder müssen lernen, wann und wo dies angemessen ist. Andererseits darf man Kindern nicht nachgeben, um einem Wutausbruch vorzubeugen, da dieser sonst oft gerade dann erfolgt, wenn man keine Möglichkeit hat, effektiv und sinnvoll damit umzugehen. Man muss neue Kommunikationsfertigkeiten erwerben und einüben, damit Kindern besser bewusst wird, was sie fühlen. Sonst geraten sie außer Kontrolle, widersetzen sich der elterlichen Autorität und agieren hemmungslos aufgestaute Emotionen aus.

In diesem Buch wird Eltern aufgezeigt, wie sie sinnvoll mit ihren eigenen Irritationen umgehen können. Was Eltern unterdrücken, drücken Kinder zusätzlich zu ihren eigenen negativen Empfindungen aus. Dies erklärt, warum Kinder gerade zu den unpassendsten Gelegenheiten einen »Koller« bekommen – vor allem in Zeiten von Stress, wenn man damit kämpft, seine eigenen Gefühle nicht an die Oberfläche kommen zu lassen.

Eltern können ihre eigenen negativen Gefühle mitteilen, indem sie davon erzählen, wie sie selbst durch Herausforderungen in ihrem Leben wachsen konnten. Man muss hier jedoch auch eine Kehrseite beachten: Wenn man seinen Kindern ständig seine eigenen negativen Gefühle mitteilt, könnten sie ein übermäßiges Verantwortungsbewusstsein entwickeln. Es können Schuldgefühle entstehen, und die Kinder lehnen ihre eigenen inneren Empfindungen ab. Schließlich ziehen sie sich zurück und reden nicht mehr mit ihren Eltern.

Wenn man zum Beispiel zu einem Kind sagt: »Wenn du auf Bäume kletterst, dann habe ich Angst, dass du herunterfallen könntest«, dann gerät das Kind unter die Kontrolle negativer Gefühle. Besser ist es zu sagen: »Es ist nicht ungefährlich, auf Bäume zu klettern. Tu es bitte nur, wenn ich dabei bin.« Dies ist nicht nur wirksamer, sondern Kinder lernen dadurch auch, keine Entscheidungen auf der Grundlage negativer Emotionen zu fällen. Das Kind verhält sich dann nicht deshalb kooperativ, weil es den Eltern die Empfindung der Angst und Sorge ersparen möchte, sondern einfach deshalb, weil die Eltern um etwas gebeten haben.

Eltern können ihren Kindern helfen, ihre Gefühle bewusster wahrzunehmen, indem sie mitfühlend und anerkennend zuhören. Manchmal überfordert man Kinder schon dadurch, dass man sie fragt, wie sie sich fühlen oder was sie möchten. Man muss eine neue Fähigkeit des Zuhörens entwickeln, um Gefühle zum Vorschein zu bringen und zu verstehen, was ein Kind möchte und braucht. »Nachgiebige« Eltern lernen dadurch, sich nicht von den Wünschen und Gefühlen ihrer Kinder manipulieren zu lasen. »Anspruchsvolle« Eltern erfahren in diesem Buch, wie sie in vielfältiger Weise ihre Kinder unbewusst wegen ihrer negativen Gefühle beschämen.

Kindern, die wissen, wie sie negative Emotionen fühlen und mitteilen können, gelingt es am besten, gegenüber ihren Eltern eigenständig zu werden und ein starkes Ich zu entwickeln. So entdecken sie allmählich in sich selbst Kreativität, Intuition, Liebe, Vertrauen, Freude, Mitgefühl, Gewissen und die Fähigkeit, nach einem Fehler Korrekturen an sich selbst vorzunehmen. Alle diese »höheren« Lebensfertigkeiten, dank deren Menschen in dieser Welt Erfolg und Erfüllung erreichen, beruhen auf der Fähigkeit, Kontakt zu seinen Gefühlen zu behalten und negative Gefühle loszulassen. Auch erfolgreichen Menschen tut ein Rückschlag weh, aber sie rappeln sich schnell wieder auf, weil sie die Fähigkeit besitzen, sich von negativen Gefühlen zu befreien. Umgekehrt sind Menschen, die keinen persönlichen Erfolg haben, entweder taub gegenüber ihren Gefühlen, fällen Entscheidungen aus negativen Gefühlen heraus oder können sich nicht von negativen Gefühlen und Haltungen lösen. Dies hindert sie daran, ihre Träume Wirklichkeit werden zu lassen.

4. Es ist in Ordnung, mehr zu wollen

Allzu oft geben Eltern ihren Kindern das Gefühl, dass sie selbstsüchtig oder verdorben sind, weil sie mehr wollen oder weil sie wütend sind, wenn sie nicht bekommen, was sie haben möchten. Eltern pochen allzu oft auf die Tugend der Dankbarkeit, statt es ihren Kindern zu erlauben, mehr zu wollen. Viel zu oft lautet die Antwort, wenn ein Kind mehr haben will: »Sei dankbar für das, was du hast.«

Kinder wissen noch nicht, um wie viel man bitten darf, und man kann dies von ihnen auch nicht erwarten. Selbst Erwachsene sind sich oft unsicher, wie viel sie verlangen können, ohne jemandem zu nahe zu treten oder undankbar zu erscheinen. Eine positive Erziehung lehrt Kinder, in einer respektvollen

Weise um etwas zu bitten. Zugleich lernen Eltern dabei, nein zu sagen, ohne sich zu ärgern. Dann haben Kinder keine Scheu, um etwas Gewünschtes zu bitten, weil sie wissen, dass sie nicht gescholten werden. Zugleich machen sie die Erfahrung, dass sie nicht unbedingt alles bekommen, worum sie bitten.

Solange Kinder Scheu haben, um etwas zu bitten, was sie gerne haben möchten, lernen sie nie, was sie bekommen können und was nicht. Zugleich entwickeln sie dadurch, dass sie um etwas bitten, sehr schnell ein erstaunliches Verhandlungsgeschick. Die meisten Erwachsenen können sehr schlecht verhandeln. Sie bitten nur dann um etwas, wenn sie mit einem Ja rechnen. Wenn die Antwort dann Nein lautet, akzeptieren sie es meist sofort und lassen sich mit geheimem Groll oder mit offenem Zorn abspeisen.

Kinder, die unbefangen um etwas Gewünschtes bitten dürfen, entwickeln die innere Kraft, sich zu verschaffen, was sie haben wollen. Als Erwachsene werden sie sich dann nicht einfach mit einem Nein zufrieden geben. Sie lernen schon als Kinder zu verhandeln und bringen einen oft dazu, ihnen doch das Gewünschte zu geben. Aber es ist ein großer Unterschied, ob man einem quengelnden Kind nachgibt oder sich von einem geschickten Verhandlungspartner erweichen lässt. Positive Erziehung besteht darin, dass man in allen Verhandlungen die Kontrolle behält und klare Grenzen zieht, wie weit man mit sich reden lässt.

Erlaubt man es Kindern, um mehr zu bitten, befähigt man sie zu Zielstrebigkeit im späteren Leben. Allzu viele Frauen fühlen sich heute machtlos, weil ihnen nie erlaubt wurde, um mehr zu bitten. Man hat ihnen beigebracht, sich mehr darum zu kümmern, was andere wollen, und sie wurden getadelt, wenn sie sich darüber ärgerten, dass sie nicht bekamen, was sie wollten oder brauchten. Zu wissen, wie man um mehr bittet, ist eine der wichtigsten Fähigkeiten, die Eltern einem Mädchen mitgeben können.

Während man Mädchen darin bestärken muss, mehr zu wollen und darum zu bitten, ist dies bei Jungen weniger erforderlich. Dafür brauchen Jungen besondere Unterstützung, wenn sie etwas nicht bekommen. Jungen stecken ihre Ziele oft sehr hoch, und Eltern versuchen, ihnen dies auszureden, weil sie ihnen Enttäuschungen ersparen wollen. Doch wichtiger als das Erreichen von Zielen ist die Fähigkeit, Enttäuschungen zu verkraften, sodass man zu neuen Zielen aufbrechen kann. Jungen brauchen besondere Unterstützung dabei, ihre Gefühle zu identifizieren und zu überwinden. Dies erreicht man am besten dadurch, dass man sich genauer darüber erkundigt, was geschehen ist, es dabei aber sehr sorgfältig vermeidet, Ratschläge oder Hilfe anzubieten. Zu viel Mitgefühl kann es Jungen schnell verleiden, über irgendwelche Geschehnisse zu reden.

Mütter machen oft den Fehler, dass sie zu viel fragen. Doch wenn man Jungen bedrängt, sagen sie nichts mehr. Vor allem Vorschläge, wie sie mit einem Problem fertig werden können, können Jungen nicht ausstehen. Wenn er schon Prügel einstecken musste, dann braucht er nicht noch jemand, der ihm sagt, wie er das Problem lösen kann oder welche Mitschuld ihn trifft.

Er ist zum Beispiel enttäuscht darüber, dass er kein gutes Zeugnis nach Hause gebracht hat, und seine Mutter sagt ganz fürsorglich zu ihm: »Ich glaube, wenn du etwas weniger fern gesehen und etwas mehr Hausaufgaben gemacht hättest, hättest du besser abgeschnitten. Du bist doch intelligent, aber du nutzt deine Möglichkeiten nicht.« Natürlich meint sie es gut, aber es ist auch klar, warum er jetzt keine Lust mehr hat, ihr zu sagen, wo die Schwierigkeiten liegen. Sie hat ihm ungebeten Rat erteilt, und er hat zum einen das Gefühl, dass er kritisiert wird, zum anderen, dass man ihm nicht zutraut, seine Probleme selbst zu lösen.

5. Es ist in Ordnung, nein zu sagen, aber vergiss nicht, dass die Eltern das Sagen haben

Kinder müssen die Möglichkeit haben, nein sagen zu dürfen, aber sie müssen auch wissen, dass die Eltern die Grenzen setzen. Nicht nur die Erlaubnis, mehr zu wollen und zu verhandeln, sondern auch die Erlaubnis, nein zu sagen, macht Kinder stark. Die meisten Eltern fürchten, ihren Kindern zu viel Macht einzuräumen, weil sie verzogen werden könnten. Eines der größten Probleme in der Erziehung ist heute in der Tat, dass Kindern zu viel Freiheit gegeben wird. Viele Eltern haben das Gefühl, dass ihre Kinder mehr Freiraum brauchen, aber sie wissen nicht, wie sie trotzdem selbst das Heft in der Hand behalten können. Wenn Eltern nicht lernen, geeignete positive Erziehungstechniken wie konsequente Auszeiten anzuwenden, werden Kinder in der Tat maßlos, selbstsüchtig und gereizt. Nur dann, wenn die ~~Kinder~~ Eltern letztlich die Kontrolle behalten, ist es auch sinnvoll, den Kindern mehr Macht einzuräumen. Kinder nein sagen zu lassen, erlaubt es ihnen, ihre Gefühle auszudrücken, zu entdecken, was sie wollen, und darüber zu verhandeln. Dies bedeutet nicht, dass man immer tut, was sie wollen. Man hört ihnen zu, um wahrzunehmen, was sie fühlen und was sie wollen, und dies allein bewirkt oft schon, dass sie kooperativer sind. Vor allen Dingen erlaubt dies Kindern, kooperativ zu sein, ohne ihr wahres Selbst unterdrücken zu müssen.

Es ist ein großer Unterschied, ob man seine Bedürfnisse anpasst oder ob man sie verleugnet. Die Bedürfnisse anzupassen bedeutet, nicht mehr das zu wollen, was man selbst will, sonden das, was die Eltern wollen. Wünsche und Gefühle zu verleugnen bedeutet, sie zu unterdrücken und sich den Wünschen der Eltern zu unterwerfen. Letzteres bedeutet aber, dass man den Willen des Kindes bricht. Dadurch erreicht man vielleicht Folgsamkeit, aber das Kind verliert auch einen großen Teil seines freien Geistes.

Seinen Willen und seine Wünsche anzupassen, nennt man

Kooperation, seinen Willen und seine Wünsche aufzugeben Gehorsam. Eine positive Erziehungspraxis versucht, kooperative, nicht aber gehorsame Kinder hervorzubringen. Es ist nicht erstrebenswert, dass Kinder ihren Eltern geistlos und seelenlos gehorchen. Kinder, die die Freiheit haben, Widerstand zu fühlen und in Worte zu fassen, wenn er auftritt, entwickeln nicht nur Selbstbewusstsein, sondern werden auch kooperativer. Gehorsame Kinder befolgen bloß Befehle; sie denken und fühlen nicht und tragen nichts zum Entscheidungsprozess bei.

Eine positive Erziehungspraxis versucht, kooperative, nicht aber gehorsame Kinder hervorzubringen.

Kooperative Kinder haben immer noch ihre eigenen Wünsche, aber sie haben außerdem den intensiven Wunsch, ihren Eltern Freude zu machen. Kindern zu erlauben, nein zu sagen, heißt nicht, ihnen mehr Kontrolle zu geben. Vielmehr gewinnen die Eltern dadurch mehr Kontrolle. Wenn Kinder etwas ablehnen und die Eltern die Kontrolle behalten, dann können Kinder die Erfahrung machen, dass Mama und Papa Herr im Haus sind.

Wenn Kinder sich schlecht benehmen oder nicht kooperativ sind, dann sind sie einfach außer Kontrolle: Sie sind außer der Kontrolle der Eltern, sie kooperieren nicht mit deren Willen und Wünschen. Um diese Kooperation wiederherzustellen, müssen Eltern die Kontrolle zurückgewinnen, indem sie ihr Kind nehmen und ihm eine Auszeit verordnen (siehe S. 173ff.).

Eine Auszeit lässt dem Kind die Freiheit, sich zu widersetzen und alle seine Gefühle auszudrücken, aber trotzdem ist es eine Auszeit. Als Faustregel kann man sagen, dass ein Kind nichts weiter braucht als eine Minute für jedes Lebensjahr. Ein Vierjähriger braucht also nur vier Minuten. Die Beschränkungen einer Auszeit genügen schon, um Kinder wieder die Sicherheit spüren zu lassen, unter der Kontrolle der Eltern und mit ihrer

Autorität verbunden zu sein. Dann »verrauchen« die negativen Gefühle, und das Kind kehrt zurück zu seinem gesunden Wunsch, seinen Eltern Freude zu machen und sich kooperativ zu verhalten.

Eltern, die ihren Kindern zu viel Freiraum oder zu wenig Auszeiten geben, verunsichern sie dadurch unwissentlich. Das Kind hat das Gefühl, dass es die Macht hat, die Kontrolle zu übernehmen, aber weil es dazu noch nicht fähig ist (wiewohl es die Macht genießt), fühlt es sich verunsichert. Wenn Sie plötzlich die Verantwortung für zweihundert Arbeiter hätten und mit diesen in einem halben Jahr ein Haus bauen müssten, ohne entsprechend ausgebildet zu sein, dann würden Sie sich überfordert fühlen. Ebenso ergeht es Kindern, die plötzlich das (durchaus aufregende) Gefühl bekommen der »Boss« zu sein.

Anspruchsvolle und verzogene Kinder brauchen grundsätzlich mehr Auszeiten. Bei verzogenen Jugendlichen genügt möglicherweise eine Auszeit in ihrem Zimmer nicht mehr. Manchmal hilft ihnen ein betreuter Aufenthalt in einem Entwicklungsland, eine anspruchsvolle Tour mit einem Führer oder ein Aufenthalt bei einem Verwandten, den sie gern haben, um zu ihrem wahren Selbst zurückzufinden. Durch das Gefühl, keine Kontrolle zu haben und von jemandem abhängig zu sein, wird der Jugendliche wieder bescheidener. Er kann so wieder spüren, dass er eigentlich das Bedürfnis hat, seine Eltern zu brauchen, und ihnen Freude zu machen.

Um sicher sein zu können, müssen Kinder das Gefühl haben, dass man sie hört, aber sie müssen auch immer wissen, dass sie nicht Herr im Haus sind.

Kinder haben eine grundsätzliche Ausrichtung: Tief in ihrem Inneren möchten sie ihren Eltern eine Freude sein. Durch die Vermittlung entsprechender Kommunikationsfähigkeiten im

Rahmen einer positiven Erziehung stärkt man diese grundsätzliche Ausrichtung, und dann sind Kinder eher bereit, den Wünschen ihrer Eltern zu folgen. Damit wiederum diese Neigung zur Nachgiebigkeit nicht zu stark wird, brauchen Kinder auch den Freiraum, sich widersetzen und nein sagen zu können. Dieser Widerstand erlaubt es ihnen, ein gesundes Selbstbewusstsein zu entwickeln.

Kinder, die diese Möglichkeit nicht haben, werden in der Pubertät besonders aufsässig. Jugendliche brauchen immer Führung im Leben, aber ohne ein gesundes Selbstbewusstsein ist der Drang übermächtig, immer das Gegenteil von dem zu tun, was die Eltern wollen.

Viele Eltern halten es für völlig normal, dass sich ihre Kinder um diese Zeit von ihnen zurückziehen und sich gegen sie auflehnen. Aber Auflehnung ist nur bei solchen Kindern eine normale Reaktion, die zu einem früheren Zeitpunkt nicht die erforderliche Unterstützung bekamen. Wenn Kinder die Erfahrung machen konnten, nein sagen zu dürfen, aber dann doch mit ihren Eltern zu kooperieren, haben sie ein gesundes Selbstbewusstsein und brauchen in der Pubertät nicht mehr zu rebellieren. Der Ablösungsprozess vom Elternhaus kommt trotzdem in Gang, auch wenn sie immer wieder zurückkommen, um sich Liebe und Unterstützung zu holen.

Die positive Erziehung kennt auch Wege, die Kommunikation mit Jugendlichen zu verbessern, die nicht gemäß den fünf positiven Botschaften erzogen wurden. Es ist nie zu spät, großartige Eltern zu werden und die Kooperation seiner Kinder zu gewinnen. Die fünf Botschaften weisen immer einen Weg, die Kommunikation zu verbessern, Kooperation zu schaffen und an den Kindern das Beste zu entwickeln, zu dem sie fähig sind.

Erziehung – eine schöne, aber schwere Aufgabe

Aber selbst wenn man die fünf Botschaften positiver Erziehung beherzigt, ist es nicht immer einfach, gute Eltern zu sein. In der Erziehung wächst man immer wieder über sich selbst hinaus, und trotzdem wird man immer wieder mit neuen Situationen konfrontiert, und man fragt sich: »Was mache ich jetzt?« Bei solchen Gelegenheiten können Sie immer wieder die verschiedenen Grundregeln einer positiven Erziehung heranziehen. Dann entdecken Sie, woran es hapert, und Sie verbessern Ihre Chancen, das Richtige zu tun.

Eltern haben nicht die Zeit, sich lange auf die Erzieherrolle vorzubereiten. Plötzlich sieht man sich vor der gewaltigen Verantwortung, für ein verletzliches Kind zu sorgen, und man ist oft im Zweifel, was nun das Beste für es ist. Auch wenn man sich klargemacht hat, dass Kinder vom Himmel sind und dass sie ihr einzigartiges Potenzial mitbringen, liegt doch ihre Zukunft ganz in den Händen der Eltern. Wie man für sie sorgt, hat großen Einfluss darauf, wie gut sie ihr Potenzial entwickeln können.

Erziehung verlangt den Eltern sehr viel ab, aber die Kinder sind alle Mühe wert. Eltern wächst die Erziehungsaufgabe nur dann über den Kopf, wenn sie ratlos sind oder das Gefühl haben, alles nur schlimmer zu machen. Besinnt man sich immer wieder auf die leicht verständlichen (aber nicht immer leicht umzusetzenden) Grundsätze einer positiven Erziehung, wird man dadurch immer wieder daran erinnert, dass man gebraucht wird und dass oft schon kleine Anpassungen genügen, um den Kindern geben zu können, was sie brauchen.

Man muss sich auch immer wieder klarmachen, dass dies niemand besser kann als man selbst. Kinder kommen zwar vom Himmel, aber auch von ihren Eltern, und sie brauchen diese. Wer vorhat, eine Familie zu gründen, tut sich viel leichter, wenn er sich entsprechend auf seine Erziehungsaufgabe vorbereitet hat. Viele Eltern, die nichts von positiver Erziehung wissen, haben auch keine Vorstellung davon, wie wichtig sie für ihre Kinder und deren Zukunft sind.

Erziehung ist eine schwierige, aber auch die lohnendste Aufgabe überhaupt. Elternschaft ist eine große Verantwortung und eine große Ehre. Eltern, die mit Hilfe dieses Buches entdecken, was ihre Kinder wirklich brauchen, erkennen auch, wie sehr diese auf ihre Hilfe angewiesen sind. Dies gibt ein Gefühl für die wahre Größe der Aufgabe und lässt einen mit Stolz das tun, was für das Wohlergehen der Familie notwendig ist.

Natürlich wird auch dieses Buch Sie nicht davor bewahren, Fehler zu machen, aber Sie werden wenigstens in der Lage sein, dank dieser Fehler Ihre Kinder die wichtigste Fähigkeit des Verzeihens zu lehren. Man kann seinen Kindern nicht immer geben, was sie gerade möchten oder brauchen, aber man kann ihnen immerhin helfen, mit ihrer Enttäuschung in einer gesunden Weise umzugehen, sodass sie stärker und selbstbewusster werden. Man wird auch nicht immer für sie da sein können, wenn sie einen brauchen, aber man weiß, wie man auf Ihre Gefühle und unerfüllten Bedürfnisse in einer Weise reagiert, die ihre emotionalen Wunden heilt und ihnen das Gefühl gibt, trotzdem geliebt und unterstützt zu werden. Die fünf Botschaften der positiven Erziehung und das Bewusstsein, dass Kinder vom Himmel sind, werden Ihnen dabei helfen, Ihre Kinder in bestmöglicher Weise darauf vorzubereiten, dass sie alle ihre Träume erfüllen können – und dies wollen doch alle Eltern für ihre Kinder.

Warum die fünf Botschaften wichtig sind

Um die fünf Botschaften einer positiven Erziehung anwenden zu können, muss man zunächst die richtigen Bedingungen schaffen. Die neuen Erziehungsmethoden können nicht zum Erfolg führen, wenn man weiterhin seine Kinder mit der Androhung von Schlägen, mit Strafen oder mit Schuldgefühlen unter Kontrolle hält. Eine Erziehung auf der Grundlage von Angst macht jeden Ansatz einer positiven Erziehung wieder zunichte. Wenn man andererseits nicht weiß, wie man Schläge und Strafen ersetzen kann, bleiben die fünf Botschaften ebenfalls wirkungslos. Es genügt nicht, seine Kinder nicht mehr zu bestrafen – man braucht auch neue Fertigkeiten, um Kooperation, Motivation und Kontrolle zu erreichen.

Eine Erziehung auf der Grundlage von Angst macht jeden Ansatz einer positiven Erziehung wieder zunichte.

Wenn man möchte, dass Kinder bezüglich ihrer selbst ein gutes Gefühl haben, dann muss man aufhören, ihnen ein ungutes Gefühl zu geben. Sollen Kinder Selbstvertrauen entwickeln, dann muss man aufhören, sie mit dem Mittel der Furcht unter Kontrolle zu halten. Sollen Kinder andere respektieren, muss man lernen, ihnen die Achtung entgegenzubringen, die sie verdient haben. Kinder lernen durch das Beispiel. Versucht man, sie mit Anwendung von Gewalt zu steuern, nehmen sie auch selbst zu Gewalt Zuflucht oder verhalten sich zumindest manchmal grob oder gefühllos, wenn sie sich hilflos fühlen.

Dank der Erkenntnisse der Psychologie ist uns heute viel mehr bewusst, wie sehr der Erfolg im späteren Leben von der Kindheit abhängt. Für uns ist diese Erkenntnis Allgemeingut, aber vor fünfzig Jahren war dies noch anders. Früher stand die Erziehung nicht so sehr im Blickfeld. Erfolg im Leben wurde den Genen, der Herkunft, harter Arbeit, dem Charakter, der religiösen Zugehörigkeit oder einfach dem Glück zugeschrieben. In den östlichen Kulturen, die an Wiedergeburt glauben, galt auch das Karma als wesentlicher Faktor: Wer in einem früheren Leben gut war, dem wird es auch in diesem Leben gut ergehen. Natürlich haben Eltern ihre Kinder immer geliebt, aber man hielt es nicht für so entscheidend, wie man diese Liebe als kompetenter Erzieher umsetzte.

Heute wissen wir aber, dass es ganz entscheidend darauf ankommt, in welcher Weise Eltern Kindern ihre Liebe beweisen. Deshalb ruht auf Eltern heute eine viel größere Verantwortung, die Kinder bestmöglich zu erziehen. Dieser Druck führt aber viele Eltern gerade in die falsche Richtung.

Ein häufiger Fehler besteht darin, dass man sich zu sehr darauf konzentriert, den Kindern mehr zu bieten. Doch das ist oft kontraproduktiv: mehr Geld, mehr Spielzeug, mehr Kleider, mehr Unterhaltung, mehr Schule, mehr Sport, mehr Hilfe, mehr Lob, mehr Zeit, mehr Verantwortung, mehr Freiheit, mehr Disziplin, mehr Überwachung, mehr Strafen, mehr Großzügigkeit, mehr Kommunikation usw. – alle diese Dinge sind nicht unbedingt das, was unsere Kinder am dringendsten brauchen. Mehr ist nicht immer besser. Es kommt nicht darauf an, mehr zu geben, sondern wir brauchen einen anderen, einen neuen Ansatz.

Die Erziehung neu erfinden

Wir stehen heute vor der Herausforderung, die Erziehung neu zu erfinden. Statt die schwere Last zu schultern, die Kinder zu verantwortungsbewussten und erfolgreichen Erwachsenen zu formen, wird immer deutlicher, dass unsere Rolle als Eltern einfach darin besteht, das zu fördern, was in den Kindern schon angelegt ist. Die Rolle der Eltern ist es, eine sichere und unterstützende Umgebung zu schaffen, in der das Kind sein individuelles Potenzial entwickeln und ausdrücken kann.

Erziehungsansätze, die in der Vergangenheit angemessen waren, taugen heute nicht mehr. Die heutigen Kinder sind anders. Sie haben mehr Kontakt zu ihren Gefühlen, sie sind selbstbewusster, und dadurch haben sich auch ihre Bedürfnisse verändert. Jede Generation macht Fortschritte, indem sie Probleme der Vergangenheit löst, aber dabei tauchen auch neue Herausforderungen auf.

Überall, wo man sich um Fortschritte bemüht, muss man Anpassungen vornehmen, um weiter erfolgreich zu bleiben. Die heutigen Kinder haben andere Bedürfnisse als frühere Generationen, und so sehen sich ihre Eltern mit einer historischen Veränderung konfrontiert: dem Übergang von einer Erziehung auf der Grundlage von Furcht zu einer solchen auf der Grundlage von Liebe.

Positive Erziehung ist eine Erziehung
auf der Grundlage von Liebe
statt einer Erziehung auf der Grundlage von Furcht.

Positive Erziehung beinhaltet neue Ansätze und Strategien, um Kinder mit Liebe zu motivieren, nicht durch die Androhung von Strafen, Demütigungen oder Liebesentzug. Dies scheint gegenüber den traditionellen Erziehungsmethoden nur vernünftig zu sein, aber es ist doch ein radikal neuer Gedanke. Erziehung auf der Grundlage von Liebe steht im Widerspruch zu den instinktiven Reaktionen, wenn man das Gefühl hat, die Kontrolle zu verlieren.

Dieser neue Ansatz versucht, Kinder ohne die Androhung von Strafen zur Kooperation zu aktivieren. Alle Eltern kennen die automatische Reaktion: »Wenn du jetzt nicht aufhörst, dann…«, und es folgt eine Drohung. Oder der altmodische Satz: »Wenn du jetzt nicht gehorchst, sage ich es Papa, wenn er nach Hause kommt.« Selbst wenn man es bewusst nicht will, ist es eine automatische Reaktion, seine Kinder mit Furcht steuern zu wollen. Gerne möchte man liebevoll sein und auf Schläge, Drohungen und Strafen verzichten, aber wenn das Kind in der Warteschlange an der Kasse einen Wutanfall bekommt und man sich nicht mehr zu helfen weiß, dann scheinen Drohungen und Schläge die einzige Lösung zu sein. Will sich das Kind morgens vor der Schule nicht anziehen oder abends vor dem Zubettgehen nicht die Zähne putzen, greift man ganz automatisch zur Androhung von Strafen. Alles andere scheint zu versagen – solange man die Kunst der positiven Erziehung noch nicht gelernt hat.

Wenn das Kind in der Warteschlange an der Kasse einen Wutanfall bekommt und man sich nicht mehr zu helfen weiß, dann scheinen Drohungen und Schläge die einzige Lösung zu sein.

Sein Verhalten als Erzieher zu ändern und es anders zu machen, als man selbst erzogen wurde, gelingt nur, wenn man neue, gangbare Möglichkeiten findet. Hat man einmal die neuen Fertigkeiten erworben, kann man in seinen Kindern den Teil ihres Wesens ansprechen, der immer schon kooperationsbereit und motiviert ist, sich gemäß dem Willen und den Wünschen der Eltern zu verhalten.

Das Erbe der Vergangenheit

In den vergangenen Jahrhunderten wurden Kinder teilweise schlimmer behandelt, als man heute Tiere behandeln würde. Wenn Kinder nicht gehorchten, wurden sie mit Schlägen und Strafen gezüchtigt. Eine solche Gewalttätigkeit ist für uns heute kaum mehr vorstellbar.

Die meisten Eltern schlagen ihre Kinder heute nur noch, wenn sie sich nicht mehr anders zu helfen wissen oder wenn sie die Beherrschung verlieren. Aber das Erbe der Vergangenheit lebt doch noch weiter. Selbst in relativ friedlichen Familien hört man Kinder manchmal sagen: »Wenn du das tust, wirst du tot gemacht.« Wenn man nachfragt, meinen die Kinder dies zwar nicht wörtlich, aber es zeigt sich doch deutlich, wie sehr das Mittel der Furcht immer noch eingesetzt wird, um braves Verhalten durchzusetzen. Wir haben in den vergangenen Jahrhunderten viel erreicht, aber auf das Druckmittel der Furcht verzichten wir auch heute noch nicht.

Manche Eltern glauben nach wie vor, dass Kinder Schläge brauchen. Ich erinnere mich an ein eindrückliches Beispiel. Vor einigen Jahren kam ich mit einem Taxifahrer aus Jugoslawien ins Gespräch. Er sagte mir, das Problem in Amerika sei, dass Eltern zu weich seien: Sie schlügen ihre Kinder nicht. Ich fragte ihn, ob er geschlagen worden sei. Stolz bejahte er dies, und er fügte hinzu, dass er seine Kinder genauso erzogen habe. Er und seine Kinder seien eben deswegen ordentliche Menschen geworden. Weder er noch sie hätten jemals eine Nacht im Gefängnis verbracht. Und er fuhr fort, dass in seiner Jugend nicht ein Tag vergangen sei, an dem er nicht geschlagen worden sei. Als Erwachsener sei er dankbar für die erhaltenen Schläge. Er versicherte mir, dass dies in seinem Heimatland ganz üblich sei und dass es ihn davor bewahrt habe, zum Verbrecher zu werden.

Dies ist eine erstaunliche psychologische Reaktion. In vielen Fällen entwickeln Kinder, die schwer geschlagen werden, ein umso festeres Band zu ihren Peinigern. Im Laufe der Zeit beginnen sie, den Missbrauch zu rechtfertigen, und glauben, es verdient zu haben. Statt den Missbrauch als solchen wahrzunehmen, verteidigen sie das Verhalten ihrer Eltern. Wenn sie dann selbst Kinder haben, ist es für sie selbstverständlich, dass ihre Kinder dasselbe verdient hätten. Deshalb fällt es manchen Eltern so schwer, zu einer positiven Erziehung überzugehen. Sie glauben, dass ihre Erziehung ihnen half, ein besserer Mensch zu werden, und dass dies für ihre Kinder ebenso gilt. Viele geschlagene Kinder sagen später: »Ich war so böse, dass ich Prügel brauchte.«

Kinder, die schwer geschlagen oder missbraucht werden, entwickeln oft eine enge Bindung zu ihrem Peiniger und verteidigen den Missbrauch.

Natürlich gibt es auch sehr viele Eltern, die geschlagen wurden und heute einsehen, dass dies eine überholte Praxis ist, aber sie wissen nicht, was sie sonst tun sollen. Andere Eltern verzichten auf das Schlagen, verlieren dann aber die Kontrolle über ihre Kinder, oder die Kinder entwickeln ein gestörtes Selbstwertgefühl. Es ist richtig, auf Schläge und Strafen zu verzichten, aber man muss dies durch etwas anderes ersetzen, das es erlaubt, Kinder zu steuern und ihre Bereitschaft zur Kooperation zu fördern.

Wie man in den Wald hineinruft …

Wach, empfänglich und offen, wie Kinder heute sind, geben sie Gewalt, die sie empfangen, sofort wieder zurück. Es gibt keinen Zweifel, dass Kinder, die mit der Androhung von Gewalt, Strafen oder Schuldgefühlen erzogen werden, selbst zu diesen Mitteln greifen, wenn sie ihrerseits glauben, die Kontrolle zu verlieren. Die zunehmende Gewaltbereitschaft in der Gesellschaft und die häusliche Gewalt sind darauf zurückzuführen, dass Erzieher nicht wissen, wie sie mit starken Gefühlen umgehen sollen.

Die Menschen sind heute bewusster und nehmen ihre Gefühle darum intensiver wahr. Das gilt für Eltern ebenso wie für Kinder. Gelingt es nicht, neue Methoden zu entwickeln, Kinder unter Kontrolle zu halten, werden sie zu Gewalt neigen und Verhaltensstörungen zeigen. Entweder sie leben ihre Aggressionen aus, oder sie wenden die Gewalt nach innen und missbrauchen sich selbst durch selbstzerstörerisches Verhalten und geringe Selbstachtung. Entweder sie hassen andere, oder sie hassen sich selbst, und nicht selten tun sie beides.

Kinder, die Gewalt ausgesetzt sind,
hassen entweder sich selbst oder andere.

Doch nicht nur Schläge und Strafen fördern die Gewaltbereitschaft von Kindern. Auch das mittelbare Erleben von Gewalt – im Fernsehen, in Kinofilmen – übt negativen Einfluss aus.

Erst im fünfzehnten Lebensjahr ist die kognitive Entwicklung von Kindern so weit fortgeschritten, dass sie eine hypothetische Situation verstehen können. Wenn man jüngeren Kindern sagt, dass die Handlungen im Fernsehen nur gespielt sind, behalten sie dies nicht lange. Nach wenigen Minuten reagieren sie emotional so, wie wenn das Geschehene echt gewesen sei. Bevor es eine entsprechende kognitive Entwicklungsstufe erreicht hat, ist für ein Kind das wirklich, was es als wirklich empfindet. Wenn Kinder häufig im Fernsehen Gewalt oder bösartiges Verhalten sehen, schwächt dies ihre Fähigkeit, eine gesunde Empfindung der Unschuld, der Gelassenheit und der Sensibilität zu entwickeln.

Wenn Kinder nicht durch Gewalt im Fernsehen
übermäßig stimuliert werden,
sind sie sicherer, entspannter und friedlicher.

Bei Kinofilmen muss man noch achtsamer sein. Wenn man nicht sicher ist, ob ein Film für ein Kind geeignet ist, sollte man besser warten, bis der Film auf Video erscheint. Sieht man sich den Film dann zu Hause in einem hellen Zimmer an, hat er weniger Wirkung als in einem dunklen Kinosaal mit einer riesigen Leinwand. Für einen Erwachsenen schafft das Kino die Möglichkeit, sich der Illusion besser hinzugeben und die emotionalen Höhen und Tiefen eines Films intensiver zu erleben. Kinos sind für Erwachsene da, die einmal die Wirklichkeit hinter sich lassen wollen. Kindern muss man hingegen deutlich machen, dass Kino nicht echt ist.

Zu viele Filme oder zu viel Fernsehen, auch ohne Gewalt, sind prinzipiell nicht förderlich, denn sie können für Kinder übermäßig stimulierend sein. Kinder lernen vor allem durch Nachahmung. Was sie sehen, tun sie auch. Eine Überflutung mit Sinnesreizen überlastet ihr Nervensystem, und sie werden reizbar, anspruchsvoll, launisch, übererregbar, überempfindlich und unkooperativ.

Erstaunlicherweise schaffen es gerade diejenigen Leute, die am lautesten über die Gewalt im Fernsehen klagen, im nächsten Augenblick ihren eigenen Kindern mit Gewalt und Strafen zu drohen. Sie haben insofern Recht, als Gewalt im Fernsehen und im Kino in der Tat einen negativen Einfluss auf die Kinder und Jugendlichen hat. Aber sie vergessen, dass der Einfluss der Eltern sehr viel größer ist.

Eltern haben einen viel größeren Einfluss auf ihre Kinder als das Fernsehen.

Wenn man seinen Kindern einimpft, dass sie böse sind und Strafe verdient haben, verstärkt dies den Einfluss von Gewalt in Fernsehen und Kino. Kinder, die ohne Schläge, Strafen und Schuldgefühle erzogen werden, werden zwar ebenfalls von Filmen beeinflusst, aber diese üben auf sie eine viel geringere Faszination aus. Trotzdem sollten die Eltern darauf achten, ihre Kinder vor zu viel Gewalt im Kino und Fernsehen zu bewahren.

Eltern haben es selbst in der Hand, gesunde Kinder heranzuziehen. Das Problem der wachsenden Jugendkriminalität kann man nicht allein Hollywood anlasten. Die Filmstudios liefern nur, was die Menschen sehen wollen. Solange Kinder mit Angst und Schuldgefühlen erzogen werden, werden sie auch nach der Gewalt verlangen, die Hollywood anbietet.

Warum Kinder ungezogen und aufsässig werden

Es hat ganz einfache Gründe, wenn Kinder in der Schule aufsässig, respektlos, aggressiv und gewalttätig sind. Werden Kinder zu Hause durch Aggressivität oder die Androhung von Strafen überstimuliert, führt dies bei Jungen zu Hyperaktivität oder dem, was man heute als Aufmerksamkeits-Defizit-Syndrom diagnostiziert. Bei Mädchen äußern sich aggressive Tendenzen häufig in Form von Minderwertigkeitsgefühlen und Essstörungen.

Auf der anderen Seite gibt es heute auch viele Kinder, die durch eine »sanfte« Erziehung verhaltensgestört sind. Natürlich wollen auch diese Eltern ihre Kinder auf der Grundlage von Liebe erziehen, aber das kann nur mit Hilfe geeigneter Techniken gelingen. Die Freiheit und Selbstbestimmung, die die fünf Botschaften Kindern einräumen, brauchen ein Gegengewicht in Form von ebenso wirksamen Methoden, durch die man die Kontrolle über Kinder behält und kooperatives Verhalten erzeugt. Wer ein schnelles Auto fahren will, muss auch gute Bremsen haben. Man kann Kindern nur dann mehr Freiheit geben, wenn man auch die Kunst beherrscht, sie gegebenenfalls in die Schranken zu weisen.

Man kann Kindern nur dann mehr Freiheit geben, wenn man auch die Kunst beherrscht, sie gegebenenfalls in die Schranken zu weisen.

Viele Eltern, die als Kinder misshandelt wurden, nehmen sich vor, ihre Kinder niemals zu schlagen, zu erniedrigen oder zu bestrafen. Sie wissen, dass sich das nicht bewährt hat, und wollen es als bessere Eltern nicht wiederholen. Das Problem ist nur, dass sie oft nicht wissen, wie sie die alten, auf Furcht aufbauenden Praktiken durch liebevolle Praktiken ersetzen sollen. Weil sie infolgedessen ihre Kinder überhaupt nicht disziplinieren, verziehen sie sie oft. Eine solche Art sanfter Erziehung ist aber ebenso ineffektiv wie die traditionellen strengen Erziehungsmethoden.

Auf Furcht als Erziehungsmittel zu verzichten ergibt nur dann einen Sinn, wenn man Furcht durch etwas Wirksameres ersetzt. Kinder haben heute andere Bedürfnisse, aber sie brauchen immer noch Eltern, die das Heft in der Hand haben. Andernfalls geraten Kinder außer Kontrolle, auch wenn man sie noch so sehr liebt.

Im Rahmen einer positiven Erziehung gibt man einem Kind in einer jeweils altersgemäßen Weise Auszeiten; damit kann man tatsächlich auf Schläge und Strafen verzichten. Natürlich sollen auch solche Auszeiten nur das letzte Mittel sein. Davor kommen noch viele andere Methoden zum Einsatz, damit eine Auszeit Wirkung hat. Andernfalls ist auch sie nur eine Strafe, die das Druckmittel der Furcht benutzt, und wirkt nicht in der gewünschten Weise.

Im Rahmen einer positiven Erziehung gibt man einem Kind Auszeiten; damit kann man auf Schläge und Strafen verzichten.

Wer auch heute noch nicht auf Schläge und Strafe verzichten will, sollte sich einmal folgende Frage stellen: Wenn es eine andere Möglichkeit gäbe, denselben Erziehungserfolg ohne Furcht, Strafen und Schuldgefühle zu erreichen, würde ich dann eine solche Möglichkeit in Betracht ziehen? Natürlich würden Sie das tun! Man hält ja nur an Furcht und Strafen fest, weil man es nicht besser weiß. Die angstfreien Techniken, die in diesem Buch vorgestellt werden, werden sich nicht nur als sinnvoll, sondern auch als effektiv erweisen. Und darum geht es letztlich. Es geht nicht um philosophische Erwägungen, was für den einen oder anderen Erziehungsansatz spricht. Es soll hier ein alternativer Ansatz vorgestellt werden, der sofort funktioniert.

Tausende von Menschen, die an meinen Seminaren und Workshops teilgenommen haben, wenden diesen Ansatz bereits erfolgreich an. Ich kann auch Sie nur bitten, Ihren gesunden Menschenverstand sprechen zu lassen: Haben Sie das Vertrauen und den Mut, überholte Erziehungspraktiken aufzugeben und stattdessen die beschriebenen positiven Erziehungsmethoden auszuprobieren: Der Erfolg wird Ihnen Recht geben.

Ein globaler Bewusstseinswandel

Im zwanzigsten Jahrhundert veränderte sich das kollektive Bewusstsein in der westlichen Welt. Die Menschen begannen ihren inneren Gefühlen, Wünschen und Bedürfnissen eine neue Bedeutung beizumessen. Zuvor waren die meisten hauptsächlich mit ihrem Überleben und ihrer Sicherheit beschäftigt, und Gefühle spielten eine untergeordnete Rolle. Die meisten Menschen wussten nicht einmal, dass sie Gefühle oder überhaupt seelische und emotionale Bedürfnisse hatten.

Die Gesellschaft hat sich verändert, und mit ihr unsere Kinder. Ich stelle selbst fest, dass meine Kinder ihre Gefühle besser wahrnehmen und ausdrücken können als ich. Weil sich das kollektive Bewusstsein der Gesellschaft verändert hat, gewinnt unsere innere Welt mehr Gewicht. Liebe, Mitgefühl, Kooperation und Nachsicht sind nicht mehr bloß Begriffe für Philosophen und spirituelle Führer, sondern alltägliche Erfahrungen. Diktatorisches Verhalten von Machthabern, das früher akzeptiert war, wird heute weitgehend abgelehnt.

Liebe, Mitgefühl, Kooperation und Nachsicht sind nicht mehr bloß Begriffe für Philosophen und spirituelle Führer, sondern alltägliche Erfahrungen.

Mit der Veränderung des kollektiven Bewusstseins haben sich auch das Gewissen und die Intelligenz entwickelt. Menschen, die nicht wissen, was Recht und Unrecht ist, brauchen viele Regeln, die dann mit Strafandrohung durchgesetzt werden müssen. Wer selbst ein Gewissen hat, braucht aber keine Strafandrohung mehr. Positive Erziehung konzentriert sich nicht darauf, Kindern beizubringen, was richtig und falsch ist, sondern mehr darauf, die angeborene Fähigkeit von Kindern zur

Unterscheidung von Gut und Böse zu erwecken und zu entwickeln.

Statt zu lehren, was Recht und Unrecht ist,
sollte man die Fähigkeit lehren,
dies selbst entscheiden zu können.

Gewissen ist die Fähigkeit, aus seinem Inneren entscheiden zu können, was richtig und falsch ist. Es ist wie ein innerer Kompass, durch den man immer in die richtige Richtung geleitet wird. Man hat nicht immer eine Antwort auf alles, aber der innere Kompass gibt zumindest die richtige Richtung an. Gewissen kann man als »innere Stimme« beschreiben, oder wir sagen einfach: »Ich hatte es im Gefühl.«

Gefühle sind das Medium, durch das unsere Seele oder unser Geist mit uns kommuniziert. Menschen mit einem offenen Herzen »wissen« einfach, was für sie richtig ist. Wendet man dieses innere Wissen auf die Deutung der Welt an, nennt man es Intuition. Wendet man es zum Lösen von Problemen an, nennt man es Kreativität. Wendet man es auf Beziehungen an, ist es die Fähigkeit, ohne Bedingungen zu lieben und zu verzeihen (oder das Gutsein eines Menschen anzuerkennen). Es ist gewiss wichtig, den Verstand zu entwickeln, aber das kostbarste Geschenk, das Eltern ihren Kindern machen können, ist die Entwicklung des Gewissens.

Alle Eltern wollen, dass ihre Kinder auf dieser Grundlage wissen, was richtig ist, und sich vernünftig verhalten. Vor der globalen Verschiebung des Bewusstseins war dies nicht möglich. Eltern wandten Strafen und andere Strategien auf der Grundlage von Furcht und Schuldgefühlen an, um Kinder vom Bösen abzuhalten und zum Guten anzuhalten. Heute kommen die Kinder mit einem neuen Potenzial zur Entwicklung dieses inneren Wissens auf die Welt. Ihre Sensibilität schenkt ihnen diese Fähigkeit, aber dieselbe Sensibilität kann sie auch in die Selbstzerstörung stürzen, wenn man überholte Methoden auf der Basis von Furcht anwendet. Alle heute geborenen Kinder besitzen die natürliche Fähigkeit, Recht und Unrecht voneinander zu unterscheiden. Sie haben das Potenzial zur Entwicklung eines Gewissens, aber diese Fähigkeit muss in der Erziehung entsprechend gefördert werden.

Die Praxis der positiven Erziehung erweckt in unseren Kindern dieses innere Potenzial. Der Kontakt zu einem inneren Gewissen bewirkt, dass Kinder sich gut verhalten, ohne willenlos gehorsam zu sein. Sie respektieren andere, aber nicht aus Furcht, sondern weil sie sich wohl dabei fühlen. Sie können eigenständig denken und sie sind bereit, Autorität in Frage zu stellen. Sie sind kreativ, kooperativ, kompetent, mitfühlend, vertrauensvoll und liebevoll. Die Anwendung der Methoden einer positiven Erziehung macht Erziehung nicht nur einfacher, sondern die Kinder profitieren auch davon. Es gibt für Eltern nichts Erfreulicheres im Leben als Kinder, die ihre Träume verwirklichen und mit sich selbst im Reinen sind.

Wie man Kooperation erreicht

Je eher man die Möglichkeit der positiven Erziehung entdeckt, desto eher kann man sich auch von einer Erziehungsform lösen, die auf Furcht basiert. Sobald Sie angefangen haben, die in diesem Kapitel vorgestellten Ideen zu praktizieren, werden Sie niemals mehr zu Ihrer alten Erziehung zurückkehren wollen. Dies ist auch gut so, denn positive Erziehung bringt nur dann Erfolg, wenn man für immer aufhört, seine Kinder zu bestrafen oder sie Drohungen auszusetzen. Sie werden feststellen, dass die Kinder wie durch Magie reagieren, und zwar Kinder jeglichen Alters. Je früher man beginnt, desto schneller stellt sich der Erfolg ein. Bei älteren Kindern, die an das Erziehungsinstrument der Furcht gewöhnt sind, dauert es vielleicht etwas länger, aber es klappt trotzdem. Es ist nie zu spät, diese positive Erziehung anzuwenden. Und oft bewirken diese Fertigkeiten sogar, dass man besser mit seinem Ehepartner kommunizieren kann!

Um etwas bitten – nicht anordnen oder verlangen

Kooperation zu schaffen heißt, in Kindern die Bereitschaft zu wecken, zuzuhören und auf die Bitten der Eltern zu reagieren. Als Erstes muss man hierzu lernen, wie man seine Kinder am wirksamsten lenkt. Ständige Forderungen und Anordnungen sind dabei nutzlos. Man braucht ja nur an seine eigenen Erfahrungen am Arbeitsplatz zu denken: Wer lässt sich schon gerne dauernd sagen, was man zu tun hat? Ein Kind bekommt an einem Tag Hunderte von Anordnungen. Da braucht man sich darüber nicht zu wundern, wenn Mütter darüber klagen, dass ihre Kinder nicht hören. Wer würde nicht abschalten, wenn dauernd an einem herumgenörgelt wird?

Einige Beispiele, was ein Kind den ganzen Tag zu hören bekommt: Leg dies weg, lass das nicht da liegen, rede nicht so mit deinem Bruder, hör auf, deine Schwester zu schlagen, binde deine Schuhe, knöpf dein Hemd zu, putz dir die Zähne, schalte den Fernseher ab, komm zum Essen, steck dein Hemd in die Hose, iss dein Gemüse auf, nimm die Gabel, spiele nicht mit dem Essen, sei endlich still, räum dein Zimmer auf, mach dich fertig fürs Bett, geh jetzt ins Bett, ruf mal deine Schwester, immer mit der Ruhe, wirf im Haus nicht mit Sachen, pass auf, lass das nicht fallen, hör auf zu schreien usw. Wie es Eltern frustriert, einem Kind dauernd etwas sagen zu müssen, so hören Kinder einfach nicht mehr hin. Dauernde Anordnungen schwächen die Kommunikation.

Die Alternative einer positiven Erziehung zu Anordnungen, Forderungen und Nörgeln ist Bitten oder Fragen. Werden nicht auch Sie selbst von Ihrem Chef (oder Ihrem Ehepartner) lieber um etwas gebeten, statt einen Auftrag zu bekommen? Auf eine Bitte sprechen Sie viel besser an, und das ist bei Kindern nicht anders. Dies ist eine ganz einfache Anpassung, die man allerdings einüben muss. Statt zum Beispiel zu sagen: »Geh Zähne putzen«, sagt man: »Würdest du bitte die Zähne putzen?« Statt zu sagen: »Hör auf, deinen Bruder zu schlagen«, sagt man: »Würdest du jetzt bitte aufhören, deinen Bruder zu schlagen?«

»Würdest du« statt »Könntest du«

Man muss vor allen Dingen darauf achten, bei der Formulierung einer Bitte nicht »Könntest du vielleicht« zu sagen, sondern »Würdest du« oder »Willst du nicht«. Dieses »Würdest du« wirkt Wunder, während »Könntest du vielleicht« Widerstand und Irritation auslöst. Wenn man sagt: »Würdest du bitte dein Zimmer aufräumen?«, dann ist dies eine Bitte. Wenn man sagt: »Könntest du vielleicht dein Zimmer aufräumen?«, dann stellt man genau genommen eine Fähigkeit in Frage, denn man fragt im Grunde: »Bist du fähig, dein Zimmer aufzuräumen?« Um zu Kooperation zu motivieren, muss man aber ganz klar ausdrücken, was man möchte. Man muss sein Anliegen in einer Weise vorbringen, die Kooperationsbereitschaft weckt.

»Könntest du vielleicht dein Zimmer aufräumen?«
ist keine Bitte, sondern eine Anordnung,
in der viele verwirrende Botschaften mitschwingen.

Schlagen Eltern einen verärgerten, frustrierten, enttäuschten oder irritierten Ton an, und sagen sie: »Könntest du« oder »Könntest du vielleicht«, dann empfängt ein Kind dadurch indirekte Botschaften, gleichgültig, wie die Eltern es letztlich gemeint haben. Aus dem Satz »Könntest du vielleicht dein Zimmer aufräumen?« hört ein Kind Folgendes heraus:

▷ »Du solltest dieses Chaos aufräumen.«
▷ »Du hättest dein Zimmer schon lange aufräumen sollen.«
▷ »Warum muss ich dies eigentlich sagen?«
▷ »Ich hab dir schon einmal gesagt, dass du deine Unordnung aufräumen sollst.«
▷ »Du tust nicht, was ich dir sage.«
▷ »Du tust nicht, was sich in deinem Alter gehört.«
▷ »Du bist wirklich eine Last für mich.«
▷ »Irgendetwas ist mit dir nicht in Ordnung.«
▷ »Ich habe sehr viel zu tun und kann mich nicht um alles kümmern.«

Auch wenn all dies nicht damit gemeint ist, hören Kinder es heraus. Solche indirekten Botschaften vermitteln Schuldgefühle und untergraben den Erfolg einer positiven Erziehung. Benutzen Sie die vorgeschlagenen Formulierungen und Sie werden rasch feststellen, dass konkrete Äußerungen ohne die direkte Vermittlung von Schuld- und Angstgefühlen viel wirksamer sind.

Stellen Sie sich einmal vor, Sie könnten die Vorgänge im Gehirn eines Kindes verfolgen. Fragt man ein Kind: »Könntest du«, dann gäbe es wahrscheinlich eine Aktivität in der linken Gehirnhälfte, weil das Kind überlegt, was man eigentlich möchte. Fragt man hingegen: »Würdest du«, dann gäbe es wahrscheinlich eine Aktivität in der rechten Gehirnhälfte, wo das Motivationszentrum liegt.

Mit »Würdest du« oder »Willst du nicht«
umgeht man viele Widerstände seitens des Kindes
und lädt es zu einer kooperativen Haltung ein.

Sehen wir uns die beiden unterschiedlichen Formulierungen mal einmal genauer aus der Sicht des Kindes an: »Könntest du nicht ins Bett gehen und aufhören zu reden?« und: »Würdest du bitte ins Bett gehen und aufhören zu reden?« Zunächst erscheint der »Könntest du«-Satz höflicher. »Würdest du ins Bett gehen und aufhören zu reden?« scheint dagegen autoritärer und beherrschender. Fühlt man sich aber in den Unterschied hinein, klingt »Könntest du« zwar nett, aber es schwingt auch ein versteckter Befehl mit: »Ich frage dich höflich, aber du tust besser, was ich dir sage, sonst…« Denkt man weiter über das »Würdest du zu Bett gehen und aufhören zu reden?« nach, dann liegt darin doch eher eine Einladung zu einer kooperativen Haltung; wenn das Kind widersprechen möchte, darf es das tun. Und dies ist doch die Botschaft, die man seinen Kindern vermitteln möchte. Wenn man Kinder nur kommandiert, lernen sie nie, kooperativ zu sein.

Dieses Wörtchen »würdest« kann alles ändern, vor allem bei kleinen Jungen. Oder »Willst du nicht« bewährt sich sogar noch bei erwachsenen Männern. Frauen bitten nicht so gerne um etwas, und wenn sie es tun, dann lieber in einer indirekten Weise. Männer dagegen brauchen diese Direktheit – und Kinder noch mehr.

Ich selbst begann diese Technik anzuwenden, als meine Tochter Lauren noch ein Baby war, und zwar zunächst deshalb, weil ich meinen Töchtern die Voraussetzungen dafür mitgeben wollte, später im Leben erfolgreiche Beziehungen aufzubauen. Wie ich in »Männer sind anders. Frauen auch« gesagt habe, besteht eine der wichtigsten Fähigkeiten, die Frauen in ihren Beziehungen mit Männern brauchen, darin, so um Unterstützung zu bitten, dass ein Mann entsprechend motiviert wird, statt sich abgestoßen zu fühlen. Aber viele Frauen lernen in ihrer Kindheit nicht, wie sie um etwas Gewünschtes bitten müssen.

Ich wusste, dass man Kindern am besten etwas beibringt, indem man es vorlebt. Also begann ich, meine Töchter mit der Formel »Würdest du« um etwas zu bitten. Erfreut stellte ich fest, dass sie dies ohne weiteres annahmen. Die anderen Eltern hörten es sehr verwundert, als Lauren im Kindergarten sagte: »Würdest du mir bitte helfen?« oder: »Würdest du bitte nicht so mit mir reden?« oder: »Würdest du mir bitte eine Geschichte vorlesen?«

Obwohl es zunächst nur meine Absicht war, die Mädchen zu lehren, wie man am besten um etwas Gewünschtes bittet – und dies lernten sie auch –, hatte dies den Nebeneffekt, dass sie dadurch auch viel kooperativer wurden. Wenn Eltern beginnen, mehr Kooperation zu schaffen, indem sie »Würdest du« oder »Willst du nicht« klar und deutlich aussprechen, bereiten sie ihre Kinder dadurch auch auf die Kunst vor, um etwas Gewünschtes so zu bitten, dass sie es auch bekommen.

Rhetorische Fragen vermeiden

Noch schlimmer als »Könntest du« sind rhetorische Fragen. Rhetorische Fragen sind angebracht, wenn man ein Argument besonders überzeugend vorbringen will, aber sie sind völlig ungeeignet, wenn man damit versucht, bei Kindern Kooperation zu erreichen. Jede rhetorische Frage beinhaltet eine gewisse Botschaft. In der Erziehung ist dies üblicherweise die Unterstellung von Schuld, die Eltern nicht direkt aussprechen wollen. Stattdessen wird die Anschuldigung hinter Rhetorik versteckt. Vielen Eltern ist es nicht einmal klar, dass sie mit solchen Fragen eine negative Botschaft vermitteln, aber wenn man die Sätze genauer betrachtet, erkennt man dies sehr leicht.

Vor allem Frauen bedienen sich gern rhetorischer Fragen, um ein Kind zum Gehorsam zu bewegen. Wenn eine Mutter möchte, dass das Kind sein Zimmer aufräumt, sagt sie nicht: »Würdest du bitte dein Zimmer aufräumen?«, sondern vermischt dies mit einem Vorwurf, indem sie eine rhetorische Frage verwendet, wie zum Beispiel: »Warum ist in deinem Zimmer immer noch eine solche Unordnung?« Betrachten wir einige Beispiele:

Rhetorische Frage	*Implizierte Botschaft*
»Warum ist in deinem Zimmer immer noch eine solche Unordnung?«	»Du hättest dein Zimmer aufräumen sollen.« »Du bist böse.« »Du bist schlampig.« »Du hörst mir nicht zu.« usw.
»Wann wirst du endlich erwachsen?«	»Du verhältst dich unreif.« »Dein Verhalten ist mir peinlich.« »Du bist ein großes Baby.« »Du solltest dich anders benehmen.«

Rhetorische Frage	*Implizierte Botschaft*
»Warum schlägst du deinen Bruder?«	»Du bist böse, weil du deinen Bruder schlägst.« »Du bist richtig dumm.« »Du hast überhaupt keinen Grund, deinen Bruder zu schlagen, und trotzdem tust du es.«
»Geht es dir noch gut?«	»Mit dir stimmt etwas nicht.« »Du verhältst dich komisch.« »Wenn du nicht einen guten Grund hast, wenn du keine Entschuldigung für dein Verhalten hast usw., ist das schlecht.«
»Wie konntest du das bloß vergessen?«	»Du bist entweder dumm oder böse und gedankenlos.« »Du vermiest mir mein Leben.« »Auf dich kann man sich überhaupt nicht verlassen.«
»Wieso quatscht ihr da drin eigentlich immer noch?«	»Ihr solltet schon lange schlafen.« »Ihr seid schrecklich böse Kinder.« »Ich habe es euch schon ein paar Mal gesagt, aber ihr hört einfach nicht.«

Eltern sollten aufhören, rhetorische Fragen zu stellen, bevor sie um etwas bitten; die Kinder hören nämlich einfach nicht mehr zu. Rhetorische Fragen sollte man auch vermeiden, weil sie ein Beispiel schlechter Kommunikationsgewohnheiten sind. Außerdem haben rhetorische Fragen nicht nur keinen Erfolg, sie hindern Eltern auch daran, eine klare Verantwortung für die negativen Botschaften zu übernehmen, die sie aussenden. Und wenn man nicht wahrnimmt, dass man negative Botschaften aussendet, dann versteht man auch nicht, warum die Kinder nicht kooperationsbereit sind.

Direkt sein

Vor allem für Mütter ist es eine der wichtigsten Aufgaben, mit Kindern direkt zu sein, insbesondere mit kleinen Jungen. Frauen sagen meist schnell, was sie nicht gut finden, aber sie schließen daran keine Bitte an. Dies ist so, wie wenn man mit dem Auto losfahren möchte, den Motor startet, aber kein Gas gibt. Die Reaktion ist gleich null. Einige Beispiele:

Negative Aussage	*Was gemeint ist*
»Ihr Kinder seid viel zu laut.«	»Seid ruhig.«
»Dein Zimmer ist schon wieder nicht aufgeräumt.«	»Räum dein Zimmer auf.«
»Ich finde es nicht schön, wie du deine Schwester behandelst.«	»Sei nett zu ihr und behandle sie nicht so grob.«
»Du solltest deinen Bruder nicht schlagen.«	»Schlage deinen Bruder nicht.«
»Du unterbrichst mich schon wieder.«	»Unterbrich mich nicht.«
»So kannst du mit mir nicht reden.«	»Rede nicht so mit mir.«
»Deine Schnürsenkel sind offen.«	»Binde deine Schuhe.«
»Du warst letztes Mal zu spät.«	»Sei pünktlich.«

In all diesen Beispielen versuchen die Eltern, das Kind zu einem bestimmten Verhalten zu bewegen, indem sie auf das Problem verweisen, aber das Kind nicht konkret um etwas bitten. Die implizite Aufforderung wird von Kindern manchmal gar nicht verstanden. Um eine direkte Reaktion zu erreichen, muss man auch direkt bitten. Dabei ist die ärgerliche Betonung dessen, was ein Kind falsch gemacht hat, oder der Versuch, beim Kind Schuldgefühle zu erzeugen, ungeeignet, Kooperation zu erzeugen. Nachfolgend einige Beispiele, wie negative Aussagen zu wirksamen Bitten umformuliert werden können:

Negative Aussage	*Positive Bitte*
»Ihr Kinder macht zu viel Lärm.«	»Würdet ihr bitte ruhig sein?«
»In deinem Zimmer herrscht schon wieder Unordnung.«	»Würdest du bitte dein Zimmer aufräumen?«
»Ich finde es unmöglich, wie du deine Schwester behandelst.«	»Sei doch bitte etwas netter zu deiner Schwester.«
»Hör auf, deinen Bruder zu schlagen.«	»Bitte, schlage deinen Bruder nicht.«
»Du unterbrichst mich schon wieder.«	»Würdest du mich bitte nicht unterbrechen.«
»So kannst du mit mir nicht reden.«	»Bitte rede nicht so mit mir.«
»Deine Schuhe sind offen.«	»Würdest du bitte deine Schuhe binden?«
»Du warst letztes Mal zu spät.«	»Bitte sei pünktlich.«

Keine Erklärungen

Wenn man Kinder zu einem bestimmten Handeln motivieren will, sollte man nicht nur darauf achten, dass man bittet, statt zu fragen, sondern es auch vermeiden, Gründe anzugeben. Viele Experten raten dazu, Kindern immer einen Grund anzugeben, warum sie etwas Bestimmtes tun sollten. Aber das klappt nicht. Wenn man als Eltern seine Position erläutert, um seine Bitte zu rechtfertigen, dann gibt man seine Autorität preis; und damit verwirrt man das Kind. Sie sollen Ihre Kinder nicht dazu überreden, Anweisungen zu befolgen, sondern Sie sollen ihnen klarmachen, dass sie sich zwar sträuben können, dass aber Mama und Papa Herr im Haus sind.

Man braucht nicht zu sagen: »Es ist Zeit, ins Bett zu gehen; du hast morgen einen anstrengenden Tag. Würdest du bitte die Zähne putzen?« Man sagt einfach: »Würdest du bitte die Zähne putzen?« Man lässt die Erklärung weg. Wenn sich Kinder ihren Eltern widersetzen, dann widersetzen sie sich hauptsächlich den Begründungen. Lässt man die Begründungen weg, haben sie weniger, woran sie ihren Widerstand festmachen können.

Die meisten Männer erfahren genau dies, wenn eine Frau sie um etwas bittet. Oft geben Frauen umfassende Erklärungen, warum er etwas tun sollte, wenn es ihm viel lieber wäre, dass sie sich kurz fasst. Je mehr sie darüber redet, warum er etwas tun sollte, desto größer wird sein Widerstand. Dasselbe gilt für Kinder: Je kürzer man sich fasst, desto eher ist das Kind zur Kooperation bereit.

Wenn man möchte, dass ein kleines Kind versteht, warum es gut ist, ins Bett zu gehen, kann man es ihm auch später einmal erklären, wenn es schon kooperationsbereit ist. Wenn es im Bett ist, kann man ihm etwas Ähnliches sagen wie: »Du bist so ein liebes Kind. Du hast deine Zähne so schön geputzt. Und jetzt kannst du ganz fest schlafen, damit du morgen munter bist. Morgen wird viel los sein, und wenn du jetzt die ganze Nacht schläfst, hast du morgen viel Kraft.« Wenn Kinder etwas gut gemacht haben, sind sie für kleine Gespräche viel empfänglicher.

Die meisten Eltern versuchen, Kinder mit Worten zu motivieren, wenn sie bockig sind oder wenn sie etwas Schlimmes oder Unrechtes getan haben. Aber dies ist der falsche Zeitpunkt, weil man dadurch die Empfindungen der Unzulänglichkeit und die Schuldgefühle nur verstärkt und das Kind schließlich seine natürliche Bereitschaft zur Kooperation verliert. Dies könnte vielleicht noch bei sehr kleinen Kindern klappen, aber in der Pubertät wird das Kind, das sich dem Willen der Eltern unterworfen hat und ein gutes und gehorsames Kind war, rebellieren müssen. Kooperation erreicht man am besten dadurch, dass man aufhört, Erklärungen zu geben.

Nachfolgend einige Beispiele für überflüssige Erklärungen und Alternativen dazu:

Erklärung	*Direkte Frage*
»Du warst heute zu lange vor dem Fernseher. Es ist Zeit, den Fernseher auszuschalten. Ich möchte, dass du deine Zeit besser nutzt.«	»Würdest du bitte den Fernseher ausschalten und deine Zeit anders nutzen?«
»Jedes Mal, wenn wir fertig sind, um in die Schule zu gehen, suchst du deine Mütze. Ich möchte, dass du sie immer auf denselben Platz legst, damit du sie gleich findest.«	»Würdest du bitte deine Mütze immer an denselben Platz legen, damit du sie gleich findest?«
»Die ganze Woche räume ich schon hinter dir auf. Ich möchte, dass du deine Sachen sofort aufräumst.«	»Würdest du bitte deine Sachen gleich aufräumen?«

Erklärung	*Direkte Frage*
»Ich bin heute sehr müde. Ich kann nicht auch noch aufräumen. Ich möchte, dass du heute Abend das Geschirr abwäschst.«	»Würdest du für mich heute Abend den Abwasch machen? Ich wäre dir sehr dankbar.«

Keine Vorträge halten

Noch schlimmer als Erklärungen vor einer Bitte sind Vorträge darüber, was richtig und falsch oder gut und böse ist. Es ist kontraproduktiv zu sagen: »Es ist nicht schön, dass du deinen Bruder schlägst. Schlagen darf man nicht. Hör also auf, ihn zu schlagen.« Dies klingt nicht nur aufgesetzt und unnatürlich, es funktioniert auch nicht. Natürlich ist es in Ordnung, Regeln zu erklären, aber dies ist nicht der richtige Weg, um ein Kind zu motivieren. Dadurch blockiert man die Bereitschaft von Kindern zu Kooperation, und sie zerbrechen sich bloß den Kopf darüber, was nun recht und unrecht, gut und böse ist. Kinder unter neun Jahren verstehen so komplizierte Dinge überhaupt nicht und ältere Kinder schalten einfach ab.

Es gibt nur einen Anlass, Kindern oder Teenagern einen Vortrag zu halten, nämlich dann, wenn sie darum bitten. Viele Eltern klagen darüber, dass ihre Kinder nicht mit ihnen reden. Der Hauptgrund dafür ist, dass die Eltern viel zu viele Ratschläge geben und zu viele Vorträge halten. Kinder nehmen Vorträge vor allem dann nicht an, wenn Eltern versuchen, sie damit zu etwas zu motivieren oder ihnen zu erklären, warum sie Unrecht haben. In beiden Fällen sind Vorträge nicht nur vergeblich, sondern sogar kontraproduktiv. Ein Beispiel für einen solchen »Vortrag«:

»Dein Bruder wollte dir gar nicht wehtun. Er hat nur gespielt und ist versehentlich mit dir zusammengeprallt. Es ist viel besser, miteinander zu reden, statt zuzuschlagen. Schlagen verschlimmert alles nur. Du würdest dich auch nicht freuen, wenn dich ein Größerer in der Schule schlagen würde. Ebenso ist es für deinen Bruder nicht schön, wenn du ihn schlägst. Reden ist viel besser. Du hättest zum Beispiel sagen können: ›Ich mag es nicht, wenn man mich schlägt, hör bitte auf.‹ Und wenn er weitermacht, kannst du dies wiederholen. Merke dir, dass du nicht schlagen sollst, es gibt immer andere Möglichkeiten. Manchmal genügt es, einfach wegzugehen, so als ob dich dieses Verhalten langweilen würde. Und wenn du dich unbedingt schlagen willst, dann schaue ich euch gerne bei einem Ringkampf zu, oder wir ziehen die Boxhandschuhe an. Es ist gut, wenn man weiß, wie man sich selbst verteidigt, wenn es keine anderen Möglichkeiten mehr gibt, aber es ist nicht in Ordnung, sich mit seinem Bruder zu prügeln. Ihr beide habt einen Mund zum Reden, und ihr könnt mich immer um Hilfe bitten … Also hör auf, deinen Bruder zu schlagen.«

Wenn ein Kind nicht wirklich um solche Informationen bittet, wie richtig und nützlich diese auch sein können, baut es durch einen solchen Vortrag nur noch mehr Widerstand auf.

Nicht alle Gefühle wahllos mitteilen

Gefühle sind etwas, das Gleichberechtigte miteinander austauschen können. Wenn Eltern versuchen, Kindern beizubringen, Gefühle zu benennen und mitzuteilen, machen sie oft den Fehler, aus ihrer Warte zu sprechen. In vielen Büchern wird empfohlen, seinen Kindern stets die eigenen Gefühle mitzuteilen. Dies ist sicher gut gemeint, aber es ist kontraproduktiv, wenn man Kooperation erreichen möchte.

Es gibt bestimmte Formeln und Regeln, wie man einander seine Gefühle mitteilen sollte, diese sind jedoch mit Vorsicht zu genießen. Sie mögen sinnvoll sein, wenn Kinder oder Erwachsene untereinander ihre Gefühle austauschen. Es hat aber keinen Zweck, Gefühle über die Generationengrenze hinweg vermitteln zu wollen. Wenn nämlich Eltern Kindern gegenüber ihre negativen Gefühle zum Ausdruck bringen, um ein bestimmtes Verhalten zu motivieren, bürden sie dadurch ihren Kindern lediglich Verantwortung auf. Diese entwickeln Schuldgefühle, weil sie die Eltern verärgert haben, oder sie haben das Gefühl, manipuliert zu werden, und verweigern eine kooperative Haltung. Kinder sollte man daher mit seinen negativen Gefühlen verschonen. Es ist nicht angemessen, dass sich der »Herr im Haus« auf eine Stufe mit dem Kind stellt. Gibt man seinen negativen Gefühlen Ausdruck, verliert man viel von seiner Autorität, und es wird immer schwieriger, eine kooperative Haltung herbeizuführen.

Wenn Eltern geknickt sind und jemanden brauchen, mit dem sie über ihre Gefühle reden können, dann sollten sie sich an einen anderen Erwachsenen wenden. Kinder sind nicht dazu da, ihren Eltern emotionale Unterstützung zu geben. Es ist natürlich durchaus in Ordnung, Kindern seine positiven Empfindungen mitzuteilen, aber negative Empfindungen werden einfach als eine Form der Manipulation abgelehnt.

Manche Eltern glauben auch, dass sie mit der Drohung »Jetzt bin ich wirklich wütend« ihr Kind motivieren können. Natürlich bewirken sie damit eine Abschreckung, diese beruht aber nur auf Furcht und lähmt letztlich die Bereitschaft des Kindes, sich den Wünschen der Eltern zu fügen. Mit Gefühlen, die zur Manipulation eingesetzt werden, macht man manche Kinder vielleicht gehorsam, aber nicht kooperativ. Viele Kinder, insbesondere Jungen, nehmen einen einfach nicht mehr ernst. Sie hören nicht mehr zu und sehen einem nicht einmal mehr in die Augen.

Viele Eltern versuchen auch, mit Äußerungen über ihre Gefühle Kinder für ihre eigenen Gefühle sensibler zu machen. Aber dafür ist es der falsche Zeitpunkt, wenn man versucht, ein Kind in irgendeiner Richtung zu motivieren. Man kann es besser dann tun, wenn sie einen fragen, wie man sich fühlt, oder ob man sich schon einmal so ähnlich gefühlt hat wie sie selbst.

Wir – das Zauberwort für Kooperation

Neben der Empfehlung, sich kurz, positiv und direkt zu äußern und Aufforderungen mit »Würdest du« einzuleiten, gibt es noch eine weitere – die wichtigste – Methode: die Verwendung der Wir-Form.

Kinder bis zum zehnten Lebensjahr haben noch kein ausgeprägtes Ich-Bewusstsein. Wenn man sie herumkommandiert, verstärkt man die Trennung zwischen Eltern und Kind, statt die natürliche Verbundenheit zu nutzen, die Kinder zu ihren Eltern haben.

Man sollte also Kinder so oft wie möglich einladen, gemeinsam mit einem etwas zu tun. Auch wenn man um etwas Bestimmtes bittet wie z.B. »Würdest du bitte dein Zimmer sauber machen?«, kann man diese Bitte etwa wie folgt ergänzen: »Machen wir uns an die Arbeit.« Indem man die Bitte mit einer Einladung verbindet, gemeinsam etwas zu tun, schafft man Kooperationsbereitschaft.

Eine kurze Zusammenfassung

Fassen wir also die grundlegenden Techniken zur Schaffung von Kooperationsbereitschaft zusammen:

▷ Bitten, nicht anordnen.
▷ Den Kindern das Gefühl geben, dass ihr kooperatives Verhalten geschätzt wird und sie nicht bloß gehorsam sein müssen; sie müssen die Möglichkeit haben, nein zu sagen. Wenn sie nicht das Recht haben, sich zu sträuben, zu fragen oder zu verhandeln, dann ist die Bitte eine Anordnung oder eine Aufforderung.
▷ Sätze mit »Würdest du« einleiten und immer wieder das Wörtchen »bitte« verwenden.

▷ Rhetorische Fragen, Erklärungen, Vorträge und Äußerungen über die eigenen Gefühle vermeiden.
▷ Direkt fragen und, wenn möglich, positiv sein.
▷ Möglichst die Wir-Form gebrauchen.

Kooperationsbereitschaft zu schaffen ist nicht wirklich schwierig, aber man muss einige Zeit üben. Am einfachsten nimmt man sich zunächst vor, kurze Bitten zu formulieren statt Anordnungen. Anhand der folgenden Liste kann man dies üben:

Anordnung	*Bitte*
»Tu das weg.«	»Räumen wir das Zimmer auf. Würdest du dies wegtun?«
»Lass das nicht da liegen.«	»Jetzt tun wir unsere Sachen weg. Würdest du dies bitte wegtun?«
»Rede nicht so mit deinem Bruder.«	»Wir wollen immer höflich sein. Bitte rede etwas freundlicher mit deinem Bruder.«
»Hör auf, deine Schwester zu schlagen.«	»Bitte hör jetzt doch auf, deine Schwester zu schlagen. Versuchen wir doch, miteinander auszukommen.«
»Binde deine Schuhe.«	»Machen wir uns fertig zum Gehen. Bitte binde deine Schuhe.«
»Knöpfe dein Hemd zu.«	»Wir wollen doch hübsch sein. Würdest du bitte dein Hemd zuknöpfen?«
»Geh und putze deine Zähne.«	»Wir machen uns jetzt fertig fürs Bett. Bitte geh Zähne putzen.«

Anordnung	*Bitte*
»Schalte den Fernseher aus.«	»Wir wollen doch nicht die ganze Zeit fernsehen. Schalte doch bitte den Fernseher aus, wenn die Show in zehn Minuten vorbei ist.«
»Komm zum Essen.«	»Wir wollen essen. Bitte komm zu Tisch.«
»Hör auf zu reden.«	»Wir wollen jetzt ruhig sein und zuhören. Bitte rede jetzt nicht mehr.«
»Iss dein Gemüse auf.«	»Wir wissen doch, wie wichtig Gemüse ist. Würdest du bitte dein Gemüse aufessen.«
»Nimm deine Gabel; spiele nicht mit dem Essen.«	»Wo sind unsere Tischmanieren geblieben? Bitte benütze deine Gabel, nicht deine Hände.«

Was tun, wenn sich Kinder widersetzen?

Wenn man mit dieser neuen Haltung beginnt, gibt man seinen Kindern sehr viel Macht. Sie werden einen auslachen und nein sagen. Darüber braucht man sich aber keine Sorgen zu machen – das muss so sein. Sie werden entweder freudig kooperieren oder freudig Widerstand leisten. Wer möchte schon gerne immer tun, was andere von einem verlangen!

Die Verwendung der Wir-Form bewährt sich in den meisten Situationen etwa bis zum zehnten Lebensjahr. Ab dann wirkt es schon ein wenig eigenartig, wenn man sagt: »Räumen wir jetzt das Zimmer auf«, sofern man nicht wirklich selbst mitarbeitet. Doch bis dahin sollten Sie die Wir-Form verwenden, auch wenn es nicht ganz einfach ist, sie sich anzugewöhnen.

Wenn Kinder auf die erste Bitte nicht reagieren, dann muss man zum nächsten Schritt übergehen, von dem im folgenden Kapitel die Rede sein wird. Die Fertigkeiten von Schritt eins braucht man, um die Grundlagen für eine kooperative Haltung zu schaffen. Die Techniken von Schritt zwei dienen dazu, das Kind zu motivieren, wenn es die erste Aufforderung zurückweist. Nach einigem Üben und wenn sich die Kinder an die neue Methode einer positiven Erziehung gewöhnt haben, beginnen die Fähigkeiten von Schritt eins ihre Wirkung zu entfalten. Bei Kindern, die es gewöhnt sind, durch das Druckmittel der Furcht unter Kontrolle gehalten zu werden, braucht man diesen ersten Schritt, um die Grundlagen für die weiteren Schritte zu legen. Bald wird man feststellen, dass man nur noch zu fragen braucht, und die Kinder oder Jugendlichen sind gerne zu einer kooperativen Haltung bereit. Erkunden wir also im nächsten Kapitel den zweiten Schritt und neue Methoden, wie man durch ein besseres Verständnis seiner Kinder Widerstand auf ein geringstmögliches Maß beschränkt.

Wie man Widerstand verringert

Gibt man Kindern die Freiheit, nein sagen zu dürfen, erhält man statt stumpfsinnigem Gehorsam die Bereitschaft zur Kooperation. Gewiss, manchmal wäre einem ein wenig stumpfsinniger Gehorsam durchaus lieber als Widerstand – aber hierfür kennt die Methode der positiven Erziehung ebenfalls geeignete Verfahren, von denen noch die Rede sein wird. Um die Bereitschaft zur Kooperation zu fördern, müssen Kinder immer wieder die Erfahrung machen, dass man ihnen zuhört, wie sie einem ebenfalls zuhören. Kinder bilden eine klare und positive Ich-Empfindung am ehesten dadurch aus, dass sie sich manchmal auch den Bitten der Eltern widersetzen dürfen.

Kinder müssen die Erfahrung machen, dass man ihnen zuhört, wie sie einem selbst ja auch zuhören.

Durch die Freiheit, Widerstand leisten zu dürfen, und entsprechende Unterstützung durch die Eltern lernen Kinder allmählich, ihre Innenwelt der Gefühle, Wünsche und Bedürfnisse wahrzunehmen. Damit sorgt man letztlich dafür, dass die Kinder einen starken Willen entwickeln. Willenskraft kann im späteren Leben darüber entscheiden, ob man Erfolg hat oder scheitert. Menschen mit einem starken Willen setzen sich durch; die anderen haben das Nachsehen. Erwachsene mit einem schwachen Willen wurden als Kinder nicht darauf vorbereitet, sich mit den unvermeidlichen Herausforderungen des

Lebens auseinander zu setzen. Sie geben sich mit Mittelmaß zufrieden, statt den Ansporn zu fühlen, ihre Träume zu verwirklichen.

Vier Methoden zur Verringerung des Widerstands

Statt Gehorsam zu fordern, nutzt die Methode der positiven Erziehung den Widerstand der Kinder, um ihren Willen zur Kooperation zu stärken. Versucht man ständig, den Willen eines Kindes durch die Anordnung von Strafen oder durch Tadel zu brechen, untergräbt man damit die natürliche Kooperationsbereitschaft. Fördert man hingegen den Willen von Kindern, statt ihn zu brechen, wächst ihre Kooperationsbereitschaft, und ihr Widerstand nimmt ab.

Versucht man immer wieder, den Willen eines Kindes zu brechen, untergräbt man damit seine natürliche Kooperationsbereitschaft.

Geht man bei Kindern, die sich widersetzen, besonders auf deren Bedürfnisse ein, kann man dadurch ihren Widerstand sehr wirksam verringern und zugleich ihren Willen unbeschädigt lassen. Dazu helfen die folgenden vier Methoden:

▷ Zuhören und Verständnis.
▷ Vorbereitung und Struktur.
▷ Ablenkung und Orientierung.
▷ Ritual und Rhythmus.

Um ihren Widerstand aufgeben und ihren inneren Drang zur Kooperation spüren zu können, brauchen Kinder Verständnis, Struktur, Rhythmus und Orientierung. Wenn diese Bedürfnisse nicht erfüllt werden, verlieren Kinder leicht den Kontakt zu ihrer inneren Kooperationsbereitschaft. So können Eltern zum Beispiel durch einfaches Zuhören (eine Fähigkeit, die sie schulen können) ihrem Kind zeigen, dass seine Gefühle, Wünsche und Bedürfnisse wahrgenommen, beachtet und verstanden werden. Wenn ihr Bedürfnis nach Verständnis befriedigt wird, sind Kinder automatisch weniger aufsässig und kooperativer.

Natürlich hat jedes Kind all diese Bedürfnisse, aber jedes Kind ist anders, und bei manchen Kindern sind bestimmte Bedürfnisse besonders ausgeprägt. So reagiert vielleicht eines der Kinder gut auf Zuhören und Verständnis, während ein anderes vor allem Vorbereitung und Struktur braucht. Je mehr man sich mit den im Folgenden beschriebenen Methoden vertraut macht, desto mehr wird man entdecken, wie wirksam sie sind. Die Erfüllung der richtigen Bedürfnisse löst bei Kindern eine unmittelbare positive Reaktion aus, wobei man sich an der folgenden Untergliederung in vier Temperamente orientieren kann.

Die vier Temperamente

Für jedes Temperament gibt es geeignete Methoden, um Widerstand abzubauen. Bei den meisten Kindern überwiegt ein Temperament, aber auch die übrigen sind natürlich vorhanden. Manche Kinder sind diesbezüglich ausgeglichener, andere weniger. Kein Temperament ist besser oder schlechter, und dass es eine unendliche Fülle von Kombinationen gibt, macht jedes Kind so besonders. Die vier Temperamente sind: sensibel, aktiv, aufgeweckt und empfänglich. Betrachten wir sie im Einzelnen:

Sensible Kinder brauchen Verständnis

Sensible Kinder sind verletzlicher als andere, ihre Gefühle liegen mehr an der Oberfläche. Um im Leben zurecht zu kommen, müssen sie ihre Gefühle sehr genau identifizieren; dann sind sie aber auch bereit, Veränderungen vorzunehmen. Sie reagieren vor allem auf Zuhören und Verständnis.

Zwar brauchen alle Kinder Verständnis, aber bei diesen Kindern ist es besonders wichtig, damit sie ihren Widerstand abbauen können. Sensilbe Kinder erfahren etwas über sich selbst, indem sie ihre Wünsche identifizieren und ihre Reaktionen auf das Leben mitteilen. Klagen gehört zu ihrer Natur. Sie leben auf, wenn sie die Möglichkeit haben, ihre Last zu teilen.

Ein solches Kind sagt zum Beispiel: »Niemand hat sich heute um mich gekümmert. Es war ein schrecklicher Tag.«

Darauf sagen die Eltern: »Das ist aber nicht schön.«

Dann antwortet das Kind: »Nur Sarah war nett zu mir. Sie fand das Bild schön, das ich gezeichnet habe.«

Mit ein wenig Anteilnahme beginnen diese Kinder, auch das Positive zu sehen. Sie brauchen mehr Empathie, Mitgefühl und Anerkennung ihrer inneren Leiden und Kämpfe. Sie brauchen ganz allgemein mehr Zeit. Drängt man sensible Kinder, ruft man dadurch nur mehr Widerstand hervor. Ihre innere Uhr geht anders.

So wäre es zum Beispiel völlig falsch gewesen, wenn die Eltern gesagt hätten: »Aber wenn Sarah doch nett zu dir war, dann kann es nicht so ein schlimmer Tag gewesen sein.«

Dann würde das Kind natürlich beharren: »Doch. Niemand mag mich.«

Wenn ein sensibles Kind von selbst zu einer positiven Haltung übergeht, dann muss man es einfach dabei belassen. Man darf dies nicht dazu benutzen, die Gefühle in Frage zu stellen, die das Kind vorher geäußert hat.

Sensible Kinder brauchen Mitgefühl und Anerkennung ihrer inneren Leiden und Kämpfe.

Ohne die Botschaft des Mitgefühls beginnen sensible Kinder, ihre Probleme zu dramatisieren, um das Mitgefühl zu bekommen, das sie brauchen. Wenn sie sagen: »Ich habe Bauchweh«, und sie bekommen keine warmherzige Anteilnahme, dann wird daraus: »Ich habe furchtbare Kopfschmerzen und Bauchweh, und niemand ist nett zu mir.« Fehlendes Verständnis lässt jeden Schmerz anwachsen. Mangelndes Mitgefühl erzeugt ganz konkret mehr physischen und emotionalen Schmerz. Bei sensiblen Kindern muss man auf alles eingehen.

Ein sensibles Kind aufmuntern zu wollen ist der größte Fehler, den Eltern begehen können. Wenn solche Kinder verstört oder niedergeschlagen sind, hilft es überhaupt nicht, ihnen zu erklären, warum sie nicht niedergeschlagen zu sein brauchen. Hält man ihnen all die positiven Dinge vor Augen, bewirkt dies nur, dass sie erst recht auf den negativen beharren, um Verständnis zu bekommen und ernst genommen zu werden. Die Eltern müssen darauf achten, sehr gut zuzuhören, und sie müssen vermeiden, die Probleme der Kinder lösen zu wollen, damit sich diese wieder gut fühlen.

Ein sensibles Kind aufmuntern zu wollen
ist der größte Fehler, den Eltern begehen können.

Sensible Kinder müssen das Gefühl haben, dass sie nicht allein sind und dass ihre Eltern mitleiden. Hier ist sehr viel Einfühlungsvermögen erforderlich. Eltern können ihren sensiblen Kindern z. B. von ihren eigenen Kämpfen berichten, dürfen von ihnen aber natürlich keine emotionale Unterstützung erwarten.

Wenn zum Beispiel ein Kind darüber klagt, wie schwierig oder unangenehm etwas ist, könnten die Eltern sagen: »Ich weiß, gerade heute war es auch für mich wirklich schlimm. Ich steckte in einem großen Verkehrsstau.« So entspricht man einem ganz speziellen Bedürfnis sensibler Kinder, ohne von ihnen Trost zu erwarten.

Wenn sensible Kinder widerspenstig sind, brauchen sie mitfühlende Äußerungen wie: »Ich verstehe es, dass du enttäuscht bist; du wolltest etwas unternehmen, und jetzt brauche ich dich.« Ohne die richtige Unterstützung können sie ihren Widerstand nicht aufgeben. Ohne Mitgefühl fühlen sie sich als Opfer und versinken in Selbstmitleid. Sie beschäftigen sich noch mehr mit ihrem Leid, und wenn sie kein Verständnis bekommen, machen sie sich leicht Selbstvorwürfe.

Sensible Kinder brauchen die klare Botschaft,
dass ihre negativen Gefühle in Ordnung sind.

Sensible Kinder brauchen die klare Botschaft, dass ihre negativen Gefühle in Ordnung sind. Sie brauchen ein wenig länger, bis sie Verletzungen und emotionale Erschütterungen überwinden, und es ist für sie eine große Erleichterung, ihre innere Last und ihr Elend einem mitfühlenden Ohr anvertrauen zu können. Weniger sensible Eltern glauben manchmal, dass mit ihrem Kind etwas nicht in Ordnung ist, und machen dadurch alles nur noch schlimmer.

Hat man sich die Gefühle eines sensiblen Kindes angehört, sollte man ihm ein wenig Zeit geben, sich wieder besser zu fühlen. Wenn eine solche Besserung eintritt, sollte man darüber nicht groß reden. Die Haltung sollte sein, dass man dieses Temperament als normal und natürlich akzeptiert. Das Kind darf nicht das Gefühl haben, dass etwas nicht in Ordnung war und dass es jetzt wieder »normal« ist. Es ist immer »normal«.

Diese Kinder möchten oft nicht in neue Beziehungen gedrängt werden. Es dauert bei ihnen meist etwas länger, bis sie Kontakte knüpfen und Freundschaften aufbauen, und man muss ihnen mehr Hilfestellung dabei geben. Haben sie einmal einen Freund oder eine Freundin gefunden, dann sind sie sehr treu, und wenn sie enttäuscht werden, ist dies für sie sehr schlimm. Sie müssen unbedingt lernen, zu vergeben und zu vergessen. Wenn Eltern ihrem Widerstand zuhören und sich verständnisvoll zeigen, dann hilft dies diesen Kindern, sich auf die Enttäuschungen des Lebens vorzubereiten, und ihre Fähigkeit zu verzeihen wächst.

Bekommen diese Kinder, was sie brauchen, dann können sich ihre ganz besonderen Begabungen entfalten. Sie haben tiefe Gedanken, und sie sind wach, kreativ, ursprünglich und können gut kommunizieren. Sie sind hilfsbereit, mitfühlend und gutmütig. Für sie ist es sehr erfüllend, anderen Menschen und der Welt zu dienen.

Aktive Kinder brauchen Vorbereitung und Struktur

Aktive Kinder sind weniger mit ihren inneren Reaktionen auf das Leben beschäftigt und versuchen mehr, Einfluss zu gewinnen. Für sie sind Handeln und Ergebnisse wichtig. Sie beziehen ihre Motivationen aus sich selbst und sind besonders kooperativ, wenn sie einen Plan haben. Sie sind immer bereit, etwas zu unternehmen oder Dinge nach ihrem Willen zu gestalten.

Diese Kinder brauchen viel Struktur, da sie sonst leicht außer Kontrolle geraten und sich der Autorität der Eltern widersetzen. Sie müssen immer im Voraus wissen, was auf dem Programm steht, wie die Regeln lauten und wer das Sagen hat. Unter dieser Voraussetzung werden solche Kinder sehr hilfsbereit und kooperativ. Um also den Widerstand bei solchen Kindern möglichst gering zu halten, muss man vorausdenken und sie mit klaren Grenzen, Regeln und Anweisungen vorbereiten. Eltern können also sagen: »Also, wir machen Folgendes. Zuerst schaukeln wir, und dann gehen wir hinüber zum Abenteuerspielplatz. Jeder von euch ist zwei Minuten dran, und dann wechseln wir.« Gibt man einem aktiven Kind einen solchen klaren »Fahrplan« vor, ist es am ehesten kooperativ.

Aktive Kinder müssen immer im Voraus wissen, was auf dem Programm steht, wie die Regeln lauten und wer das Sagen hat.

Aktive Kinder möchten im Mittelpunkt der Aufmerksamkeit stehen und dort sein, wo etwas los ist. Sie möchten immer Recht haben. Wenn ihnen die Eltern keinen Rahmen geben, neigen sie zu dominantem Verhalten. Solche Kinder brauchen Gelegenheiten, sich als erfolgreiche Anführer zu beweisen, andererseits sind sie auch bereit, eine kompetente Leitfigur zu respektieren und ihr zu folgen. Eltern müssen bei solchen Kindern besonders darauf achten, keine Schwäche, Entschlusslosigkeit und Verletzlichkeit zu zeigen.

So darf man sie zum Beispiel nicht direkt fragen, was sie selbst für das Beste halten. Wenn sie sich einer Anweisung widersetzen und auf ihren Vorstellungen beharren, muss man ihren Vorschlag zur Kenntnis nehmen und sich neu überlegen, was man als Nächstes tut.

Wenn man sagt: »Wir gehen zuerst zur Schaukel und dann auf den Abenteuerspielplatz«, sagen sie möglicherweise: »Aber auf dem Abenteuerspielplatz ist es interessanter; gehen wir zuerst dorthin.« Dann würden kluge Eltern sagen: »Das ist eine gute Idee. Machen wir das.« Diese Kinder haben gerne Recht und blühen durch Anerkennung auf.

Um den Widerstand aktiver Kinder so gering wie möglich zu halten, lässt man ihnen am besten den Vortritt und/oder lässt sie entscheiden, sooft es geht. Sie haben sehr viel Energie und brauchen einen weiten erzieherischen Rahmen, wenn sich diese Energie in harmonischer Weise äußern soll. Sie sind durchaus kooperativ, wenn man ihnen Verantwortung überträgt.

Um den Widerstand aktiver Kinder so gering wie möglich zu halten, lässt man ihnen am besten den Vortritt und/oder lässt sie entscheiden.

Aktive Kinder müssen das Gefühl haben, gebraucht zu werden und dass man Vertrauen in sie hat. Die Eltern könnten etwa sagen: »Also, zuerst gehen wir auf das Klettergerüst, und jeder darf einmal ganz hinauf. Billy, du passt auf, dass jeder mindestens einmal ganz nach oben kommt. Du kannst als Erster gehen und es den anderen vormachen.«

Gibt man aktiven Kindern mit klaren Anweisungen eine Führerrolle, bringt dies das Beste in ihnen zum Vorschein. Sie werden dadurch ganz automatisch kooperativer. Sie haben sehr viel Energie und vertragen es nicht gut, wenn sie zu lange still sitzen müssen. Sie müssen einfach immer etwas tun, doch ohne Anleitung tun sie irgendetwas und geraten in Schwierigkeiten. Deshalb brauchen sie eine Struktur. Plant man ihre Aktivitäten, leitet man dadurch ihre Energie in gefahrlose Bahnen.

Eine andere Möglichkeit, den Widerstand aktiver Kinder zu beschränken, besteht einfach darin, sie müde zu machen. Wenn man zum Beispiel irgendwo warten muss, ist dies für ein solches Kind sehr frustrierend. Dann gibt man diesem Kind entweder eine Aufgabe, oder man erfindet ein Spiel, bei dem es seine überschüssigen Energien abbauen kann. Es genügt oft schon, dem Kind zu sagen, dass es eine bestimmte Strecke laufen soll, und die Zeit zu stoppen. Aktive Kinder lieben es, ihre eigenen Rekorde zu brechen. Man lobt sie für ihre Leistungen, und schon schmilzt ihr Widerstand dahin.

Aktive Kinder lernen etwas über sich selbst, indem sie etwas tun und Fehler machen. Sie brauchen sehr viel Anerkennung für ihren Erfolg und ebenso viel Nachsicht für ihre Fehler. Solche Kinder geraten immer wieder in Schwierigkeiten. Wenn sie dann Angst vor Strafen oder Tadel haben müssen, verbergen sie ihre Fehler oder reden sie schön, was zur Folge hat, dass sie aus ihnen nichts lernen können.

Aktive Kinder brauchen sehr viel Anerkennung für ihren Erfolg und ebenso viel Nachsicht für ihre Fehler.

Aktive Kinder können nicht einfach still sitzen und zuhören. Sie müssen in Bewegung sein und lernen am meisten, wenn sie allein oder mit anderen etwas tun können. Widersetzen sie sich einer Aufforderung, fängt man am besten selbst mit der betreffenden Aktivität an und lädt sie zum Mitmachen ein. Lange Gespräche sind kontraproduktiv und werden oft als Strafe aufgefasst.

Wenn sie zum Beispiel ihr Zimmer nicht aufräumen wollen, nimmt man kurz zur Kenntnis, was sie tun, und beginnt dann selbst mit dem Aufräumen. Man sagt etwa: »Ich sehe, dass du gerade spielst und jetzt dein Zimmer nicht aufräumen willst. Machen wir es doch miteinander. Gemeinsam geht es doch am besten…« Bloß zu warten, bis sie etwas tun, ist nicht sehr effektiv.

Der Widerstand aktiver Kinder hört beim gemeinsamen Tun schnell auf. Wenn sie auch nur ein wenig helfen, dankt man ihnen für ihre Hilfe und sagt anerkennend, wie schön das Zimmer jetzt aussieht: »Das haben wir doch prima gemacht!« Aktive Kinder möchten bei den Siegern sein. Für sie gibt es keine größere Motivation als den Erfolg.

Aktive Kinder möchten immer bei den Siegern sein.

Aktive Kinder erkennen sich in dem, was sie geleistet haben und erreicht haben. Sie lieben die Macht. Wenn sie sich den Bitten der Eltern verweigern, brauchen sie oft die klare, aber gelassene Botschaft, dass Widerstand in Ordnung ist, dass aber die Eltern das Sagen haben. Man fasst kurz in Worte, was sie gerade tun, und bittet dann in einer direkteren Weise noch einmal.

Man könnte zum Beispiel sagen: »Ich sehe, dass du dich gerade ausruhst, aber jetzt möchte ich, dass du das Zimmer aufräumst.« Wenn das Kind nicht reagiert, fängt man selbst mit dem Aufräumen an und sagt: »Fangen wir mit diesem Teil des Zimmers an.« In der Verkaufsbranche nennt man einen solchen Ansatz »vorweggenommenen Abschluss«: Man tut so, als hätte man den Kunden schon überzeugt, und beschäftigt sich mit den Einzelheiten des Kaufs.

Ohne eine klare Struktur und deutliche Botschaften geraten aktive Kinder leicht außer Kontrolle. Sie schikanieren andere oder bekommen beeindruckende Wutausbrüche, wenn nicht alles nach ihrem Willen geht. Viele Eltern und Erwachsene scheuen sich, solche Kinder zur Ordnung zu rufen. Eltern gehen Konfrontationen aus dem Weg, weil sie sehr viel Kraft kosten. Aber dadurch wird das Problem nur schlimmer. Solche Kinder brauchen einen klaren Rahmen, wozu auch regelmäßige Auszeiten gehören. Sie brauchen mehr als andere Kinder das Gefühl einer festen Hand. Gibt man ihnen regelmäßige Auszeiten, vergessen sie nicht mehr, wer Herr im Haus ist. Mit Auszeiten werden wir uns noch ausführlicher befassen (siehe »Wie man die Kontrolle behält«).

Aktive Kinder haben ein großes Bedürfnis, Recht zu haben und lassen sich nicht gerne sagen, dass sie im Unrecht sind. Zurechtweisungen in Gegenwart anderer vertragen sie besonders schlecht, weist man sie unter vier Augen zurecht, sträuben sie sich weniger. Statt sie öffentlich zu tadeln, sollte man darum diskrete Signale aussenden. Sie schätzen es sehr, wenn Eltern ihnen helfen, das Gesicht zu wahren.

So könnte man zum Beispiel einem Kind signalisieren, dass es sich benehmen soll, indem man sich selbst am Ohr zieht. Wenn sie zu laut werden, könnte man den Finger auf die Lippen legen und ihnen so deutlich machen, dass sie im Haus nicht so zu schreien brauchen wie draußen. Aktive Kinder sprechen auf solche Signale sehr gut an. Dies macht ihnen auch indirekt deutlich, dass es normal ist, Fehler zu machen und gelegentlich außer Kontrolle zu geraten.

Überträgt man solchen Kindern keine Verantwortung, neigen sie dazu, sich gegen andere Kinder oder Menschen aufzulehnen, die es langsamer angehen lassen. Sie wollen, dass alles schnell geht, und sie haben auch die Energie, dies durchzusetzen. Die langsamere Gangart anderer akzeptieren sie am ehesten, wenn sie sich in irgendeiner Weise nützlich machen können. Es schadet auch nichts, wenn man künstlich Aktivitäten erfindet, die ihnen einfach das Gefühl geben, etwas Wichtiges zu tun.

Haben solche Kinder den Rahmen, den sie brauchen, werden sie automatisch empfänglicher, mitfühlender und großzügiger. Durch regelmäßige Auszeiten lernen sie mit der Zeit, geduldiger zu sein und Wünsche aufzuschieben. Sie entwickeln Verantwortungsbewusstsein und Kompetenz und werden zu großen Führern. Sie bewegen etwas. Wenn sie im Laufe der Zeit genügend Erfolgs- und Selbstbewusstsein entwickeln, nehmen sie auch mehr Rücksicht auf die Empfindungen anderer.

Aufgeweckte Kinder brauchen Zerstreuung und Richtung

Aufgeweckte Kinder sind sozial und empfänglich für äußere Reize. Ihr Ichbewusstsein entwickelt sich an ihren Reaktionen auf die Welt und ihren Beziehungen. Sie wollen alles sehen, hören, kosten und erfahren, was das Leben anzubieten hat. Sie sind vielseitig interessiert, weil sie ein großes Bedürfnis nach Stimulation haben.

Jede neue Erfahrung bringt eine neue Seite von ihnen zum Vorschein. Diese Kinder lieben Abwechslung, aber sie konzentrieren sich nicht gern. Oft bekommen sie schon einen Wutanfall, wenn man sie bloß bittet, eine Jacke anzuziehen oder etwas in einer bestimmten Weise zu tun. Sie brauchen viel Freiheit.

Oft bringen sie Dinge nicht zu Ende und springen einfach von einer Erfahrung zur nächsten. Es ist wichtig, dass Eltern sich hierüber im Klaren sind und sich deshalb keine Sorgen machen. Das Kind braucht einfach mehr Bewegung. Zu ihrem Lernprozess gehört das Chaos. Wenn sie die Freiheit haben, sich selbst zu erkunden und zu ändern und sie selbst zu sein, werden sie sich im späteren Leben besser konzentrieren können und sie werden lernen, Aufgaben zu Ende zu führen.

Aufgeweckte Kinder tanzen wie ein Schmetterling von einer Aktivität zur nächsten. Sie sind immer damit beschäftigt, das Leben zu erkunden und zu entdecken. Sie werden so leicht abgelenkt, dass sie besonders viel Orientierung brauchen. Vergessen sie einmal, was man ihnen gesagt hat, dann tun sie dies nicht, um die Eltern zu ärgern oder ihnen Widerstand zu leisten. Sie haben es wirklich vergessen. Daher darf man sie deswegen nicht tadeln, sie lernen im Laufe der Zeit schon, bei der Sache zu bleiben. Alles Neue lenkt sie leicht ab. Andererseits kann man diese Tendenz auch dazu nutzen, ihren Widerstand zu umgehen.

Aufgeweckte Kinder erkennen sich in ihrer Reaktion auf die vielfältigen Erfahrungen des Lebens.

Wollen aufgeweckte Kinder eine Anweisung nicht annehmen, braucht man sie nur auf eine andere Möglichkeit oder eine neue Aktivität aufmerksam zu machen. Statt Verständnis oder einer Struktur brauchen solche Kinder Ablenkung und neue Ausrichtung. Durch diese Ablenkung kommt ein anderer Teil von ihnen zum Vorschein, der kooperationsbereit ist. Betrachten wir einige Beispiele.

Wenn Kinder (bis etwa vier Jahre) einen Wutanfall bekommen, kann man sie leicht dadurch ablenken, dass man glänzende Gegenstände, Schlüssel, eine Zahnbürste, kleine Muscheln, einen Kristall oder irgendetwas anderes Interessantes hervorzieht, das man sehen, hören, schmecken und berühren oder mit dem man spielen kann. Dies klappt natürlich bei allen Kindern, aber besonders gut bei aufgeweckten.

Singen lenkt ab und macht Spaß

Singen lenkt Kinder jeden Alters von Dingen ab, die sie beunruhigen, und gibt ihnen wieder das Gefühl, Liebe und Unterstützung zu haben. Je älter Kinder werden, desto mehr lieben sie es, wenn man für sie und mit ihnen singt. Meine Frau Bonnie erfand für jedes unserer Kinder ein eigenes Lied. Wenn sie weinten, sangen wir einfach dieses Lied, und alles war wieder in Ordnung.

Wenn Kinder Kummer haben, tröstet sie eine einfache Melodie, die man immer wieder wiederholt. Selbst zu singen ist besser als Musik zu hören, weil dadurch die Verbundenheit des Kindes mit den Eltern wächst, doch kann Hintergrundmusik dazu beitragen, eine entspannte Atmosphäre zu schaffen.

Gesang ist weniger ernst als das gesprochene Wort. Er ist daher auch ideal, um ein Kind von etwas abzubringen, was es gerne möchte, und es für etwas zu interessieren, was die Eltern möchten. Singen und Lieder zu hören macht vieles leichter und das Leben fröhlicher. Es stimuliert die Kreativität der rechten Gehirnhälfte. Kreativität macht ein Kind beweglicher und anpassungsfähiger und damit auch kooperativer.

Mit unseren heranwachsenden Kindern pflegten wir beim Abwasch Lieder zu singen. Ich nannte dies den »Fünf-Minuten-Abwasch«. Ich sang ein bestimmtes Lied, während wir wetteiferten, wer in fünf Minuten mehr schaffen würde. Dann dankte ich ihnen für ihre Hilfe und erledigte meinen Anteil. Sie waren immer begeistert dabei und denken noch heute gerne an diese fröhliche Erfahrung zurück.

Aufgaben interessanter machen

Indem ich mit meinen Kindern sang, waren sie von der faden Arbeit des Abwaschs abgelenkt. Und indem ich ihre Mitarbeit auf fünf Minuten beschränkte, hatten sie nicht das Gefühl, zu viel tun zu müssen. Ich achtete darauf, dass sie nicht schon als Kinder zu viel arbeiten mussten, darum sträubten sie sich auch nicht dagegen, einmal mitzuhelfen. Als Erwachsene macht es ihnen jetzt nichts aus, hart zu arbeiten, und sie können trotzdem Spaß haben.

Ich erinnere mich noch daran, dass ich als Kind einer Großfamilie an einem bestimmten Abend für den Abwasch eingeteilt war. Obwohl ich es nur einmal pro Woche machen musste, hatte ich dabei trotzdem das Gefühl: »Ich muss immer den Abwasch machen. Ich darf mich nie amüsieren. Jeder amüsiert sich, nur ich komme zu kurz.«

Kinder leben im ewigen Jetzt. Wenn eine Aufgabe zu lange dauert, haben sie das Gefühl: »Bei uns gibt es nichts als Arbeit.« Indem man den Kindern ihre Aufgaben erleichtert und ihnen mehr hilft, lernen sie, dass man trotzdem Spaß haben kann. Und die Aufgaben, die mit den Jahren auf sie zukommen, fallen ihnen nicht so schwer.

Ideal ist es, wenn man Kindern bis zum achten Lebensjahr das Gefühl gibt, umsorgt zu sein. Zwischen sieben und vierzehn sollten Kinder bei Spiel, Gesang, Bastelarbeiten, Malen, dem Erlernen eines Musikinstruments, bei Sport und Theater lernen, ihren Spaß zu haben, aber Hausaufgaben und Hausarbeiten gehören ebenfalls dazu. Beim Abwasch, beim Aufräumen und der Versorgung von Haustieren mitzuhelfen ist sicher in Ordnung und fällt nicht unter die Kategorie »zu viel helfen müssen«. Man findet am einfachsten heraus, wie viele Aufgaben man seinen Kindern zumuten kann, indem man prüft, wie groß ihr Widerstand ist. Eltern zu sein bedeutet, dauernd Anpassungen vornehmen zu müssen.

Noch vor einhundert Jahren arbeiteten Kinder in Fabriken, aber allmählich begriff die Gesellschaft, dass dies ein Missbrauch war. Heute müssen wir einsehen, dass es auch falsch ist, Kinder zu Hause arbeiten zu lassen. Die Aufgabe der Eltern ist es, zu geben, und die Aufgabe der Kinder, zu empfangen. Etwa um das achte Lebensjahr entsteht bei Kindern das Bedürfnis, sich zu amüsieren und mit anderen Kindern und Freunden zu spielen. Um diese Zeit entwickeln Kinder eine der wichtigsten Fähigkeiten im Leben: die Fähigkeit, glücklich zu sein.

Die Aufgabe der Eltern ist es, zu geben,
und die Aufgabe der Kinder, zu empfangen.

Zu viel lernen oder zu viel Verantwortung und Pflichten zwischen sieben und vierzehn Jahren können einen Menschen daran hindern, später im Leben glücklich zu sein. Als Jugendliche wollen sie entweder gar nicht arbeiten und sich nur amüsieren, oder sie arbeiten hart, aber versagen sich jeden Spaß, und so sind sie nie wirklich glücklich oder zufrieden.

Die meisten Eltern glauben, ihren Kindern beibringen zu müssen, hart zu arbeiten und Verantwortung zu übernehmen. Aber Kinder lernen Verantwortlichkeit dadurch, dass sie verantwortungsvolle Eltern haben. Sie lernen hart zu arbeiten, indem sie erleben, dass ihre Eltern hart arbeiten. Kinder lernen vor allem durch Nachahmung. Sie tun letztlich das, was sie bei ihren Eltern gesehen haben. Diese Erkenntnis kann Eltern das Vertrauen schenken, ihrem Herzen zu folgen und ihren Kindern eine glückliche und fröhliche Kindheit zu schenken. Hart zu arbeiten ist frühestens in der Pubertät notwendig.

Das Geschenk des Lesens

Wenn Kinder vor dem Zubettgehen unruhig und »aufgekratzt« sind, hilft ihnen neben dem Singen auch Lesen, um sich zu entspannen und gut zu schlafen. Vor dem Zubettgehen zu lesen ist vielleicht das wichtigste Geschenk, das Eltern Kindern machen können, aber besonders wichtig ist es für aufgeweckte Kinder. Sie hungern nach Geschichten, Märchen und Sagen. Sie brauchen die Stimulation ferner Länder und fremder Völker. Kinder leben etwa bis zum zehnten Lebensjahr in einer magischen Welt. Die Gesellschaft bedrängt sie, möglichst schnell aufzuwachen und die wirkliche Welt zu erfahren, aber Eltern sollten sich davon nicht verunsichern lassen. Ein Kind braucht Zeit für seine Entwicklung, und es passt sich schon zur rechten Zeit an die wirkliche Welt an. Etwa bis zum achten Lebensjahr haben Kinder noch nicht einmal die Fähigkeit zu logischem Denken, und abstrakte Gedankengänge verstehen sie erst ab dem vierzehnten Lebensjahr.

*Ein Kind braucht Zeit für seine Entwicklung,
und es passt sich schon zur rechten Zeit
an die wirkliche Welt an.*

Wenn Kinder in den Nachrichten hören, dass ein Mörder ausgebrochen ist, dann glauben sie, dass sie in Gefahr sind. Mit Logik kommt man diesen Ängsten jedoch nicht bei. Es hat keinen Sinn, ihnen zu sagen: »Wir leben in einer sicheren Gegend, und deshalb passiert dir nichts.« Magisches Denken erfordert magische Lösungen: Ein Gebet um die Sicherheit des Kindes bringt den gewünschten Erfolg. Wer nicht betet, kann seinem Kind auch mit einem Zauberstab die Gewissheit geben, dass es geschützt ist. Kinder bis zum achten Lebensjahr sollte man ohnehin keine Nachrichten sehen oder hören lassen.

Geschichten lenken Kinder am schnellsten von den Problemen des Lebens ab. Die Bilderwelt von Geschichten regt Kinder an, ihre Fantasie und Kreativität zu entfalten, und stärkt ihr Ich. Erfolgreiche Menschen haben das Gefühl, ihr Leben in der Hand zu haben, während weniger erfolgreiche Menschen eher das Gefühl haben, Opfer zu sein oder Spielball der Herausforderungen und Niederlagen des Lebens. Fantasie und Kreativität sind die Werkzeuge, mit denen Kinder im späteren Leben Probleme lösen können.

Durch Ablenkung steuern

Alle Kinder lassen sich durch Ablenkung gut beeinflussen. Etwa bis zum neunten Lebensjahr kann man Kinder sehr leicht von ihrem Widerstand abbringen, indem man ihnen eine kleine, fantasievolle Geschichte erzählt. Diese Geschichte muss nichts mit dem zu tun haben, wogegen das Kind sich sträubt. Man wechselt einfach das Thema und erzählt eine interessante Geschichte.

Wenn sich ein Kind zum Beispiel weigert, seine Jacke anzuziehen, umgeht man den Machtkampf elegant, indem man etwa sagt: »Sieh mal das schöne grüne Laub dieses Baums. Das erinnert mich daran, wie ich einmal durch einen schönen Wald mit lauter riesigen Bäumen ging. Der Himmel war wunderbar blau, und über mir war nur eine einzige dicke weiße Wolke. Ich wanderte den ganzen Tag, bis ich richtig müde war. Es war eine lange Wanderung, aber ich fühlte mich nachher herrlich. Und jetzt ziehen wir die Jacke an.«

Dies nennt man die Verbundenheit wiederherstellen und zur Kooperation einladen. Wenn man eine Geschichte mit vielen Farben und Objekten erzählt, die die Fantasie anregen, gibt das Kind ganz von selbst seinen Widerstand auf und findet wieder zu einer harmonischen und kooperativen Haltung gegenüber seinen Eltern.

Um den Widerstand abzubauen,
stellt man die Verbundenheit neu her
und lädt das Kind zur Mitwirkung ein.

Kinder jeden Alters sprechen, wenn sie böse oder bockig sind, sehr gut auf eine Ablenkung an, indem man etwa sagt: »Und jetzt können wir doch …« oder: »Jetzt werden wir …« Statt das Kind zu fragen, was es möchte, müssen Eltern das Kind führen. So kann das Kind eigene Wünsche entwickeln, und sich selbst darüber klar werden, was es möchte. Dann können Eltern sagen: »Ah, das ist eine gute Idee. Mach das.« Statt ein Kind direkt zu fragen, was es haben oder tun möchte, macht man Vorschläge und wartet ab, ob es zustimmt oder ablehnt. Zum Beispiel:
Mutter: »Jimmy, gehen wir auf den Spielplatz.«
Jimmy (acht Jahre): »Ich will nicht auf den Spielplatz.«
Mutter: »Warum nicht?«
Jimmy: »Ich will in meinem Zimmer spielen.«
Mutter: »Na gut, wenn du zu Hause bleiben willst, ist es auch recht. Nimm deinen Malkasten und male ein Bild.«
Jimmy: »Ich will jetzt nicht malen. Ich will lieber mit meinem neuen Flugzeug spielen.«
Mutter: »Das ist eine gute Idee. Du spielst mit deinem neuen Flugzeug, und ich schaue später nach dir.«

Die Mutter fragt also das Kind nicht direkt, sondern macht Vorschläge, die das Kind ablehnen kann, sodass ihm allmählich klar wird, was es möchte. Grundsätzlich gilt für alle Temperamente, dass man Kinder niemals fragen sollte, was sie möchten, brauchen, meinen, oder nicht einmal, wie es ihnen geht. Vielmehr macht man einfach Vorschläge, die sie annehmen oder ablehnen. Durch Widerstand bekommen Kinder allmählich eine klare Vorstellung davon, was sie wollen und möchten.

Kinder sollte man niemals fragen, was sie möchten, brauchen, meinen, nicht einmal, wie es ihnen geht.

Aufgeweckte Kinder sind fröhlich, unbeschwert und tatendurstig. Sie brauchen die Bilder und die Abwechslung des Lebens. Für sie ist das Leben ein Abenteuer. Sie sind gesellig und reden gerne. Sie haben viele Freunde und gehen auf die Menschen zu. Oft sind sie unwiderstehlich charmant und entgegenkommend. Sie sind nie lange böse.

Sie beharren nicht stur auf Dingen und sind nicht schnell beleidigt. Sie können Wutanfälle bekommen und widerspenstig sein, aber dies geschieht meist dann, wenn man sie zwingen möchte, sich auf etwas Bestimmtes zu konzentrieren. Chaos und emotionale Höhen und Tiefen gehören zu ihrem Leben.

Oft sind sie vergesslich und unzuverlässig. Sie können keine Ordnung halten, man muss sie immer wieder bitten. Wenn Eltern dies wissen, brauchen sie sich nicht mehr so zu ärgern. Sie sollten nicht erwarten, dass ein Kind selbst für Ordnung sorgt. Aufgeweckten Kindern muss man eben immer beim Aufräumen des Zimmers helfen, das ist besser, als ständig mit ihnen Auseinandersetzungen zu haben.

Wenn solche Kinder die Möglichkeit haben, sich zu amüsieren und die unterschiedlichsten Dinge zu erkunden, dann wächst allmählich ihre Aufmerksamkeitsspanne, und sie lernen, sich zu konzentrieren und in die Tiefe zu gehen. Im Laufe der Zeit gelingt es ihnen immer besser, Aufgaben zu Ende zu führen. Sie müssen immer wieder dazu angehalten werden, sich zu konzentrieren, dies gelingt am einfachsten dadurch, dass man sich Zeit für sie nimmt und ihnen hilft.

Ohne entsprechende Unterstützung werden aufgeweckte Kinder von den Pflichten des Lebens überwältigt. Dies kann dazu führen, dass sie als Erwachsene keine Verantwortung übernehmen wollen. Wenn sie aber die nötige Unterstützung bekommen, werden sie zu selbstbewussten, zielstrebigen und in sich ruhenden Erwachsenen.

Empfängliche Kinder brauchen Ritual und Rhythmus

Empfängliche Kinder machen sich Gedanken über den Gang des Lebens. Sie wollen wissen, was als Nächstes geschieht und was auf sie zukommt. Wenn sie einige Sicherheit über den Gang der Dinge haben, sind sie sehr kooperativ.

Neue Situationen, die sie nicht überblicken können, erzeugen bei ihnen Widerstand. Sie identifizieren sich mit ihren Erwartungen von dem, was geschieht. Wenn ein solches Kind erwartet, geliebt zu werden, dann fühlt es sich geliebt. Diese Kinder brauchen viel Gleichmaß, Wiederholung und Rhythmus.

Wichtig sind feste Zeiten, zu denen gegessen, geschlafen und gespielt wird, ein Zeitraum, in dem Mama und Papa sich mit ihm beschäftigen, ein Zeitpunkt, zu dem die Kleider für den nächsten Tag zurechtgelegt werden usw. Sie sprechen gut auf Beruhigung und Ermunterung an, wenn man etwa sagt: »Jetzt ist es Zeit, Hausaufgaben zu machen« oder: »Komm, wir räumen jetzt das Zimmer auf.«

Dieses Temperament ist das gutmütigste und nachdenklichste. Diese Kinder brauchen mehr Zeit, um Dinge der Reihe nach zu erledigen, und Veränderungen sind ihnen verhasst. Sie lieben keine schnellen Entscheidungen, und man darf sie nicht fragen, was sie möchten oder meinen. Diesen Kindern muss man sagen, was sie tun sollen.

Empfängliche Kinder sind besonders gutmütig und nachdenklich.

Solange es keine großen Veränderungen gibt, sind sie überaus kooperativ. Veränderungen müssen zu bestimmten Zeitpunkten erfolgen. Wenn man sagt: »Es ist jetzt Zeit für …«, dann hat dieses Kind das Gefühl, dass alles seinen gewohnten Gang geht. Für sie muss alles vorhersehbar sein.

Auch wenn sich diese Kinder gerne sagen lassen, was sie zu tun haben, lassen sie sich ungern drängen: Wie das empfindsame Kind brauchen sie eine Weile, um etwas zu tun oder zu verändern. Sie brauchen immer die Gewissheit, das alles geplant und durchdacht ist. Wiederholung gibt ihnen Sicherheit. Sie sind nicht so beweglich wie andere Kinder. Oft sind sie am glücklichsten, wenn sie einfach da sein, ruhen, essen, schauen, hören und schlafen können.

Sie haben die Fähigkeit, das Vergehen der Zeit zu genießen, von sich aus entwickeln sie keine Initiative. Man muss ihnen sagen: »Es ist jetzt Zeit für...«, da sie sonst einfach dasitzen und träumen. Sie lieben physisches Behagen, und um keine Unruhe zu riskieren, sitzen sie lieber da und schauen.

Anders als aktive Kinder haben sie kein Bedürfnis, zu führen oder auch nur mitzumachen. Solange sie noch klein sind, schauen sie lieber zu und beobachten. Wenn ein anderes Kind fünfzig Mal irgendetwas tut, dann tun sie es plötzlich nach. Beobachten genügt ihnen schon, um Interesse zu entwickeln.

Empfängliche Kinder nehmen durch Beobachten teil.

Ein vierjähriges Kind dieses Temperaments, das anderen Kindern wach beim Spielen zusieht, fühlt sich nicht ausgegrenzt. Es ist mit seiner Beobachterrolle völlig zufrieden. Es ist so, wie wenn es durch die anderen aktiv wäre. Man braucht sich deswegen keine Sorgen zu machen, irgendwann wird es aktiv teilnehmen. Etwa um das achte Lebensjahr kann man beginnen, es zum Mitmachen aufzufordern. Wenn kleinere Kinder sich dagegen sträuben, muss man sie lassen.

Um solche Kinder zu ermuntern, fragt man nicht: »Willst du nicht mitmachen?«, sondern man sagt: »Jetzt ist es Zeit, dass du mitmachst.« Wenn sich das Kind sträubt, sagt man: »Gut, ich sehe, dass du lieber zuschauen willst. Sag es mir, wenn du mitmachen willst.«

Empfängliche Kinder werden oft vernachlässigt, weil sie so still, problemlos und anspruchslos sind. Aber auch sie müssen manchmal kämpfen und Widerstand leisten. Man muss sie dazu bringen, indem man sie vorsichtig motiviert und anspornt, auch wenn sie lieber schlafen oder zu Hause bleiben wollen.

Diesen Kindern muss man eine Aufgabe geben. Ohne solche Unterstützung entwickeln sie überhaupt kein Interesse. Die Sicherheit von Gleichmaß, Ritualen und Rhythmus hilft ihnen nach und nach, die Risiken einzugehen, die etwas Neues immer mit sich bringt.

Empfängliche Kinder lehnen Veränderungen zunächst einmal ab.

Dass empfängliche Kinder etwas nicht tun wollen, ist noch kein ausreichender Grund dafür, sie in Ruhe zu lassen. Sie wollen nie etwas Neues. Wenn sie sich gegen etwas Neues sträuben, sollte man ruhig bleiben und sie zu nichts zwingen. Wie schon gesagt, nehmen sie ja auf einer für sie angenehmen Ebene schon teil, indem sie nur zusehen. Man sollte ihnen beharrlich Gelegenheiten geben, ihre Interessen zu erweitern, aber man darf sie nicht zur Teilnahme zwingen. Beobachten und Zusehen ist durchaus in Ordnung.

Diese Kinder lieben es auch nicht, unterbrochen zu werden. Sie möchten alles konsequent zu Ende führen. Sie sträuben sich, wenn man sie dabei aufhalten will, aber ihr Widerstand ist oft stumm. Sie unterdrücken Wutanfälle, weil sie keine Unruhe wollen. Sie haben große Angst davor, ihre Eltern zu enttäuschen oder zurückgewiesen zu werden.

Liebevolle Rituale

Empfängliche Kinder fühlen sich durch gemeinsame Rituale bestätigt und geliebt. Man muss also liebevolle Rituale schaffen, sodass diese Kinder ihren Wert und ihre besondere Verbundenheit mit beiden Elternteilen erfahren können. Rituale brauchen nicht lange zu dauern; sie müssen sich nur aus dem Alltag abheben und dann immer wieder wiederholt werden.

Mit unserer Tochter Lauren hatten wir ein besonderes Ritual. Wir gingen durch den Wald in die Stadt und machten dann in der Buchhandlung Pause, wo wir Madeleines aßen. Solange sie klein war, nahm ich sie im Kinderwagen mit, später gingen wir zu Fuß oder nahmen das Fahrrad. Das Ganze dauerte etwa eine halbe Stunde: zehn Minuten einfacher Weg, fünf bis zehn Minuten für das Gebäck und zum Streicheln der Hunde.

Noch heute erinnert sie sich gerne an diese frühen Erfahrungen und das liebevolle Band, das wir damit pflegten. Viele Erwachsene können sich nicht an die Liebe und Freude in ihrer Kindheit erinnern, und dies ist sehr schade. Wer sich daran erinnern kann, wie er geliebt und unterstützt wurde, hat für sein ganzes Leben eine feste Basis der Sicherheit.

Zu Ritualen können ganz einfache alltägliche Verrichtungen werden, indem man sie immer zu festen Zeitpunkten durchführt. So prägen sie sich ein. Auch dadurch, dass man wiederholt ausdrücklich darüber spricht, entsteht ein Ritual. Man könnte zum Beispiel sagen: »Heute ist Samstag und wir gehen in die Stadt und essen Madeleines.« Damit Kinder das Gefühl haben können, etwas Besonderes zu sein, brauchen sie besondere Aktivitäten zu besonderen Zeiten. Nachfolgend einige einfache Beispiele:

- Samstagabend bäckt Papa seine Spezial-Pizza.
- Sonntagmorgen dürfen wir alle ausschlafen, und Mama backt ihre köstlichen Waffeln.
- Wenn Papa uns zu spät abholt, macht er es immer gut, indem er uns zu einem Eis einlädt.

- ▷ Wenn Papa nicht da ist, ruft er immer an, um uns bei den Hausaufgaben zu helfen oder Gute Nacht zu sagen.
- ▷ Mama liest immer vor dem Zubettgehen eine Geschichte vor.
- ▷ Mama oder Papa singen immer vor dem Einschlafen.
- ▷ Wenn ein Kind Bauchweh hat, macht Mama immer eine Wärmflasche und reibt uns mit feinem Öl ein.
- ▷ Wenn Papa glücklich ist, singt er immer sein Lieblingslied.
- ▷ Am Donnerstagabend sitzen wir immer gemeinsam vor dem Fernseher und sehen eine lustige Familienserie an.
- ▷ Abends vor dem Zubettgehen reden die Eltern mit den Kindern über den Tag.
- ▷ Im Frühjahr pflückt die ganze Familie immer vor dem Abendessen Blumen.
- ▷ Vor dem Essen wird gemeinsam der Hund ausgeführt.
- ▷ Im Sommer machen wir immer wunderschöne Ferien am selben Ort und im selben Hotel. (Natürlich kann man auch woanders Urlaub machen. Aber wenn man an denselben Ort fährt, wird dies zu einem besonderen Ritual.)
- ▷ Am Samstag macht die ganze Familie einen Ausflug oder macht ein Picknick.
- ▷ Im Sommer gehen wir sonntags an den Strand.
- ▷ Im Juli gehen wir immer auf den Jahrmarkt.
- ▷ Einmal im Monat gehört einem von uns Mama oder Papa.
- ▷ Wir beten vor dem Zubettgehen mit Mama oder Papa.

Diese liebevollen Rituale erzeugen besondere Erinnerungen und Erwartungen, die während der Kindheit und für das ganze übrige Leben eine große innere Sicherheit verleihen.

Bei anderen Ritualen liegt der Schwerpunkt mehr auf dem Rhythmus. Alles in der Natur hat einen Rhythmus: Auf den Winter folgt der Frühling, auf den Frühling der Sommer. Genauso hat auch alles im Leben seine Zeit. Es gibt eine Zeit der Aktivität und eine Zeit der Ruhe, eine Zeit zu essen und eine Zeit zu spielen. Die Gezeiten des Meeres kommen und gehen.

Die Sonne geht auf und unter. Selbst im Körper gibt es Rhythmen: Man atmet ein und aus und ist wach und schläft.

Alles, was man täglich wiederholt, wird so zum Ritual und verstärkt die Empfindung, dass alles im Leben einen Rhythmus hat. Es hat etwas Beruhigendes zu wissen, was als Nächstes kommt. Alle Kinder brauchen Rhythmus und Ritual, aber empfänglichere Kinder brauchen dies ganz besonders, damit sie aus ihrem Kokon herauskommen und ihren inneren Begabungen Ausdruck verleihen können.

Praktische Rituale
Nachfolgend einige weitere Beispiele für Rituale, die im Leben eines Kindes Rhythmus schaffen können. Natürlich lassen sich diese nicht in jeder Familie gleichermaßen verwirklichen, sie sollten nur zur Anregung dienen.

- ▷ Am Morgen vor der Schule immer zur selben Zeit aufstehen.
- ▷ Immer an einem bestimmten Platz oder in einem bestimmten Stuhl sitzen.
- ▷ Am Morgen immer zur selben Zeit in die Schule gehen.
- ▷ Das Kind wird nach der Schule immer von derselben Person abgeholt.
- ▷ Immer am Dienstag und Donnerstag auf den Spielplatz gehen.
- ▷ Am Samstag das Auto waschen.
- ▷ Immer um dieselbe Zeit zum Abendessen kommen. Die Kinder abends in einer besonderen Weise zum Essen rufen, mit einer Glocke oder über eine Haussprechanlage mit einer einfachen Nachricht: »Das Essen ist fertig. Kommt ihr alle zu Tisch?«
- ▷ Die Kleider für den nächsten Tag schon am Abend zurechtlegen (dies ist sehr hilfreich, wenn ein Kind sich morgens nicht anziehen will).
- ▷ Das Zubettgehen sollte jeden Tag gleich ablaufen: Gesicht

waschen, Zähne putzen und Schlafanzug anziehen, und man sollte immer um dieselbe Zeit damit beginnen. (Ein solcher Rhythmus ist sehr wichtig. Kinder brauchen viel Schlaf, und eine feste Routine vor dem Zubettgehen hilft, dass Kinder besser einschlafen und vor allem auch ausschlafen.)

Gibt man empfänglichen Kindern den Rhythmus, den sie brauchen, entwickeln sie viel Kraft und Organisationstalent. Sie haben die Fähigkeit, Ordnung zu schaffen und zu bewahren. Sie sind ausgeglichen und praktisch veranlagt und können große Hindernisse überwinden, um ein Ziel zu erreichen. Zu ihren Begabungen gehört es auch, zu trösten und liebevolle Unterstützung zu geben. Sie sind vielleicht langsam, aber sie stehen mit beiden Beinen auf dem Boden.

Den Kindern geben, was sie brauchen

Nun denkt vielleicht mancher: Jetzt weiß ich, warum Eltern heute nicht mehr so viele Kinder haben wollen… Aber es ist ein Irrtum zu glauben, dass man mit dieser neuen Form der Erziehung völlig überfordert sei. Dies scheint nur deshalb so, weil es neu ist. Hat man sich einmal mit diesen Gedanken vertraut gemacht und setzt sie auch in die Praxis um, wird die Erziehung viel einfacher.

Diese verschiedenen Verfahren zur Förderung von Kindern bauen Widerstände ab, aber sie erfordern Zeit und Vorbereitung, und manchmal hat man beides nicht. Die Fähigkeiten, mit denen wir uns als Nächstes befassen werden, bewähren sich auch dann, wenn man nicht viel Zeit hat. Im nächsten Kapitel soll gezeigt werden, wie man Widerstand auf ein Mindestmaß begrenzt und die Kinder erfolgreich zu Kooperation motiviert.

Wie man die Kommunikation verbessert

Um den Widerstand von Kindern zu verringern und Kooperationsbereitschaft zu schaffen, sind Zuhören und Verständnis die wichtigsten Mittel. Wenn Kinder sich nicht kooperativ verhalten, möchte oder braucht ein Teil von ihnen etwas anderes. Diese nicht erfüllten Bedürfnisse oder Wünsche müssen identifiziert werden. Oft verschwindet der Widerstand eines Kindes schon dadurch, dass man die Ursache dafür ausfindig macht. Mit Hilfe neuer Fähigkeiten zur Verbesserung der Kommunikation kann man den Widerstand von Kindern sofort reduzieren und ihre Kooperationsbereitschaft verbessern.

Der Widerstand eines Kindes verschwindet oft einfach schon dadurch, dass man seine Ursache verstanden hat.

Kinder haben im Prinzip keinen anderen Wunsch und kein anderes Bedürfnis, als mit ihren Eltern zu kooperieren, ihnen Freude zu machen und ihnen zu gehorchen. Aber dieser natürliche Antrieb muss wie jede andere Begabung oder Fähigkeit geweckt und gefördert werden. Statt zu versuchen, Kinder mit Furcht und Schuldgefühlen zu manipulieren, suchen positive Erzieher nach Möglichkeiten, die Kooperationsbereitschaft von Kindern zu wecken. Mit Furcht und Schuldgefühlen kann man Kinder vielleicht kurzfristig unter Kontrolle halten, aber langfristig sinkt dadurch ihre Kooperationsbereitschaft.

Warum Kinder sich widersetzen

Wenn Kinder sich ihren Eltern widersetzen, dann oft deshalb, weil sie etwas anderes wollen und zugleich annehmen, dass die Eltern ihren Wunsch oder ihr Bedürfnis unterstützen würden, wenn sie dies nur verstehen würden. Darüber sollte man einen Augenblick nachdenken. Meist überlegt man sich doch als Eltern: »Was möchte oder braucht mein Kind?« Dann handelt man entsprechend, um dem Kind das Benötigte zu geben. Kinder, die sich der Liebe und Unterstützung ihrer Eltern sicher sind, nehmen ganz selbstverständlich an, dass diese ihnen etwas anderes geben werden, wenn sie hören, was sie eigentlich wollen. Sie sind überzeugt, dass man ihnen nachgeben wird, wenn man nur versteht, wie wichtig ihr Wunsch ist. Manchmal ist ihr Widerstand einfach ein Versuch, den Eltern mitzuteilen, dass sie lieber etwas anderes möchten.

Hat man einmal verstanden, warum ein Kind Widerstand leistet, dann nimmt dieser Widerstand sofort ab. Haben Kinder den Eindruck, dass die Eltern verstehen, was sie wollen und wie wichtig es ihnen ist, werden sie sofort zugänglicher. Es genügt nicht, dass man die Kinder versteht: Man muss ihnen auch klarmachen, dass man sie verstanden hat. Nehmen wir zum Beispiel an, dass ein fünfjähriges Kind eine Süßigkeit möchte, aber die Mutter will, dass es bis nach dem Essen wartet.

Kevin: »Mama, ich möchte ein Bonbon.«

Mutter: »Wir essen jetzt gleich. Ich möchte, dass du bis nach dem Essen wartest; dann bekommst du etwas.«

Kevin: »Aber ich möchte jetzt eines …«

Das Kind bekommt einen Wutanfall. Die Mutter hört zunächst zu, um Kevins Widerstand zu verstehen. Dann sagt sie ruhig: »Ich weiß, dass du *jetzt* ein Bonbon willst. Du bist zornig, weil du etwas Süßes willst, aber ich dir nichts gebe.«

Daraufhin entspannt sich Kevin einen Augenblick und vergisst seinen Widerstand. Denn jetzt glaubt er, dass Mama weiß, was er will, und er deshalb sein Bonbon bekommen wird. Dann sagt die Mutter: »Aber du musst trotzdem bis nach dem Essen warten.«

Manchmal genügt bereits so viel Verständnis, aber manchmal braucht ein Kind auch mehr, bis es sich kooperativ verhalten kann. Wenn sich Kinder widerspenstig geben, dann meist deshalb, weil sie das Gefühl haben, dass sie nicht wahrgenommen werden.

Wenn sich Kinder widerspenstig verhalten,
dann meist deshalb, weil sie das Gefühl haben,
dass sie nicht wahrgenommen werden.

Sehen wir uns einmal an, was geschieht, wenn Kevin noch mehr Zeit und Verständnis braucht. Nachdem er den Wutanfall hinter sich hat, fühlt er sich enttäuscht und traurig. Kevin widersetzt sich immer noch seiner Mutter, aber dieser Widerstand hat jetzt eine andere Qualität: Statt Zorn empfindet er jetzt Enttäuschung. Kevin beginnt zu weinen und sagt: »Ich bekomme nie, was ich möchte. Ich will nicht immer warten.«

Die Mutter reagiert erneut mit Verständnis und nimmt den nicht befriedigten Wunsch oder das nicht befriedigte Bedürfnis wahr. Sie sagt: »Ich verstehe es, dass du traurig bist. Du möchtest ein Bonbon und willst nicht warten. Warten kann ganz schön lange dauern.«

Dies verringert offensichtlich den Widerstand, aber vor allen Dingen wird jetzt eine tiefere Gefühlsebene erreicht. Das Kind weint noch ein wenig, und dann kommen seine Ängste an die Oberfläche. Kevin äußert seinen Widerstand mit den Worten: »Ich bekomme nie ein Bonbon. Ich bekomme nie, was ich möchte. Ich möchte doch nur eins. Warum kriege ich kein Bonbon?«

In diesem Stadium vermeidet die Mutter weitere Erklärungen und versucht weiterhin, die Gefühle und Wünsche zu verstehen und wahrzunehmen. Sie sagt: »Ich weiß, dass du befürchtest, dass du dein Bonbon nie bekommst. Warten dauert so lange. Aber ich verspreche dir, dass du dein Bonbon bekommst. Komm her, mein Schatz, ich nehme dich in die Arme. Ich habe dich so lieb.« Jetzt vergräbt sich Kevin in den Armen der Mutter, und er bekommt all die Liebe, Beruhigung und Unterstützung, um die es ihm doch in erster Linie geht. Wenn Kinder sich nicht kooperativ verhalten wollen, liegt ihr eigentliches Bedürfnis meist etwas tiefer. Sie wollen verstanden und geliebt werden, und da hilft oft auch eine Umarmung.

Sich Zeit zum Zuhören nehmen

Einige von Ihnen denken nun sicher: »Das kann ich doch nicht jedes Mal machen, wenn sich mir mein Kind widersetzt. Dann bin ich nur noch mit ihm beschäftigt.« Doch das stimmt nicht, denn diese Methode wirkt nach. Der Widerstand wird weniger, und die Kooperationsbereitschaft wird größer. Nimmt man sich Zeit zum Zuhören und macht man dies richtig, ist der Widerstand des Kindes beim nächsten Mal schon geringer.

Manchmal dauert es fünf Minuten länger, aber dann braucht es das Kind eben. Wir bringen doch Stunden damit zu, im Auto umherzufahren, einzukaufen und alles Mögliche für unsere Kinder zu tun und zu besorgen. Dies ist sicher alles sehr wichtig, aber bei weitem nicht so wichtig wie die innere Unterstützung der Kinder. Nimmt man sich einige Minuten Zeit für die Gefühle, Wünsche und Bedürfnisse der Kinder, dann gibt man nicht nur den Kindern, was sie wirklich brauchen, sondern man hat auch als Eltern letztlich mehr Zeit für seine eigenen Bedürfnisse.

Sich Zeit zum Zuhören zu nehmen ist machmal viel wichtiger, als Kinder zum Fußballtraining zu bringen.

Man glaubt vielleicht, dass Drohungen oder Tadel den Widerstand von Kindern am schnellsten brechen und kostbare Zeit sparen, aber langfristig wächst dadurch nur der Widerstand gegenüber anderen Dingen. Oft klagen Mütter: »Mein Kind ist immer gerade zu den ungelegensten Zeiten widerspenstig. Gerade wenn ich überhaupt keine Zeit habe, fängt es an, sich aufzulehnen.«

Wenn Kinder keinen Widerstand leisten dürfen, wächst ihre innere Frustration, und die kommt gerade dann an die Oberfläche, wenn die Eltern am stärksten unter Druck sind. Dieses Problem kann man vermeiden, indem man sich beizeiten mit dem Widerstand der Kinder auseinandersetzt. Man muss ihnen immer wieder Signale geben, dass man sie wahrnimmt und hört.

Halten Sie sich immer vor Augen, dass es nur ein paar Minuten ausmacht, die sich wirklich lohnen. Den Kindern zuzuhören ist immer wichtiger, als rechtzeitig irgendwo zu sein. Nimmt man sich Zeit dafür, seinen Kindern zuzuhören, sind sie umso eher bereit, auch den Eltern einmal Zeit für sich selbst einzuräumen. Kooperation bedeutet, dass beide Seiten geben. Gibt man den Kindern das Geschenk des Verständnisses, hören sie ihrerseits bereitwilliger zu und zeigen sich kooperativ.

Zu tieferen Gefühlen vordringen

Damit ein Kind begreift, dass man Verständnis für seine dringenden Wünsche und Bedürfnisse hat, müssen zwei Bedingungen erfüllt sein. Die Eltern müssen die entsprechende Botschaft vermitteln, aber das Kind muss sich auch seines Bedürfnisses bewusst sein, Gehör zu finden, und nicht nur sein Verlangen nach einem Bonbon wahrnehmen. Indem man eine Grenze setzt (»Du bekommst jetzt kein Bonbon«), spüren Kinder ihren Widerstand. Damit ist ihnen aber noch nicht ihr eigentliches Bedürfnis bewusst, Gehör zu finden.

Der nächste Schritt für die Eltern ist es daher, die Empfindung des Zorns oder der Frustration des Kindes in einer ruhigen und liebevollen Weise zu benennen. Dann kann dem Kind bewusst werden, was es empfindet, und die Wahrnehmung der eigenen Gefühle öffnet ihm eine Tür. Es kann jetzt auch sein Bedürfnis, gehört zu werden, wahrnehmen und spüren. Spürt ein Kind das Bedürfnis, gehört und verstanden zu werden, und wird dieses Bedürfnis befriedigt, dann ist schon das meiste geschafft. Dieses Gefühl wird bekräftigt, indem die Eltern in Worte fassen, was das Kind möchte.

All dies geschieht in einem kurzen Augenblick, wenn die Eltern sagen: »Ich weiß, dass du jetzt ein Bonbon willst. Du bist sehr zornig, weil du ein Bonbon willst und ich dir keines gebe.« Das Kind bejaht dies aus ganzem Herzen. Und man kann wohl kaum seinen Widerstand aufrecht erhalten, wenn man einem anderen aus ganzem Herzen Recht gibt, wenn man das Gefühl hat, gehört und verstanden zu werden.

In dem Beispiel mit dem Bonbon hatte die Mutter Erfolg, weil beide Bedingungen erfüllt waren. Die Mutter teilte ihr Verständnis mit, und dem Kind wurde bewusst, dass es im Grunde nur verstanden werden wollte. Diese Technik ist vor allem bei sensiblen Kindern wirksam, bewährt sich aber auch bei den übrigen Temperamenten. Es könnte höchstens ein wenig länger dauern als bei den sensiblen Kindern, weil bei diesen das Bedürfnis nach Verständnis am ausgeprägtesten ist.

Je sensibler ein Kind ist, desto tiefer muss es zu seinen Gefühlen vordringen. Eltern können das Kind zu diesen tieferen Ebenen hinführen, indem sie sich die folgende Reihenfolge von Emotionen vor Augen halten: Ursache des kindlichen Widerstandes ist zunächst Zorn, dann Trauer und dann Furcht. Gibt man Kindern die Gelegenheit, tiefer zu gehen und diese Gefühle zu spüren, öffnet sich die Tür zu ihrem Herzen, und sie bemerken, dass ihre echten und wichtigen Bedürfnisse befriedigt werden. Solange Kinder nicht ein wenig tiefer gehen, bleiben sie an der Oberfläche und beharren auf ihren Wunsch, ein Bonbon zu haben.

Ursache des kindlichen Widerstandes ist zunächst Zorn, dann Trauer und dann Furcht.

Bei sensiblen Kindern müssen sich die Eltern vor allen Dingen darauf konzentrieren, den Zorn, die Trauer und die Furcht zum Vorschein zu bringen, sie müssen sich zugleich aber auch den Wunsch ihres Kindes klar vor Augen halten.

Bei aktiven Kindern müssen die Eltern sich auf einige der primären Gefühle konzentrieren, aber zugleich klar wahrnehmen, was das Kind tut oder tun möchte. So könnte man zum Beispiel sagen: »Ich weiß, dass du alles unterbrochen hast, um hierher zu kommen und dir ein Bonbon zu holen. Du bist sehr zornig, weil du ein Bonbon willst und ich möchte, dass du bis nach dem Essen wartest.« Bei aktiven Kindern macht man sein Verständnis am besten dadurch deutlich, dass man ein wenig darüber redet, was jetzt gerade im Äußeren geschieht oder nicht geschieht, und indem man dem Kind ganz konkret sagt, was man von ihm möchte.

Bei aufgeweckten Kindern, die eine Umorientierung brauchen, könnte man etwa Folgendes hinzufügen: »Ich weiß, dass du jetzt ein Bonbon willst. Du bist sehr zornig, weil du ein Bonbon willst und ich dir keines gebe. Komm, wir legen jetzt das Bonbon dort drüben hin, sodass du es dir nach dem Essen gleich holen kannst. Heute Abend gibt es feinen Lachs mit zarten kleinen Kartoffeln. Sieh dir mal diese Kartoffeln an…«

Bei empfänglichen Kindern, die mehr Rhythmus brauchen, bringt man am besten das Element der Zeit mit ins Spiel. Man sagt etwa: »Ich weiß, dass du jetzt ein Bonbon willst. Du bist sehr zornig, weil du nicht warten willst. Aber das Essen ist jetzt fast fertig, und nach dem Essen gibt es ein Dessert. Also essen wir erst, und dann kommt die Nachspeise.« Empfängliche Kinder können sich entspannen, indem man ihnen ein wenig Rhythmus gibt.

Diese vier Beispiele sind auf Kinder abgestimmt, bei denen ein bestimmtes Temperament im Vordergrund steht. Aber das ursprüngliche Beispiel ist ebenfalls geeignet, und da in jedem Kind etwas von jedem Temperament vorhanden ist, ist im Prinzip jedes Beispiel für alle Kinder geeignet.

Erziehung mit fester Liebe

Beim Umgang mit dem Widerstand von Kindern gibt es grundsätzlich zwei verschiedene Ansätze: Erziehung mit fester oder mit nachgiebiger Liebe. Eher streng erziehende Eltern meinen: »Wenn ich den Widerstand meiner Kinder hinnehme, dann verderbe ich sie damit. Sie müssen immer wissen, wer das Sagen hat.« Eine solche Haltung ist heute zwar überholt, aber sie enthält einen wahren Kern: Um den Kindern ein gesundes Gefühl der Sicherheit im Leben zu geben, müssen sie immer wissen, dass die Eltern letztlich das Sagen haben.

Kinder lieben es zwar, der »Boss« zu sein, aber es tut ihnen nicht gut. Kinder müssen in der magischen Welt der Kindheit spielen können, ohne die Last von Verantwortung zu tragen. Zu viele Freiheiten schaffen eine innere Unsicherheit, die eine Fülle von Problemen nach sich zieht. Ein Kind verliert dadurch seine natürliche Kooperationsbereitschaft und wird anspruchsvoll und selbstsüchtig oder einfach widerspenstig. Eine modernere Version der alten Redeweise »Wer sein Kind liebt, züchtigt es« müsste lauten: »Wer sein Kind liebt, macht ihm klar, wer der Herr im Haus ist.« Die neue Bereitschaft, die Kinder heute brauchen, heißt, dass Widerstand in Ordnung ist, aber es muss immer klar bleiben, dass Mama und Papa Herr im Haus sind. Die Weisheit der Vergangenheit muss immer an die aktuellen Verhältnisse angepasst werden. Um Ordnung in der Gesellschaft zu schaffen, muss man heute Ehebrecherinnen nicht mehr vor den Toren der Stadt steinigen. Ebenso können wir darauf verzichten, unsere Kinder zu schlagen oder Widerstand grundsätzlich nicht zu dulden.

Um heute ein erfülltes Leben führen zu können, genügt es nicht mehr, sich Regeln zu unterwerfen und einer Autorität zu gehorchen. Man hilft seinen Kindern nicht, wenn man ihren Willen bricht und ihnen beibringt, sich gedankenlos und willenlos an alle Vorschriften zu halten. Kinder haben heute das Potenzial in sich, das Leben zu führen, das ihnen zusagt.

Kinder haben die Fähigkeit, ihre Träume zu verwirklichen, aber diese Fähigkeit muss entwickelt werden. Wenn ein Problem oder ein Hindernis auftaucht, nimmt ein kreatives Kind oder ein kreativer Erwachsener dies nicht einfach hin und gibt nach. Kreative Menschen suchen nach einer anderen Möglichkeit, wie sie etwas Gewünschtes bekommen und zugleich auch den Bedürfnissen anderer Menschen entgegenkommen können.

Erzieht man Kinder bloß zu Gehorsam,
enthält man ihnen das Durchsetzungsvermögen vor,
das sie in der heutigen Welt brauchen.

Erfolg im Leben stellt sich nicht durch die Beachtung von Regeln ein, sondern dadurch, dass man selbstständig denkt und seinem Herzen und seinem Willen gehorcht. Diese kreative Intelligenz wird vor allen Dingen dadurch gefördert, dass man die Kooperationsbereitschaft des Kindes pflegt. Von einem Kind nur Gehorsam zu fordern, stumpft seinen Willen ab. Es verschließt sich geistig und seelisch und verliert die Fähigkeit, das Leben zu führen, zu dem es geboren wurde. Wenn Kindern klargemacht wird, dass Widerstand in Ordnung ist, dass aber Papa und Mama das Sagen haben, dann gibt ihnen dies den Freiraum, Herz und Seele offen zu halten und ihr Potenzial zu entfalten, im Leben nach ihrem eigenen Willen und ihren eigenen Wünschen zu handeln.

Erfolg im Leben stellt sich nicht durch die Beachtung von Regeln ein, sondern dadurch, dass man selbstständig denkt und seinem Herzen und seinem Willen gehorcht.

Können Eltern auf den Widerstand eines Kindes gelassen und ohne die Androhung von Strafen oder Tadel reagieren, dann lernt ein Kind allmählich, mit dem Widerstand umzugehen, den es in der Welt erfährt. Wenn es auf jemanden trifft, der nicht kooperationsbereit ist, weiß es, wie es mit einer solchen Situation umgehen muss, ohne gedankenlos nachzugeben oder zu verlangen, dass der andere nachgibt.

Positive Erziehung lehrt Kinder, die Hindernisse des Lebens mit Einsicht und Verhandlungsgeschick zu bewältigen. Sie haben unbedingtes Vertrauen in die Macht des Zuhörens, um Widerstand abzubauen und die Kooperationsbereitschaft eines Menschen zu erhöhen. Die Erfahrung, die sie selbst gemacht haben, wenden sie jetzt bei anderen an. Wenn Eltern ihren Kindern besser zuhören, lernen auch die Kinder, ihrerseits zuzuhören.

Erziehung mit nachgiebiger Liebe

Viele Eltern haben sich von einer strengen Erziehung völlig verabschiedet. Sie wissen, wie wichtig Zuhören ist, aber sie wissen nicht, wie wichtig es ist, trotzdem Herr im Haus zu sein. Sie versuchen, den Widerstand ihrer Kinder zu umgehen, indem sie zuhören und dem Kind seinen Willen lassen. Sie können es nicht ertragen, wenn ihr Kind unglücklich ist, und sie nehmen alles auf sich, um es glücklich zu machen. Sie möchten nicht so erziehen, wie sie selbst erzogen wurden, aber sie wissen auch nicht, wie sie es richtig machen sollen. Sie wissen, dass Schläge und Demütigung keinen Erfolg bringen, aber sie sehen keine Alternative. Indem sie ihren Kindern alles durchgehen lassen, vermitteln sie diesen jedoch die falsche Botschaft, dass Wutanfälle ein geeignetes Mittel sind, seinen Willen durchzusetzen.

Solche nachgiebige Eltern wissen nicht, welche neuen Möglichkeiten es gibt, den Widerstand der Kinder zu vermeiden und sie zu Kooperation zu motivieren. Ihre Kinder lernen zwar, dass Widerstand in Ordnung ist, aber sie machen nicht die Erfahrung, dass letztlich die Eltern Herr im Haus sind.

Um Widerstand seitens der Kinder zu vermeiden, geben manche wohlmeinenden Fachleute sogar den Rat, einem Kind immer eine Alternative anzubieten. Dies baut in der Tat den Widerstand ab, aber es bewirkt noch keine Kooperation. Damit gibt man dem Kind nur zu viel Macht und schwächt seine eigene Autorität.

Alternativen zu geben verringert den Widerstand,
aber es erzeugt noch keine kooperative Haltung.

Bis zum zehnten Lebensjahr braucht ein Kind überhaupt keine Alternativen. Zu viele Wahlmöglichkeiten machen es nur zu früh erwachsen. Einer der größten Stressfaktoren für Erwachsene besteht ja heute gerade in zu vielen Wahlmöglichkeiten. Ebenso überfordert man kleine Kinder, wenn man sie direkt fragt, was sie möchten. Eltern, die ihr Kind dauernd fragen, was es haben möchte, machen es sich auf die Dauer schwer, ihre Autorität zu behalten.

Mehr Freiheit und mehr Verantwortlichkeit erzeugen auch mehr Ängstlichkeit, solange man nicht reif dafür ist. Und Kinder bis zum zehnten Lebensjahr sind hierfür noch nicht reif. Sie brauchen starke Eltern, die wissen, was für sie am besten ist, aber trotzdem bereit sind, ihrem Widerstand zuzuhören und ihre Wünsche wahrzunehmen. Nachdem die Wünsche des Kindes klar sind, können Eltern immer noch entscheiden, ob sie ihre Meinung ändern oder fest bleiben. In beiden Fällen vergeben sich die Eltern nichts von ihrer Autorität.

Man könnte hierfür einen Vergleich aus unserem Rechtssystem heranziehen: Wenn ein Gerichtsverfahren abgeschlossen ist, kann es nur dann wieder aufgenommen werden, wenn neue Beweise vorliegen. Ebenso kann ein Kind Widerstand leisten, aber die Eltern brauchen deshalb nicht von ihrer Auffassung abzugehen. Hören die Eltern dem Kind zu und kommen sie dadurch zu neuen Einsichten, können sie es sich ohne weiteres nochmals überlegen, was zu tun ist. Eltern dürfen ihre Meinung ändern, aber nicht aus Angst vor Widerstand, sondern weil sie über neue Informationen verfügen, die sie zu einer Änderung ihres Standpunkts veranlassen.

Kinder brauchen starke Eltern, die wissen,
was am besten ist;
sie brauchen nicht immer neue Alternativen.

Nachgiebige Eltern wissen nicht, dass Widerstand für Kinder sehr wichtig ist, weil diese damit ihre Grenzen ausloten. Durch den Widerstand erfahren Kinder, ob das Verlangte wirklich wichtig ist, andernfalls können sie ja auch einfach etwas anderes tun, was ihnen mehr Spaß macht. Aber obwohl sie die Möglichkeit brauchen, Widerstand zu leisten und ihre Grenzen auszuloten, so brauchen sie doch auch starke Eltern, die ihnen zuhören und dann entscheiden, was am besten ist.

Positive Eltern haben nie Angst vor Entscheidungen, weil sie Herr im Haus sind. Man kann Kinder noch nicht sich selbst überlassen. Sie brauchen Führung. Eine nachgiebige Erziehung verringert kurzfristig den Widerstand, schwächt aber langfristig die Kooperationsbereitschaft von Kindern. Strenge Erziehung bewirkt bei Mädchen einen Mangel an Selbstvertrauen, bei Jungen einen Mangel an Mitgefühl. Nachgiebige Erziehung führt bei Mädchen zu einem niedrigen Selbstwertgefühl, weshalb sie später zu viel geben, während Jungen überaktiv werden und es ihnen an Selbstvertrauen und Disziplin mangelt.

Man kann Kinder noch nicht sich selbst überlassen.
Sie brauchen Führung.

Die Anwendung positiver Erziehungsmethoden bedeutet, dass man sich die Einwände der Kinder anhört und dann eine Entscheidung fällt. Auf den Widerstand eines Kindes zu hören heißt, zu erwägen, was es fühlt und möchte, und dann zu entscheiden, was das Beste ist. Kinder etwa ab dem zehnten Lebensjahr kann man bereits direkt fragen, was sie fühlen oder wollen. Jugendliche zwischen dem dreizehnten und fünfzehnten Lebensjahr kann man auch um ihre Meinung fragen. Die Entwicklung des abstrakten Denkens in der Pubertät macht deutlich, dass die Kinder jetzt in der Lage sind, für sich selbst Entscheidungen zu treffen.

Aber in allen Entwicklungsstadien brauchen Kinder die klare Botschaft, dass es in Ordnung ist, Fehler zu machen. Am besten lehrt man sie dies, indem man bereit ist, aus seinen eigenen Fehlern zu lernen. Es ist nun einmal so, dass auch Eltern nicht immer Recht haben und dass auch sie nicht immer wissen, was das Beste ist. Es ist möglich, dass sie ihre Meinung ändern, wenn sie die Einwände des Kindes hören. Wenn Eltern ihre Auffassung ändern, dann sollte es deshalb sein, weil neue Gesichtspunkte hinzugekommen sind und sie überzeugt sind, dass etwas anderes vernünftiger ist. Aber den Kindern nachzugeben, um sich nicht mit ihrem Widerstand herumschlagen zu müssen, programmiert nur weiteren künftigen Widerstand.

Lernen, Wünsche aufzuschieben

Sowohl strenge als auch nachgiebige Eltern enthalten ihren Kindern die Gelegenheit vor, Grenzen zu erfahren und mit ihrem Widerstand zurechtzukommen. Widerstand auszudrücken, definiert nicht nur die Grenzen des Kindes, sondern hilft diesem auch, sich anzupassen. Räumliche und zeitliche Schranken akzeptieren zu lernen ist eine wichtige Lektion im Leben. Die Grenzen des Lebens zu ertasten kann Kindern helfen, diese Grenzen anzunehmen, ohne sich verleugnen zu müssen. Widerstand auszudrücken und loszulassen schenkt unter anderem die Fähigkeit, Wünsche aufzuschieben.

Viele Studien haben gezeigt, dass Kinder, die diese Fähigkeiten haben, im späteren Leben erfolgreicher sind. Aber hierfür braucht man eigentlich keine Studien. Man braucht sich nur umzusehen, um zu erkennen, dass die erfolgreichen Menschen diejenigen sind, die beharrlich ihre Ziele verfolgen. Sie werfen nicht gleich das Handtuch, wenn sie irgendetwas nicht sofort bekommen. Sie verlieren nicht gleich das Interesse an ihren Wünschen, nur weil ihnen das Leben das Gewünschte nicht sofort gewährt. Rückschläge im Leben fachen nur ihre Energie und ihre Begeisterung an.

Wer Wünsche aufschieben kann, kann auch dann glücklich und zufrieden sein, wenn er nicht alles hat, was er haben möchte. Wenn Kinder die Gelegenheit haben, ihren Eltern Widerstand zu leisten und dann diesen Widerstand allmählich aufzugeben, lernen sie, Unvermeidliches zu akzeptieren. Sie erkennen die Grenzen in einer kooperativen Haltung und vertrauen, dass alles in Ordnung ist und in Ordnung sein wird. Paradoxerweise ist es gerade die Fähigkeit, Widerstand auszudrücken, durch die man lernt, im Leben anpassungsfähiger zu sein. Wer akzeptiert, was sein muss, kann umso deutlicher erkennen, was geändert werden kann. Dadurch wird man nicht nur gelassener, sondern gewinnt auch die Motivation, beharrlich zu ändern, was sich ändern lässt.

Kinder, die die Gelegenheit haben,
Widerstand auszudrücken und loszulassen,
lernen Unvermeidliches zu akzeptieren.

Jeder Mensch hat die Fähigkeit, an den Widerständen des Lebens zu wachsen. Wenn Kinder sich dagegen auflehnen, dass sie etwas Gewünschtes nicht bekommen, und Eltern die dem Widerstand zu Grunde liegenden Gefühle identifizieren und verstehen können, können Kinder ihre Fähigkeit entdecken, glücklich zu sein, auch wenn sie etwas Gewünschtes nicht bekommen.

Wenn Kinder auf ihren Wünschen beharren, dann meist deshalb, weil sie nicht bekommen, was sie wirklich brauchen. Doch um dies herauszufinden, muss man seine Bedürfnisse richtig wahrnehmen können, und dazu brauchen Kinder Grenzen. Wer alles bekommt, sieht seine echten Bedürfnisse nicht mehr, erst Widerstände bringen einen dazu, zu erkennen und sich darauf zu konzentrieren, was man wirklich braucht.

Die Bedürfnisse der Kinder befriedigen

Man kann seinen Kindern nicht immer geben, was sie möchten, wohl aber das, was sie wirklich brauchen. Achtet man nicht auf ihre echten Bedürfnisse, dann bauen die Kinder immer mehr Widerstand auf. Dahinter verbirgt sich dann das Bedürfnis, wahrgenommen und gehört, akzeptiert und geliebt zu werden. Um sich selbst erkennen zu können, sind Kinder vollständig darauf angewiesen, dass ihre Eltern sie wahrnehmen und hören. Wenn ein Kind nicht zur Schule geht, kein Gemüse essen oder einfach nicht auf die Bitten der Eltern hören will, dann ist dies ein deutlicher Hinweis darauf, dass es mehr Zeit, Aufmerksamkeit, Verständnis und Führung braucht. Eltern müssen wissen, was ihre Kinder brauchen, und ihnen das geben.

In vielen Fällen sind die Bedürfnisse eines Kindes schon befriedigt, wenn man einfach seine Gefühle oder seinen Widerstand wahrnimmt. Braucht aber das Kind mehr, zum Beispiel mehr Struktur, dann hilft Zuhören nur vorübergehend. Betrachten wir ein Beispiel.

Eine Mutter könnte etwa ihre beiden Söhne im Alter von sechs und neun Jahren bitten, sich nicht mehr zu streiten. Nachdem die Mutter ihre Widerstände angehört und ihre Frustration verstanden hat, gelingt es ihr, die Kinder zu einer kooperativen Haltung zu bewegen. Wenn aber diese Kinder nicht genügend Struktur haben, dann fangen sie in fünf oder zehn Minuten wieder an zu streiten.

In diesem Beispiel müssen die Kinder nicht nur gehört werden, sondern sie brauchen auch einen Rahmen mit bestimmten Fragen für ihr Zusammensein, sonst müsste man ständig auf sie aufpassen. In diesem Fall genügt Zuhören nicht. Wenn man seinen Kindern im Augenblick nicht geben kann, was sie brauchen, gibt es dennoch Möglichkeiten, die gewünschte Kooperation und Motivation zu erreichen. Diese neuen Methoden funktionieren, aber man muss natürlich trotzdem dafür sorgen, dass die Bedürfnisse der Kinder befriedigt werden – Bedürfnisse wie Verständnis, Struktur, Richtung und Rhythmus. Während eine Erziehung auf der Grundlage von Furcht Strafe als Abschreckungsmittel nutzt, setzt eine liebevolle Erziehung Belohnungen als Mittel zur Motivation ein. Wie man seine Kinder motivieren kann, ist das Thema des nächsten Kapitels.

Wie man die Motivation steigert

Früher wurden Kinder vor allem durch die Androhung von Strafen unter Kontrolle gehalten oder zu einem gewünschten Verhalten motiviert. Wenn ein Kind beginnt, sich schlecht oder unkooperativ zu benehmen, greifen die meisten Eltern instinktiv zum Mittel der Drohung. Man sagt Dinge wie: »Wenn du nicht hörst, dann gibt es ein Donnerwetter«, oder: »Wenn du nicht aufhörst zu weinen, dann gebe ich dir einen Grund zum Weinen.« Bei kleinen Kindern hebt man die Hand, wie um sie zu schlagen, oder man macht ihnen mit einem bestimmten Blick deutlich, dass sie bestraft werden, wenn sie nicht tun, was man ihnen sagt. Strafen setzen die Androhung von Schmerzen zur Abschreckung ein.

Furcht als Abschreckungsmittel wirkt zwar, aber die natürliche Motivation eines Kindes, kooperativ zu sein und den Eltern zu helfen, fördert man damit nicht. Wie schon gesagt, sind Gehorsam und Kooperationsbereitschaft zwei völlig verschiedene Dinge. Echte Kooperationsbereitschaft heißt, dass ein Kind wirklich gerne hilft, und dies erreicht man nicht dadurch, dass man den Willen eines Kindes bricht. Aber es fällt natürlich schwer, auf Strafen zu verzichten, weil dies kurzfristig so erfolgreich ist.

Man möchte ja seine Kinder nicht bestrafen, aber man sieht keine andere Möglichkeit. Man hält Strafen im Grunde für inhuman, aber man glaubt, dass Kinder ohne sie verzogen, anspruchsvoll, frech und aufsässig werden.

Die meisten Eltern wollen ihre Kinder nicht bestrafen, aber sie sehen keine andere Möglichkeit.

Da man heute weiß, dass Strafen kein Erziehungsmittel sein sollen, raten manche Fachleute dazu, das Verhalten von Kindern mit Konsequenzen zu verbinden. So nimmt man ihnen zum Beispiel bei ungezogenem Verhalten etwas weg und nennt es dann nicht mehr Strafe, sondern Konsequenz. Damit soll der Strafe das Peinliche genommen werden. Statt zu sagen: »Du bist böse, also bekommst du eine Strafe«, bekommt das Kind eine positivere Botschaft: »Es ist in Ordnung, dass du etwas falsch gemacht hast, aber du musst jetzt die Konsequenzen deines Verhaltens tragen.« Diese Vorgehensweise verringert zwar die Schuldgefühle und ist humaner, aber trotzdem beruht sie auf der Grundlage der Angst. Eine solche Methode ist sicher viel besser als die herkömmlichen Strafen, aber der natürliche Antrieb eines Kindes zu einer kooperativen Haltung wird dadurch nicht geweckt.

Ist Strafe heute noch sinnvoll?

Geschichtlich gesehen war Strafe immer das Modell der Kontrolle und Wiedergutmachung: Auge um Auge; Gerechtigkeit für das Opfer; der Täter muss für sein Vergehen büßen. Früher verschaffte Rache Befriedigung, aber heute ist diese Erleichterung nur vorübergehend, und der Schmerz des Opfers bleibt.

Aber auch aus ganz praktischen Gründen kann unser Strafsystem nicht als erfolgreich bezeichnet werden. Jeder Strafgefangene kostet den Steuerzahler täglich hundertsechzig Mark. Für einen Zwanzigjährigen, der zu lebenslanger Haft verurteilt wird, summiert sich dies zu einem Betrag von 1,5 Mio. Mark.

Mit diesem Geld wird nur eine Strafe finanziert, aber nichts Produktives getan. Wie viel besser könnte es beispielsweise zur Vorbeugung gegen Verbrechen eingesetzt werden.

Allzu leicht verlässt man sich heute noch auf die überholte Vorstellung der Wirksamkeit von Strafe. Doch wenn man heute dem Gebot »Auge um Auge« gehorchen würde, dann gäbe es in der Welt nur noch Blinde. Strafe als Abschreckung ist längst überholt, doch man hat bis heute keine überzeugende Alternative gefunden.

Wenn man heute dem Gebot »Auge um Auge« gehorchen würde, dann gäbe es in der Welt nur noch Blinde.

Es sollte uns klar sein, dass zwar nicht auf Vorschriften, wohl aber auf Strafe verzichtet werden kann. Wenn eines fernen Tages das Bewusstsein weit genug entwickelt sein wird, wird man auch keine Vorschriften mehr brauchen.

Strafe soll immer Schmerz verursachen. Dies wurde früher durch körperliche Misshandlung wie Auspeitschen oder das Abschneiden von Gliedmaßen erreicht, heute lässt man die Menschen den Schmerz eines Entzuges spüren, beispielsweise durch das Wegnehmen von Geld (Geldstrafe) oder durch Freiheitsentzug (Gefängnis). Allen Methoden gemeinsam ist das Ergebnis: Man empfindet Bedauern und nimmt sich vor, es künftig besser zu machen. Schmerz zu fühlen motiviert dazu, in Zukunft Schmerz zu vermeiden.

Die Fähigkeit, richtig von falsch zu unterscheiden, entspringt letztlich unseren Gefühlen. Negative (Schmerz) und positive (Lust) Gefühle helfen, die erforderlichen Anpassungen vorzunehmen. Schmerz ist also der beste Lehrer, weil er zu Verhaltensänderungen motiviert. Er wird zum Anlass, darüber nachzudenken, was für einen selbst und für andere das Beste ist.

Als vor Jahrtausenden die Menschen ihre Gefühle noch nicht richtig wahrnahmen, brauchten sie Strafen, um Verbindung zu diesen Gefühlen zu bekommen. Dann konnten sie akzeptieren, was richtig war, und verwerfen, was falsch war. Nachdem die Menschen so jahrhundertelang bestraft wurden, genügte bereits der Gedanke an eine Strafe, um die Gefühle wachzurufen. Eine Herrschaftsform auf der Grundlage von Strafe war unumgänglich, um die Ordnung aufrechtzuerhalten und die Menschen zu einem guten Leben anzuhalten.

Auch in den Religionen wurde und wird noch mit Strafe gearbeitet. Das Zufügen von Schmerz brachte die Menschen in Kontakt mit ihren Gefühlen und erweiterte ihr Bewusstsein von Gut und Böse. So gehörte (und gehört noch heute) die Kasteiung zu den gängigen Praktiken, um zur Erleuchtung zu gelangen, das kann die körperliche Selbstgeißelung sein oder der Verzicht auf Annehmlichkeiten und Genüsse.

Aber diese Praktiken sind heute überflüssig geworden. Die Zeiten sind vorbei, dass man für Gott auf sein Leben verzichten musste. Jetzt ist die Zeit, sein Leben ganz für Gott zu leben. Jeder Mensch hat Überfluss, Wohlergehen, Erfolg, Gesundheit und Liebe verdient. Wir brauchen nicht mehr auf die Freuden des Lebens zu verzichten, um ein gutes Leben zu führen. Ebenso brauchen wir unseren Kindern nichts vorzuenthalten. Wenn man seinen Kindern ein reiches Leben ermöglichen will, muss man nach anderen Mitteln und Wegen suchen, sie zu motivieren, sonst könnten sie selbst nach einem Fehler dazu neigen, sich zu bestrafen und sich etwas zu versagen.

Heute braucht man sich oder seine Kinder nicht mehr zu bestrafen, um im Einklang mit dem Willen Gottes handeln zu können. Wir sind schon mit der Fähigkeit geboren, das Richtige zu erkennen und danach zu handeln. Allerdings genügt es nicht, nur eine Fähigkeit oder eine Begabung zu haben. Diese Fähigkeit muss gefördert und entwickelt werden, damit sie sich auch konkret manifestiert.

Die heutigen Kinder haben neue Bedürfnisse. Indem man

diese Bedürfnisse befriedigt, fördert man ihre Fähigkeit zu einer kooperativen Haltung und steigert ihre Motivation, ihren Willen dem der Eltern unterzuordnen. Unsere Kinder brauchen keine altmodischen Strafen mehr; sie haben ein besseres Potenzial und brauchen eine andere Art von Unterstützung.

Unsere Kinder brauchen keine altmodischen Strafen mehr; sie haben ein besseres Potenzial und brauchen eine andere Art von Unterstützung.

Diese neue Fähigkeit hat sich über einen langen Zeitraum entwickelt. Vor zweitausend Jahren lehrte Jesus: Wenn ihr euer Herz für Gott, für euch selbst und für euren Nächsten öffnet, werdet ihr den Willen Gottes erkennen; in der Stille eures Herzens wird eine leise Stimme zu euch sprechen. Wenn ihr auf sie hört, werdet ihr den Himmel finden.

Diese leise Stimme wird vernehmbar, wenn Herz und Seele offen sind. Sie kommt aus dem Gefühl. Wenn Eltern lernen, mehr aus der Liebe zu sprechen und zu handeln, dann lernen auch ihre Kinder, nicht nur auf ihre Eltern, sondern auch auf ihre innere Stimme zu hören. Sie sind nicht mehr durch Furcht, sondern durch Liebe motiviert. Wenn Eltern mit einem offenen Herzen, einer offenen Seele und einem starken Willen heranziehen, dann ist diese leise Stimme nicht irgendeine erhabene Erfahrung, die nur Heilige vernehmen können, sondern eine alltägliche Wahrnehmung, die das Verhalten von Kindern motiviert.

Die Alternative zur Strafe ist Belohnung

Die meisten Menschen würden zustimmen, dass Strafen nichts nützen und inhuman sind, aber sie kennen keine andere Möglichkeit. Viele Menschen scheuen sich, auf Strafen zu verzichten, weil die Methode der »sanften Erziehung« eindeutig gescheitert ist. Kinder, die nicht bestraft werden, sind oft widerspenstig, disziplinlos und respektlos gegenüber einander und Erwachsenen und Lehrern. Und doch hatten alle Eltern in einer ruhigen Stunde schon einmal das unbestimmte Gefühl, dass es auch anders gehen muss. Und tatsächlich gibt es heute eine Alternative zur Strafe, und das kollektive Bewusstsein unseres Planeten ist bereit, diese Alternative umzusetzen. Des Rätsels Lösung heißt: Man muss Kinder nicht mit Strafe, sondern mit Belohnung motivieren. Nicht die Konsequenzen negativen Verhaltens, sondern die Konsequenzen positiven Verhaltens stehen bei einer positiven Erziehung im Vordergrund.

Nichts motiviert Kinder neben ihrem inneren Wunsch zu einem kooperativen Verhalten so sehr wie ihr Wunsch nach Belohnung. Eine äußere Belohnung oder die Anerkennung des Erfolgs weckt zuverlässig den inneren Antrieb von Kindern, sich kooperativ zu verhalten. Alle Kinder wollen es mit ihren Eltern schön haben. Alle Kinder geraten in Begeisterung, wenn man eine Nachspeise in Aussicht stellt. Alle Kinder lieben Geschenke. Alle Kinder freuen sich auf Partys und Feste. Alle Eltern wissen, wie lieb und kooperativ Kinder sind, wenn sie etwas möchten und das Gefühl haben, es bekommen zu können.

»Mehr« zu bekommen oder die Aussicht darauf bringt die Kinder dazu, freudig zuzustimmen. Die Erwartung einer Belohnung gibt ihnen die Energie und den Ansporn, dem Wunsch ihrer Eltern nach einem kooperativen und hilfsbereiten Verhalten zu entsprechen. Die Verheißung von »mehr« inspiriert alle Menschen, ob alt oder jung, zu Kooperationsbereitschaft. Belohnung, nicht Strafe motiviert die Kinder.

Die Verheißung von »mehr« inspiriert alle Menschen, ob alt oder jung, zu Kooperationsbereitschaft.

In der Geschäftswelt sind Anreize eine Selbstverständlichkeit. Fluggesellschaften zum Beispiel wissen, dass man Menschen mit Bonusmeilen motivieren kann, mit ihren Linien zu fliegen. Und die meisten großen Firmen bieten Sonderprämien für besonders erfolgreiche Mitarbeiter an.

Aber in der Erziehung hält sich immer noch das Vorurteil, dass Belohnungen für Kinder »Bestechung« seien, und wenn man sie bestechen müsse, dann sei man nicht wirklich Herr im Haus. Manche glauben, Motivation der Kinder mittels Belohnungen bedeute irgendwie, dass die Eltern schwach seien und die Kinder das Heft in der Hand hätten. Aber dieselben Leute, die eine solche Auffassung vertreten, greifen im nächsten Augenblick zum Mittel der Strafe, um ihre Kinder gefügig zu machen – und Strafe ist nichts anderes als eine negative Bestechung.

Heute sind Tausende von Kindern bereits ohne Strafen oder Drohungen erzogen worden, und es hat sich bewährt. Diese Kinder verhielten sich keineswegs aufsässig oder widerspenstig und sie wurden zu großartigen Menschen. Dagegen sind Millionen von Eltern mit sanfter, mit strenger oder mit einem Wechsel von beiden Erziehungsmethoden eindeutig gescheitert.

Zwei Gründe, warum ein Kind sich nicht benimmt

Um verstehen zu können, warum der bewusste Einsatz von Belohnungen den besten Erfolg bringt, muss man sich zunächst damit befassen, warum Kinder sich nicht benehmen. Der erste und wichtigste Grund liegt darin, dass Kinder nicht das bekommen, was sie brauchen, um in Kontakt mit ihren Gefühlen bleiben zu können, nämlich Verständnis, Struktur, Richtung und Rhythmus.

Kinder geraten außer Kontrolle, wenn sie nicht bekommen, was sie brauchen.

Wenn Kinder nicht bekommen, was sie brauchen, geraten sie außer Kontrolle und benehmen sich schlecht. Sie tun dies nicht, weil sie böse sind, sondern weil sie einfach außer Kontrolle sind. Kinder, die bekommen, was sie brauchen, gehorchen hingegen den Eltern und verhalten sich kooperativ. Man kann ein hervorragendes Auto haben, das großartig läuft. Aber wenn man das Lenkrad loslässt, gibt es einen Zusammenstoß. Wenn Eltern Kinder nicht unter Kontrolle halten, gibt es ebenfalls Zusammenstöße.

Der zweite Grund für Ungezogenheit hängt damit zusammen, wie Eltern auf ungezogenes Verhalten von Kindern reagieren. Steht dieses negative Verhalten immer im Mittelpunkt, dann bleiben Kinder dabei. Konzentriert man sich auf negatives Verhalten, ändert sich dies nicht. Bestrafung zwingt Kinder, das Negative statt etwas Positives im Auge zu behalten.

Warum sich Belohnen lohnt

Belohnt man Kinder für positives Verhalten, dann konzentriert man sich damit auf das Gute, das sie tun. Bestrafung lenkt die Aufmerksamkeit auf das Böse, das sie taten, und solange das Böse im Vordergrund ist, hat das Gute keine Gelegenheit, zum Vorschein zu kommen.

Man fördert immer das, worauf man die Aufmerksamkeit

richtet. Bestraft man ein Kind, bekommt dessen negatives Verhalten ein großes Gewicht. Eltern sagen vielleicht sogar: »Ich werde dir eine Lektion erteilen, die du so schnell nicht vergessen wirst.« Das Gegenteil von Strafe ist eine verzeihende Haltung, die deutlich macht, dass Fehler in Ordnung sind; dann redet man nicht mehr darüber.

Belohnt man das positive Verhalten eines Kindes, dann stellt dies für das Kind einen Ansporn dar. Statt immer auf der Lauer zu liegen, wann und wo ein Kind einen Fehler macht, müssen Eltern vielmehr ihre Wahrnehmung dafür schulen, was das Kind richtig macht. Tut das Kind etwas Erfreuliches, und lobt man es dafür, dann weiß es, dass es auf dem richtigen Weg ist.

Statt immer auf der Lauer zu liegen, ob ein Kind einen Fehler begeht, müssen Eltern ihre Wahrnehmung dafür schulen, was das Kind richtig macht.

So kann man zum Beispiel für Kinder zwischen dem fünften und zehnten Lebensjahr eine Liste mit eigenen Aufgaben und positiven Verhaltensweisen machen. Vor dem Zubettgehen geht man die Liste durch und klebt Sternchen oder fröhliche bunte Klebepunkte neben die Aufgaben, die es an diesem Tag erfüllt hat. Ist eine Aufgabe nicht erfüllt, lässt man die betreffende Stelle frei, ohne viel Aufhebens zu machen. Jeder Stern könnte einen Punkt bedeuten, und wenn fünfundzwanzig Punkte erreicht sind, kann man mit dem Kind etwas Besonderes machen, indem man zum Beispiel länger vorliest oder mit ihm einen aufregenden Ausflug macht. Dies wird für das Kind wiederum zu einer schönen Erinnerung daran, wie es gelobt wurde und Anerkennung fand.

Solche Listen helfen außerdem den Eltern, es nicht zu übersehen, wenn Kinder etwas richtig machen. Die meisten Eltern sind sich nämlich gar nicht bewusst, wie viel sie darüber reden, wenn das Kind etwas falsch macht. Wenn man sie jedoch dauernd mit negativen Aussagen überhäuft, kann man nicht erwarten, dass sie sich kooperativ verhalten. Im Folgenden sind dreiunddreißig häufige negative Äußerungen aufgelistet. Überlegen Sie einmal, wie oft Sie so etwas sagen und ob dies wirklich nötig ist.

Negative Aussagen

▷ »Du hast deine Bücher nicht weggeräumt.«
▷ »Mit dir stimmt etwas nicht.«
▷ »Du bist zu laut.«
▷ »Sei nicht so gemein zu deiner Schwester.«
▷ »Dein Zimmer ist nicht aufgeräumt.«
▷ »Wie oft hast du eigentlich schon deine Jacke in der Schule vergessen?«
▷ »Wann wirst du endlich erwachsen?«
▷ »Du hörst mir nicht zu.«
▷ »Geh dort nicht hin.«
▷ »Spiele nicht mit dem Essen.«
▷ »Wenn du bloß ein Junge wärst.«
▷ »Hör auf zu träumen und achte auf das, was du tust.«
▷ »Hör auf herumzurennen.«
▷ »Du spielst zu wild.«
▷ »Du fängst schon wieder an, dich aufzuspielen.«
▷ »Wenn du dich so benimmst, mag dich niemand.«
▷ »Du hast nicht danke gesagt.«
▷ »Du hast nicht Bitte gesagt.«
▷ »Mach den Mund zu, wenn du kaust.«
▷ »Du hast nichts von dem getan, was ich dir aufgetragen habe.«
▷ »Du sitzt zu viel vor dem Fernseher.«
▷ »Mach die Musik leiser, ich bekomme Kopfweh.«
▷ »Hör auf zu quengeln.«

- ▷ »Du machst aber auch nichts richtig.«
- ▷ »Vergiss es nicht wieder.«
- ▷ »Mach langsamer, du bist zu schnell.«
- ▷ »Mit dir kann man nicht spielen.«
- ▷ »Stell dich nicht so an.«
- ▷ »Du bist ein großes Baby.«
- ▷ »Ich komme mit dir nicht zurecht.«
- ▷ »So geht das auf gar keinen Fall.«
- ▷ »Das ist Unsinn.«
- ▷ »Das ist allein deine Schuld.«

Wenn man sich einmal bewusst macht, wie oft man sich negativ äußert, kann man anfangen, daran etwas zu ändern. Statt auf dem Problem herumzureiten oder die Kinder wegen ihrer Unzulänglichkeiten zu bestrafen, kann man sie zu einer Lösung hinführen, indem man sie entsprechend anleitet. Wenn man nichts Positives sagen oder seine Kinder nicht in einer positiven Weise anleiten kann, dann sollte man lieber gar nichts sagen. Nachfolgend einige Beispiele dafür, wie man einem Kind Anleitung gibt, statt auf dem Problem herumzureiten und das Kind zu bestrafen.

Das Negative betonen	*Positive Anleitung geben*
»Du hörst nicht zu.«	»Könntest du mir einen Augenblick zuhören?«
»Es ist unmöglich mit dir. Ich will jetzt, dass du …«	»Es wäre nett, wenn du mir einmal helfen würdest.«
»Sieh dich nur an, wie du angezogen bist.«	»Zieh doch dein neues blaues Hemd an; es passt ganz phantastisch zu deiner Hose.«
»Das geht doch so nicht.«	»Sehen wir einmal, ob wir dies nicht anders machen können.«

Das Negative betonen	*Positive Anleitung geben*
»Stell dich nicht so an.«	Sehen wir uns dies doch noch genauer an.«
»Mach langsam, das geht zu schnell.«	»Würdest du bitte etwas langsamer machen?«
»Du hast deine Bücher nicht weggeräumt.«	»Würdest du bitte deine Bücher wegräumen?«
»Am Tisch singt man nicht.«	»Bitte singe nicht am Tisch.«
»Hör auf zu quengeln.«	»Ich möchte jetzt nicht mehr darüber reden.«
»Du bist wieder selbstsüchtig.«	»Ich möchte gerne, dass du dich benimmst.«

Natürlich muss man Kinder manchmal zurechtweisen, aber statt dies in einer negativen Weise zu tun, kann man ihnen auch die Gelegenheit geben, ihr Verhalten zu korrigieren. Aber selbst wenn man Kinder in einer positiven Weise zurechtweist, muss man aufpassen: Man braucht dreimal mehr Positives, um etwas Negatives auszugleichen. Kinder hören oft ihren Eltern nicht mehr zu, weil ihre positiven Verhaltensweisen nicht genügend anerkannt werden.

Nachfolgend einige Beispiele für Dinge, die Kinder gut oder richtig machen, und wie man ihnen hierfür Anerkennung gibt:

Kinder für gutes oder richtiges Verhalten loben

- ▷ »Du hast dein Buch weggestellt.«
- ▷ »In deinen Zimmer sieht es so schön aufgeräumt aus.«
- ▷ »Du bist so klug.«
- ▷ »Das war sehr nett von dir.«

- ▷ »Es ist schön, dass du auf deine innere Stimme hörst.«
- ▷ »Das hast du sehr gut gemacht.«
- ▷ »Du hilfst mir sehr.«
- ▷ »Alles läuft so problemlos.«
- ▷ »Du hast an deine guten Manieren gedacht.«
- ▷ »Es macht so viel Spaß, mit dir zu spielen.«
- ▷ »Du bist mein liebes Kind, und es ist schön, deine Mama/dein Papa zu sein.«
- ▷ »Das war ein Volltreffer.«
- ▷ »Danke, dass du mir zugehört hast und mich nicht unterbrochen hast.«
- ▷ »Du hast alles genau so gemacht, wie ich es dir gesagt habe.«
- ▷ »Du isst heute Abend so ordentlich.«
- ▷ »Du hast das gut zu Ende gebracht.«
- ▷ »Das Bild ist dir wirklich sehr gut gelungen.«
- ▷ »Sieh mal an – das hast du großartig hingekriegt.«
- ▷ »Das ist in Ordnung, ich weiß, dass du immer dein Bestes gibst.«
- ▷ »Du bist heute so hilfsbereit.«
- ▷ »Ich habe gesehen, dass du dein Spielzeug verliehen hast; das war sehr nett.«
- ▷ »Du hast dich von alleine angezogen.«
- ▷ »Du hast es ganz alleine geschafft.«
- ▷ »Es ist schön, wenn man dich ruft und du kommst und hilfst.«
- ▷ »Du kannst so gut mit Tieren umgehen.«
- ▷ »Danke für deine Hilfe, ich weiß, dass ich mich auf dich verlassen kann.«

Indem man positive Dinge über ein Kind und sein Verhalten erwähnt und anerkennt, erlebt es sich als erfolgreich und gut. Dieses positive Selbstbild motiviert es nicht nur zu kooperativem Verhalten, sondern erzeugt auch Selbstachtung, Selbstbewusstsein und das Gefühl der Kompetenz.

Die Magie der Belohnungen

Die positive Erziehung ist darauf ausgerichtet, Kinder in verschiedener Weise zu einer kooperativen Haltung zu motivieren. Man bittet, statt Anweisungen zu geben. Man konzentriert sich auf die Bedürfnisse der Kinder, statt zu versuchen, sie ruhig zu stellen. Man hört sich den Widerstand an, statt Vorträge zu halten oder sich aufzuregen. Wenn dies nicht gelingt, setzt man Belohnungen ein, um das Kind zu motivieren. Wenn man allerdings nur mit Belohnungen arbeitet, ist dies kontraproduktiv. Belohnungen motivieren, aber sie geben Kindern nicht das Verständnis, die Struktur, die Richtung und den Rhythmus, den sie brauchen.

Belohnungen sind besonders dann hilfreich, wenn man keine Zeit oder Möglichkeit hat, Kindern zu geben, was sie brauchen. In einer solchen Situation helfen Belohnungen kurzfristig, die gewünschte kooperative Haltung herbeizuführen. Nachfolgend einige Beispiele häufiger Situationen, in denen Kinder nicht kooperativ sind, weil sie nicht bekommen, was sie brauchen.

Warum Kinder sich der Führung der Eltern widersetzen

- Sie sind enttäuscht und möchten eine Weile reden und das Gefühl haben, dass man sie versteht, aber man hat keine Zeit, ihnen zuzuhören.
- Sie sind müde und wollen ein wenig schlafen; ihr natürlicher Rhythmus ist durcheinander.
- Sie haben Hunger und wollen etwas zu essen.
- Sie wissen nicht, was auf sie zukommt, und brauchen noch etwas Zeit, um sich vorzubereiten.
- Sie haben nicht ganz verstanden, was man von ihnen erwartet und wie die »Spielregeln« sind.

- ▷ Sie sind durch zu viel Fernsehen, durch einen zu langen Einkaufsbummel, zu viele Menschen, zu viel Aufregung, zu viel Naschwerk oder einfach durch zu viele Aktivitäten überreizt.
- ▷ Irgendetwas anderes beunruhigt sie, und sie möchten darüber reden oder brauchen Hilfe. Vielleicht haben sie Ohrenschmerzen, oder irgendjemand hat sie den ganzen Tag geärgert.

Manchmal können äußere Einflüsse und Belastungen, die man nicht ändern kann, Kinder beunruhigen und Widerstand erzeugen. Man ist zum Beispiel im Supermarkt oder im Flugzeug, und das Kind leidet unter dem Stress anderer, die es nicht ausstehen können, wenn ein Kind weint.

Man darf nicht vergessen, dass Kinder Wutanfälle bekommen und ihren Widerstand ausdrücken müssen, um das Verständnis zu bekommen, das sie brauchen, um sich zu definieren. Wenn Kinder zu Hause zu sehr verhätschelt werden, bekommen sie leichter in der Öffentlichkeit, wo die Eltern ihnen nicht gleich zu Willen sein können, Wutanfälle. Sie sind es gewohnt, ihren Kopf durchzusetzen. In der Öffentlichkeit oder in einer hektischen Situation, in der Eltern nicht so viel tun können wie gewohnt, werden die Kinder anspruchsvoll und fordern lautstark ihr »Recht«.

Wenn Kinder widerspenstig sind, dann kann dies einen der oben genannten Gründe und viele weitere haben. Widerstand ist immer ein Hinweis darauf, dass nicht alle Bedürfnisse eines Kindes befriedigt werden. Wir leben nun einmal nicht in einer vollkommenen Welt, und Eltern sind ebenfalls nicht vollkommen. Man kann seinen Kindern nicht immer alles geben, was sie brauchen, und wenn man noch so viele Kenntnisse oder Mittel hat. Es kommt immer wieder einmal vor, dass Kinder etwas anderes wollen als die Eltern, wenn es gerade absolut nicht möglich ist, ihnen die Aufmerksamkeit, das Verständnis, die Struktur, die Richtung oder den Rhythmus zu geben, den sie brauchen.

Widerstand ist unvermeidlich, weil Eltern nicht vollkommen sind und den Kindern nicht immer geben können, was sie brauchen.

Statt anzunehmen, dass Kinder nicht kooperieren wollen, muss man einsehen, dass ihnen manchmal etwas fehlt, was sie brauchen, um sich kooperativ verhalten zu können. Wenn ein Auto nicht fährt, weil es kein Benzin mehr hat, dann ist die Annahme, dass das Auto Widerstand leistet oder einen Schaden hat, unzutreffend. Wenn Kinder widerspenstig sind, sind sie einfach im Augenblick außer Stande zu kooperieren; sie finden die Verbindung zu ihrem inneren Wunsch nicht, sich kooperativ zu verhalten. Der Sinn der Belohnung von Kindern liegt darin, ihnen etwas mehr »Benzin« zu geben, damit sie wieder zu dem kooperativen Teil in sich selbst gelangen können.

Der Sinn der Belohnung von Kindern liegt darin, den Teil von ihnen anzusprechen, der kooperativ sein möchte.

Belohnungen richtig einsetzen

Stellen Sie sich einmal vor, Sie werden von Ihrem Chef gebeten, Überstunden zu machen, und Sie empfinden automatisch Widerstand. Dann aber erfahren Sie, dass Überstunden doppelt bezahlt werden. Dann wären Sie sofort weniger abgeneigt. Wie die Aussicht auf ein »Extra« einen Erwachsenen motiviert, so wirkt dies auch bei Kindern, und vielleicht sogar noch besser.

Wenn sich ein Kind zum Beispiel die Zähne nicht putzen will, kann man sagen: »Wenn du jetzt ganz schnell deine Zähne putzt, haben wir noch Zeit für drei Gutenachtgeschichten statt nur für eine.«

Ich erinnere mich noch daran, wie ich bewusst begann, bei meinen Kindern Belohnungen einzusetzen. Eine meiner Töchter weigerte sich beharrlich, abends die Zähne zu putzen. Nichts schien sie umstimmen zu können. Nachdem ich von dem Mittel der Belohnungen gehört hatte, wandte ich diese neue Erkenntnis an, und es klappte sofort. Ich war verblüfft. Indem ich ihr einfach sagte, dass wir dann mehr Zeit zum Lesen hätten, putzte sie ohne weiteres Zähne. Diese kleine Veränderung wirkte – und sie veränderte meine ganze Erziehungsweise.

Mit dem Trick kleiner Belohnungen wird die ganze Erziehung viel einfacher. Oft lässt die Aussicht auf eine Belohnung den Widerstand eines Kindes im Nu schmelzen. Gelegentliche Belohnungen führen das Kind wieder zu seinem natürlichen Bedürfnis hin, seinen Eltern Freude zu machen, und es verhält sich öfter kooperativ.

Gelegentliche kleine Belohnungen machen die Erziehung viel einfacher.

Manche Eltern haben allerdings die Befürchtung, dass das Kind dies rasch ausnützen und immer eine Belohnung verlangen könnte, bevor es etwas tut. Aber diese Befürchtung ist unbegründet, im Gegenteil: In Verbindung mit den übrigen Methoden einer positiven Erziehung wecken und stärken Belohnungen die Bereitschaft eines Kindes, auch ohne Belohnungen kooperativ zu sein. Wenn ein Kind einmal mit Belohnungen zu einem bestimmten Verhalten motiviert wurde, braucht es diese bald nicht mehr. Belohnungen sind nur dann nötig, wenn man Kindern helfen muss, sich wieder unter die Kontrolle der Eltern zu begeben. Sobald ein bestimmtes Verhalten eingeübt ist, tut ein Kind dies auch so.

Die Herausforderung besteht darin, in angemessener Weise zu belohnen. Die Belohnung muss immer irgendetwas mit dem Verhalten zu tun haben, das das Kind ändern soll. Idealerweise sollte eine Belohnung die natürliche Konsequenz des kooperativen Verhaltens sein. Wenn das Kind die Zähne ohne Widerrede putzt, dann hat man tatsächlich mehr Zeit für Gutenachtgeschichten. Wenn das Kind seine Jacke nicht anziehen will, dann besteht die natürliche Konsequenz, wenn es dies doch tut, darin, dass es früher zur Schule kommt. Dies empfindet das Kind vielleicht nicht als Belohnung, aber findige Eltern wissen sich zu helfen. Man könnte etwa sagen: »Wenn du jetzt die Jacke anziehst, dann habe ich noch Zeit, in der Schule deine Zeichnungen anzuschauen.«

Eine Belohnung wirkt immer, und man braucht gar nicht lange zu rätseln, welche: Es ist das Geschenk der Zeit. Man sagt etwa: »Wenn du jetzt deinen Widerstand aufgibst, dann habe ich nachher mehr Zeit dafür, mit dir etwas Schönes zu machen.«

Das einfachste Mittel, um kooperatives Verhalten zu erreichen, ist die Aussicht, dass die Eltern mehr Zeit für das Kind haben.

Wenn das Kind sich kooperativ verhält, hat dies immer zur Folge, dass man später mehr Zeit dafür hat, mit ihm etwas zu unternehmen, worauf es sich wirklich freut. Erinnert man es an diese einfache Wahrheit, ist es sehr schnell motiviert, seinen Widerstand aufzugeben. Um die Belohnung noch reizvoller zu gestalten, kann man sie in einer Weise präsentieren, die dem Temperament des Kindes entspricht.

Belohnung bei den einzelnen Temperamenten

Sehen wir uns einige Beispiele an, wie man dieselbe Belohnung je nach Temperament des Kindes in unterschiedlicher Weise anbietet.

Bei einem sehr sensiblen Kind achtet man bei der Beschreibung der Belohnung darauf, wie sich das Kind dann fühlen wird: »Wenn du jetzt tust, was ich von dir erwarte, dann habe ich später mehr Zeit, mit dir etwas Schönes zu machen. Wir könnten für Mama Blumen im Garten pflücken. Mama hat Blumen sehr gerne. Wir könnten einen schönen Strauß machen.«

Bei einem aktiven Kind betont man mehr die Details der Aktivität: »Wenn du jetzt tust, was ich von dir erwarte, dann habe ich später mehr Zeit, mit dir etwas Schönes zu machen. Wir könnten draußen im Garten spielen und für Mama einen Strauß Blumen pflücken. Wir könnten sogar eine Leiter holen und Blüten vom Baum pflücken.«

Bei einem aufgeweckten Kind konzentriert man sich mehr auf die sinnlichen Details und erzählt eine Geschichte. Zum Beispiel: »Wenn du jetzt tust, was ich von dir erwarte, dann habe ich später mehr Zeit, mit dir etwas Schönes zu machen. Wir könnten in den Garten hinausgehen und für Mama schöne Blumen pflücken. Wir könnten einen Strauß mit roten, weißen und gelben Blumen machen. Und vielleicht sehen wir auch einige Schmetterlinge. Wenn deine Mutter den Blumenstrauß sieht, wird sie bestimmt strahlen.«

Bei einem empfänglichen Kind konzentriert man sich bei der Beschreibung der Belohnung mehr auf den Faktor Zeit. Man sagt zum Beispiel: »Wenn du jetzt tust, was ich von dir erwarte, dann habe ich später mehr Zeit, mit dir etwas Schönes zu machen. Wenn wir nach der Schule nach Hause kommen, pflücken wir im Garten für Mama Blumen. Jetzt im Augenblick brauche ich deine Hilfe, aber später haben wir dafür Zeit, im Garten Blumen zu pflücken.«

Seine Wortwahl dem Temperament des Kindes anzupassen, verstärkt die Motivation, aber es klappt auch dann, wenn man die Belohnung einfach mitteilt. Die schlichte Botschaft lautet: Hast du jetzt Zeit für mich, dann habe ich später mehr Zeit für dich. Und jedes Kind versteht das.

Beispiele für Belohnungen

Nachfolgend eine kleine Liste denkbarer Belohnungen. Am besten nehmen Sie sich einige Minuten Zeit dafür, sich zu überlegen, wie Sie Ihren Kindern diese Belohnungen je nach Temperament am besten mitteilen. Sie können sich weiterhin überlegen, wann Sie diese Belohnungen einsetzen könnten und mit welchen Sie bei Ihren Kindern am meisten Erfolg haben werden.

- ▷ »Wenn du jetzt deine Spielsachen einsammelst, dann kann ich nachher mit dir ein Kartenspiel spielen.«
- ▷ »Wenn du mir jetzt hilfst, deine Spielsachen einzusammeln, dann habe ich nachher Zeit für ein Spiel mit dir.«
- ▷ »Wenn wir jetzt aufräumen, dann können wir nachher malen.«
- ▷ »Wenn du jetzt schon deine Schulkleider bereitlegst, dann haben wir beim Frühstück Zeit, Waffeln zu essen.«
- ▷ Wenn du dich jetzt fertig machst, dann sind wir umso eher wieder da.«
- ▷ »Wenn du dich jetzt anziehst, können wir uns nach der Schule noch etwas zum Naschen kaufen.«
- ▷ »Wenn du jetzt aufhörst zu reden, dann können wir miteinander den Hund ausführen.«
- ▷ »Wenn du jetzt ins Auto einsteigst, dann spiele ich später mit dir Verstecken.«
- ▷ »Wenn du jetzt tust, was ich dir sage, mache ich später etwas Schönes für dich.«

- ▷ »Wenn du jetzt deine Hausaufgaben machst, können wir uns nachher zum Kaffee zusammensetzen.«
- ▷ »Wenn du deinen Spinat isst, dann gibt es heute Abend eine Nachspeise.«
- ▷ »Wenn du jetzt zum Essen kommst, dann können wir nach dem Essen miteinander singen.«

Wenn die Kinder Widerstand leisten, sollte man ihnen nicht etwas nehmen, sondern etwas geben. Gibt man ihnen mehr Unterstützung, dann bekommen sie wieder Kontakt zu ihrer inneren Bereitschaft zu kooperativem Verhalten. Statt Schmerz als Abschreckungsmittel einzusetzen, sollte man die positive Möglichkeit nutzen, die Kinder zu ermuntern.

Der Joker

Belohnungen wirken nur dann, wenn man Dinge findet, die das Kind wirklich motivieren. Sobald man etwas entdeckt hat, was ganz besonders motivierend wirkt, sollte man dies als »Joker« zurückbehalten. Bei dem einen Kind braucht man keine andere Motivation als »Wenn du mir jetzt hilfst, dann habe ich mehr Zeit, dir vorzulesen«. Bei einem anderen Kind ist es vielleicht: »Wenn du mir jetzt hilfst, dann können wir nachher in der Küche Plätzchen backen.« Bei wieder anderen Kindern wirken ganz andere Belohnungen. Das Geheimnis liegt einfach darin, darauf zu achten, was die Kinder am meisten lieben, und sie damit zu belohnen.

Das Geheimnis der Belohnungen liegt einfach darin, darauf zu achten, was die Kinder am meisten lieben, und sie damit zu belohnen.

Wenn die Kinder Geschichten lieben, dann sollte man das Vorlesen ein wenig einschränken, aber natürlich nicht ganz damit aufhören. Dann wird das Vorlesen zu einer besonders wirksamen Belohnung. Oder nehmen wir ein anderes Beispiel: Wenn ein Kind sagt: »Gehen wir diese Woche auf den Spielplatz?«, dann sagt man: »Das ist eine gute Idee. Wenn wir Zeit haben, machen wir das ganz bestimmt.« Wenn dann das Kind ein andermal nicht kooperativ ist, kann man sagen: »Wenn du jetzt tust, was ich dir sage, dann habe ich mehr Zeit, und wir können auf den Abenteuerspielplatz gehen.« Man hatte vielleicht ohnehin vor, mit dem Kind dorthin zu gehen, aber jetzt kann man es als Joker einsetzen.

Man kann gewissermaßen genau die Dinge, die man zur Strafe wegnehmen würde, stattdessen als Belohnung geben. Wenn Eltern zum Beispiel damit drohen, mit einem Kind nicht spazieren zu gehen, dann kann man das Spazierengehen ebenso gut zur Motivation des Kindes einsetzen. Statt ihm mit einer Aussage zu drohen wie: »Wenn du diese Spiele jetzt nicht wegtust, dann nehme ich sie dir weg«, kann man auch sagen: »Wenn du diese Spiele jetzt wegtust, dann spiele ich sie später mit dir.« Die größte und einfachste Belohnung, die man geben kann, ist man selbst.

Was man zur Strafe wegnehmen kann, kann man viel besser zur Belohnung geben.

Belohnungen müssen immer logisch, in einem Zusammenhang und vernünftig sein. Eine logische Belohnung wäre etwa: »Wenn du dies für mich tust, dann habe ich Zeit dafür, etwas für dich zu tun.« Eine Belohnung, die in einen Zusammenhang gestellt ist, wäre etwa: »Es ist jetzt Zeit, nach Hause zu gehen und zu essen. Ich verstehe es, dass du noch spielen willst, aber wir müssen jetzt gehen. Wenn du jetzt mitkommst, gehen wir bald wieder hierher.« Die Belohnung ist hier in einen Zusammenhang mit der Tätigkeit gestellt, die das Kind jetzt beenden soll. Es ist immer vernünftig, eine Belohnung entsprechend dem Widerstand des Kindes anzupassen. Wenn der Reiz der aktuellen Tätigkeit für das Kind sehr groß ist, muss man ihm etwas mehr anbieten.

Kluge Eltern haben für den Fall, dass das Kind sich sträubt, immer einen Joker im Ärmel. Nachfolgend einige geläufige Beispiele für Belohnungen. Der Leser kann sich überlegen, welche davon für sein Kind am geeignetsten sind.

Eine Liste von Belohnungen

- »Wir werden mehr Zeit dafür haben, später etwas Besonderes zu unternehmen.«
- »Du kannst später Fahrrad fahren.«
- »Wir können Blumen für den Mittagstisch pflücken.«
- »Wir können miteinander den Hund ausführen.«
- »Wir können eine Tasse Schokolade trinken.«
- »Wir können Verstecken spielen.«
- »Wir können Plätzchen backen.«
- »Wir können drei Gutenachtgeschichten lesen.«
- »Wir können uns etwas zum Naschen kaufen.«
- »Wir können eine Nachspeise essen.«
- »Wir können schwimmen gehen.«
- »Wir können miteinander singen.«
- »Du kannst einen Freund einladen.«
- »Wir können eine Runde mit dem Auto fahren.«
- »Wir können miteinander zum Einkaufen gehen.«
- »Wir können auf einen Baum klettern.«
- »Wir können schaukeln gehen.«
- »Wir können auf den Spielplatz gehen.«
- »Wir können miteinander malen.«
- »Wir können miteinander etwas basteln.«

- ▷ »Wir können einen Spaziergang machen.«
- ▷ »Wir können Karten spielen.«
- ▷ »Wir können schmusen.«
- ▷ »Wir können ein Video ansehen.«

Die Kinder auf die Zeit aufmerksam zu machen, kann ebenfalls eine sehr gute Motivation sein. Vor allem empfängliche Kinder brauchen mehr Zeit für Übergänge. Kluge Eltern versuchen, vorauszudenken und solche Kinder auf Veränderungen vorzubereiten. Statt zu sagen: »Zieh jetzt deine Jacke an«, sagt man besser: »In fünf Minuten fahren wir in die Schule. Dann möchte ich, dass du deine Jacke anziehst. Wenn du rechtzeitig fertig bist, können wir eine lustige Fahrt zur Schule machen.«

Kluge Eltern versuchen, vorauszudenken und Kinder auf Veränderungen vorzubereiten.

Wenn man abends zum Einschlafen bei seinem Kind liegt und das Kind nicht möchte, dass man weggeht, kann man sagen: »Also, in fünf Minuten gehe ich. Wenn du brav liegen bleibst, dann bleibe ich noch die ganzen fünf Minuten. Wenn du weiter Quatsch machst, dann muss ich jetzt gehen.« Das mag zwar wie eine Drohung klingen, aber es ist in Ordnung, weil man dem Kind ja klar die Belohnung versprochen hat, dass man noch ganze fünf Minuten länger bleibt, wenn es brav ist.

Statt den Kindern zu sagen, dass sie jetzt ihre Unordnung aufräumen und zum Essen kommen müssen, macht man ihnen klar, dass sie in fünf Minuten mit dem Aufräumen beginnen und dann zum Essen kommen sollen. Man muss ihnen etwas Zeit lassen, das Spiel zu beenden, die Unordnung aufzuräumen und zum Essen zu kommen. Man sagt etwa: »Kinder, ihr könnt noch fünf Minuten spielen, aber dann ist es Zeit zum Aufräumen und zum Essen zu kommen.« Wenn man dann in fünf Minuten noch einmal fragt, sind sie eher bereit zu kommen.

Belohnungen sind wirklich ein Zaubermittel, das immer wirkt, wenn nichts mehr zu helfen scheint. Ohne sie könnte die Methode der positiven Erziehung gar nicht gelingen. Hätte man nicht die Möglichkeit, mit seinen Kindern ein »Geschäft« zu machen, indem man ihnen eine Belohnung verspricht, dann hätte man wirklich keine andere Wahl, als den Kindern mit Strafen zu drohen.

Angemessene Belohnungen

Wenn ein Kind in bestimmten Situationen immer wieder widerspenstig ist, dann kann es hilfreich sein, die Belohnung schon vorab anzubieten. Auf einem langen Flug hatte ich einmal Probleme, meine Tochter Lauren zu einem kooperativen Verhalten zu bewegen. Seither lösen wir dies dadurch, dass wir sie auf den Flug vorbereiten. Sie liebt einen bestimmten Schokoriegel, also versprachen wir ihr diesen, wenn sie sich während des ganzen Fluges benahm. Auf dem Weg zum Flugzeug und bis zum Start bekam sie ein Viertel ihres Lieblingsriegels. Nach der Hälfte der Reise bekam sie das nächste Viertel. Bei der Landung gab es das dritte und bei der Ankunft am Zielort das letzte Viertel.

Dies klappte immer wunderbar. Vor der Reise zeigten wir ihr den ganzen Riegel. Ihre Augen leuchteten, als wir ihr erklärten, wie viel sie davon in jedem Stadium der Reise bekommen würde. Sie war die ganze Zeit mit Spielen beschäftigt, aber ihre Riegel-Portion vergaß sie nie. Das Versprechen war immer in ihrem Hinterkopf und sorgte dafür, dass sie nicht vergaß, kooperativ zu bleiben. Natürlich setzten wir nicht nur auf die Belohnung, sondern sorgten auch dafür, dass sie die ganze Zeit über etwas zu tun hatte. Es wäre unrealistisch, von einem Kind zu erwarten, dass es während eines fünfstündigen Fluges nur stillsitzt und nichts tut.

Belohnungen müssen aber nicht nur logisch und in einem Zusammenhang sein, sondern auch angemessen. Wenn man ein Kind um etwas bittet, wovon man weiß, dass es dies gar nicht gerne tut, dann ist eine größere Belohnung angemessen. Mag das Kind zum Beispiel bestimmte Gäste nicht, die man selbst gerne hat, dann könnte man sich mit ihm wie folgt einigen: »Ich weiß, dass du diese Leute nicht magst, aber es sind meine Freunde. Wenn du nett und höflich bleibst, unternehmen wir etwas ganz Besonderes miteinander: Ich nehme dich am Wochenende mit in den Tierpark.« In diesem Fall gibt es eine große Belohnung, weil man von dem Kind etwas verlangt, das über die alltägliche Routine hinausgeht, und weil man weiß, dass es für das Kind nicht einfach ist.

Kinder verhalten sich kooperativer, wenn man wahrnimmt, was für sie schwierig ist, und man darauf eingeht. Wenn man schon weiß, wo das Kind Widerstand aufbaut, bereitet man sich entsprechend darauf vor, indem man beim nächsten Mal eine besonders große Belohnung bereithält.

Belohnungen müssen auch altersgemäß sein. Jugendliche brauchen nicht mehr so viel persönliche Zuwendung, aber sie haben andere Bedürnisse: Sie brauchen zum Beispiel Geld und Hilfe. Sobald Jugendliche Geld verdienen und ausgeben, kann man dieses Mittel ebenfalls zur Belohnung einsetzen. Dabei sollte man jedoch zurückhaltend sein.

Wenn Jugendliche keine Lust auf eine bestimmte Aufgabe haben, kann man ihnen mehr Taschengeld anbieten oder den Betrag, den man ihnen sonst für einen Tag Arbeit bezahlt. Wenn man nicht so viel Geld hat, dann können die Eltern anbieten, sie einmal mit dem Auto irgendwohin zu fahren oder ihnen bei einer ihrer Aufgaben zu helfen.

Manche Eltern haben gute Erfahrungen damit gemacht, wenn sie ihre Kinder für gute Zeugnisse belohnten. Natürlich brauchen nicht alle Kinder eine solche Motivation. Für gute Zeugnisse kann man Geld geben oder besondere Privilegien gewähren. – Privilegien sollten eigentlich nur dann eingeräumt werden, wenn ein Jugendlicher sich das Vertrauen verdient hat, dass man ihm größere Freiheit gibt; aber bessere Noten können ja auch bedeuten, dass man diese Freiheit verdient hat.

Umgang mit einem trotzigen Kind in der Öffentlichkeit

Wenn ein Kind in der Öffentlichkeit einen Wutanfall bekommt, ist es oft nicht möglich, ihm sofort genau das zu geben, was es haben möchte. In einem solchen Fall ist der Lieblingsriegel des Kindes Gold wert. Es ist jetzt nicht möglich, mitfühlend die Emotionen des Kindes anzuhören, aber man kann die Situation retten, indem man ihm schnell eine Belohnung für seine Kooperationsbereitschaft gibt. Es hat keinen Zweck, jetzt auf seinem Willen zu beharren und eine große Szene zu riskieren; es ist besser, zur Kenntnis zu nehmen, was das Kind möchte, und es ihm in Gottes Namen zu geben. Man gibt dann zwar dem Kind nach, aber wenn dies nur gelegentlich der Fall ist, ist es in Ordnung. Man sollte dies allerdings als Warnzeichen betrachten, dass man zu Hause zu nachgiebig ist.

Wenn Kinder in der Öffentlichkeit trotzig sind,
ist dies ein Zeichen, dass man zu Hause
weniger nachgiebig sein sollte.

Beim nächsten Mal muss man das Kind entsprechend vorbereiten. Zum Beispiel macht man ihm deutlich, dass man weiß, wie schwierig es ist, in einer Warteschlange vor der Kasse brav zu sein. Man kann ihm sagen, dass man ebenfalls nicht gerne in einer langen Schlange steht. Dann macht man ein Geschäft, indem man etwa sagt: »Wenn du dich im Supermarkt benimmst, dann sind wir am schnellsten wieder zu Hause, und du bekommst eine Schüssel mit deinen Lieblingsflocken.« Im Geschäft kann man eine Packung dieser Flocken kaufen, um Vorfreude zu wecken. Beim Einkaufen sagt man den Kindern immer wieder, wie brav sie sind und dass es bald zu Hause ihre Lieblingsflocken gibt.

Belohnungen sind wie ein Dessert

Wenn man dem Kind eine Belohnung anbietet, kann es wieder Verbindung zu dem Teil in sich bekommen, der kooperativ sein will. Die Belohnung an sich bewirkt keine kooperative Haltung. Vielmehr fördert man damit die natürlich Motivation eines Kindes. Belohnungen oder Privilegien sind wie Desserts. Wenn man nur Desserts essen würde, dann bekäme man nicht die Nährstoffe, die man mit dem Hauptgang aufnehmen muss. Das Dessert gibt es unter anderem am Ende der Mahlzeit, weil man sich auch an Desserts satt essen könnte, doch dann wäre man nicht mehr motiviert, das zu essen, was man für seine Gesundheit braucht. Ebenso kann man nicht immer Belohnungen verteilen, da Kinder dann den »Appetit« auf eine kooperative Haltung verlieren.

Belohnt man Kinder in einer angemessenen Weise, bereitet man sie darauf vor, an sich selbst ebenso zu denken wie an andere.

Kinder müssen lernen, dass das Leben ein Geben und Nehmen ist. Wer etwas gibt, der bekommt etwas zurück. Um mehr zu bekommen, muss man mehr geben. Sooft man seine Kinder bittet, etwas mehr zu geben, und ihnen verspricht, dafür seinerseits etwas mehr zu geben, lernen sie etwas sehr Wichtiges für das Leben: Sie lernen, wie man Geschäfte macht und verhandelt. Sie lernen, dass man mehr verdient hat, wenn man mehr gibt, und dass es vorteilhaft ist, momentane Wünsche zu Gunsten größerer Wünsche in der Zukunft zurückzustellen.

Aus natürlichen Konsequenzen lernen

Viele Eltern denken, dass Kinder »böse« sind, wenn sie sich nicht kooperationsbereit verhalten. Sie glauben, dass gute Kinder immer kooperativ sein müssen. Positive Erziehung bedeutet aber zu wissen, dass solche Kinder nicht böse sind, sondern nur nicht bekommen, was sie brauchen. Wenn sie widerspenstig sind, müssen Eltern entweder geben, was sie brauchen, oder Belohnungen einsetzen, um sie zu einem gegebenen Zeitpunkt zu motivieren.

Manche Eltern glauben, dass gute Kinder automatisch kooperativ sind.

Manche Erziehungsratgeber empfehlen, Widerstand dadurch zu vermeiden, dass man Kinder tun lässt, was sie tun wollen, und sie die natürlichen Konsequenzen tragen lässt. Wenn ein Kind zum Beispiel seine Jacke nicht anziehen will, dann lässt man es ohne Jacke hinaus und krank werden. Dann wird es seine Lektion schon lernen. Aber das ist ein Irrtum. Das Kind lernt daraus nur, dass es sich nicht auf die führende Hand seiner Eltern verlassen kann.

Als ich an diesem Abschnitt schrieb, kam meine Frau ins Zimmer, um mir zu sagen, dass unsere Lauren ihre Hausarbeit auf dem Küchentisch vergessen hatte. Sie hatte hart gearbeitet, um rechtzeitig fertig zu werden, und war sehr stolz. Bonnie wollte ihr diese Arbeit in die Schule bringen, damit sie nicht wegen verspäteter Abgabe eine schlechtere Note bekäme.

Manche Eltern würden nun sagen, dass man Lauren ruhig die Konsequenzen ihrer Vergesslichkeit tragen lassen sollte. Sie müsste auf das Erfolgserlebnis verzichten, die Arbeit rechtzeitig abgegeben zu haben. Sie würde etwas einbüßen und daraus lernen. Aber das ist das alte Denken, das Furcht zum Erziehungsmittel macht. Ist es denn nicht besser, wenn Kinder aus etwas lernen, das sie bekommen? Ist es nicht eine bessere Erfahrung für sie, zu erleben, dass ihre Eltern sich um sie kümmern und alles tun, um ihnen zu helfen? Wenn der Ehepartner etwas vergisst, würde man ihm doch auch helfen. Kinder brauchen eine solche Unterstützung mindestens ebenso sehr. Die Erfahrung, dass sie die Unterstützung ihrer Familie haben, ist viel wichtiger als die Erfahrung, nur wegen verspäteter Abgabe eine schlechtere Note für eine Arbeit zu bekommen, in die man viel Mühe investiert hat.

Die Anhänger der natürlichen Konsequenzen würden sagen, dass dies eine gute Gelegenheit sei, die sie lehrte, was geschieht, wenn man etwas vergisst. Lauren würde sich dies für die Zukunft merken. Ja, sie würde Angst haben, noch einmal etwas zu vergessen, aber Angst ist nicht die beste Erzieherin. Man kann auch ohne Furcht lernen, nichts zu vergessen. Positive Erziehung kann auf Furcht verzichten. Die Erfahrung des Erfolgs motiviert Kinder genauso gut.

Positive Erziehung kann auf Furcht verzichten.

Wenn man Angst hat, Fehler zu machen, macht man nur umso mehr Fehler. Die meisten Menschen haben es schon erlebt, dass Furcht gerade das anzieht, wovor man sich fürchtet. Wenn man zum Beispiel eine neue Krawatte anzieht, geschieht es oft, dass man gleich beim ersten Tragen einen Fleck darauf macht. Wenn ich daran denke, wie gut mir die Krawatte steht, dann fällt sie mehr Menschen auf, und sie sagen es mir. Wenn ich fürchte, dass ich sie bekleckere, dann geschieht es ganz bestimmt. Die Furcht vor Fehlern erzeugt nicht nur unnötige Ängstlichkeit, sondern führt auch dazu, dass man mehr Fehler macht.

Furcht lehrt auch ein Kind nicht unbedingt, auf die Konsequenzen zu achten. Wenn eine Hilfestellung in einem bestimmten Fall nicht möglich ist, dann kann man dies nicht ändern; wenn es aber möglich ist, dann sollte man diese Unterstützung auch geben. Hierbei stellt sich die Frage, ob man mit dieser Einstellung nicht zu viel für seine Kinder opfert. Zweifellos gibt man zu viel, wenn man sich selbst nichts mehr gönnt. Dies führt aber auch dazu, dass die Kinder maßlos in ihren Ansprüchen werden, und man beginnt sich darüber zu ärgern. Dann ist der Punkt erreicht, an dem man aufhören muss, so viel zu geben. Eine solche Anpassung ist ganz normal und notwendig.

Kinder sind nicht maßlos

Viele Eltern befürchten, dass Kinder ihre natürliche Kooperationsbereitschaft verlieren, wenn sie ihnen Belohnungen geben. Sie glauben, dass die Kinder dann, sooft man sie um etwas bittet, fragen: »Was springt dabei für mich heraus?« Sie meinen, dass die Kinder für ihre Kooperationsbereitschaft einen immer höheren Preis verlangen. Dies ist unwahrscheinlich, aber es kann tatsächlich dazu kommen, wenn die übrigen Bedürfnisse des Kindes nicht befriedigt werden.

Sooft man ein Kind um einen Gefallen bittet, sagt ein durchaus gesunder Teil von ihm: »Was springt dabei für mich heraus«, aber solange es bekommt, was es braucht, verlangt es nicht mehr. Kinder verhalten sich kooperativ, weil alle Kinder das Bedürfnis nach Liebe haben.

Wenn Kinder bekommen, was sie brauchen,
dann verlangen sie nicht
nach immer neuen Belohnungen.

Solange die Grundbedürfnisse der Kinder befriedigt werden, bleiben sie in Kontakt mit diesen Bedürfnissen, und ihre Wünsche wachsen nicht ins Uferlose. Für sie steht das »Was springt für mich dabei heraus« nicht im Vordergrund. Es gilt die allgemeine Regel, dass Kinder nur dann immer mehr möchten, wenn sie nicht mehr spüren, was sie wirklich brauchen.

Zu verhandeln und Versprechungen zu machen heißt nicht, nachzugeben und Kindern alles zu geben, was sie haben möchten. Im Gegenteil: Eine Belohnung zu geben heißt, das Kind zu bitten, dem Wunsch der Eltern nachzugeben und dafür später mehr zu bekommen. Dies ist eine der wirksamsten Möglichkeiten, Kinder zu lehren, Wünsche auch einmal aufzuschieben.

Manchmal reichen Belohnungen nicht aus, um Widerstände zu verringern und Kooperationsbereitschaft zu schaffen. In diesem Fall ist es nötig, sich als Eltern auf seine Führungspflichten zu besinnen. Wenn sich alles allzu sehr um das Kind zu drehen beginnt, dann müssen die Eltern das Heft wieder in die Hand nehmen. In den nächsten beiden Kapiteln wollen wir uns damit befassen, wie dies am besten geschieht.

Wie man seine Führung bekräftigt

Die elterliche »Gewalt« ist vor allem der Anspruch (und die Pflicht), die Kinder zu leiten. Kinder kommen mit dem Wunsch auf die Welt, ihren Eltern Freude zu machen. Und Kinder haben einen angeborenen Respekt vor der elterlichen Autorität. Wenn Eltern sich dieser Autorität bewusst sind und sie in der rechten Weise nutzen, brauchen sie keine überholten Erziehungspraktiken mehr, die mit Furcht und Schuldgefühlen arbeiten. Wissen Eltern hingegen nicht, wie sie ihre Autorität einsetzen müssen, dann übernimmt das Kind die Kontrolle.

Kinder wollen ihren Eltern Freude machen, aber zugleich haben sie natürlich auch ihre eigenen Wünsche und Bedürfnisse. Gibt man ihnen die Gelegenheit, diese zu spüren und auszudrücken, und macht man ihnen zugleich deutlich, was die Eltern von ihnen erwarten, dann versuchen sie letztlich immer, sich kooperativ zu verhalten und sich dem Willen und den Wünschen der Eltern unterzuordnen.

Eltern, die mit Schuldgefühlen und Angst arbeiten, schwächen die natürliche Kooperationsbereitschaft des Kindes. Auch der Zorn, die Frustration und die Enttäuschung der Eltern können Gehorsam erzwingen, aber dann verlieren Kinder einen Teil dessen, was sie sind. Dies beeinträchtigt nicht nur ihre natürliche Entwicklung, sondern sie neigen auch im späteren Leben dazu, es jedem recht machen zu wollen. Sie haben kein gesundes Selbstwertgefühl und geben oft mehr, als sie zurückbekommen.

Befehlen lernen

Bevor man etwas befiehlt oder gebietet, muss man zunächst einfach bitten, nicht fordern. Wenn sich das Kind sträubt, muss man als Nächstes zuhören und auf es eingehen. Wenn Zuhören nicht genügt, bietet man mit dem dritten Schritt eine Belohnung an. Erst wenn auch die Belohnung nicht genügt, besteht der vierte Schritt darin, seine Autorität zu behaupten und zu befehlen. Nützen die ersten drei Schritte nichts, mit denen man um Kooperation bittet, müssen Eltern befehlen, wie ein General seinen Truppen befiehlt.

Befehlen heißt, seinen Kindern direkt zu sagen, was sie tun sollen, ihnen etwas zu gebieten. Ein Befehl oder ein Gebot hört sich etwa so an, dass man mit einer festen, aber ruhigen Stimme sagt: »Ich möchte, dass du jetzt deine Kleider wegräumst«, oder: »Ich möchte, dass du dich jetzt für das Bett fertig machst«, oder: »Ich möchte, dass du jetzt da drinnen nicht mehr plapperst, sondern schläfst.«

Wenn man mit einer gebietenden Stimme spricht, muss man fest bleiben. Emotionen, Begründungen, Erklärungen, Argumente, Vorwürfe oder Drohungen schwächen die natürliche Autorität. Sich in einer solchen Situation zu ärgern oder zu versuchen, ein Kind zu einem kooperativen Verhalten zu überreden, ist ein Zeichen dafür, dass man sich seiner Rolle als »General« nicht sicher ist. Hat sich das Kind auf den ersten drei Stufen widersetzt, dann müssen Eltern eine klare Botschaft aussenden, wer Herr im Haus ist, dazu bekräftigen sie ihre führende Rolle. Jedes Kind braucht einen starken Anführer, dem es nachgeben kann und muss.

Spricht man in gebieterischem Ton, muss man fest bleiben.

Viele Eltern gebieten allerdings, ohne zunächst Schritt eins, zwei und drei einzusetzen. Dies funktioniert nicht. Befiehlt man zu oft, ohne immer wieder zu versuchen, zunächst Kooperation zu erreichen, versagt letztlich auch dieses Mittel. In früheren Zeiten unterwarfen sich Kinder den Geboten von Eltern, aber heute wollen Kinder auch etwas sagen.

Am wirksamsten setzt man sich durch, indem man sein Gebot mit dem Vertrauen wiederholt, dass das Kind jetzt nachgeben wird.

Kinder lernen durch Erfahrung. Sie müssen wissen, dass man keinesfalls nachgeben wird, wenn man einmal zum Befehlston greift. Dies ist der Punkt, an dem es kein Verhandeln mehr gibt. Wenn sie sich weiter widersetzen, behauptet man seinen Führungsanspruch, indem man einfach ihren Widerstand weniger mitfühlend anhört und seinen Befehl wiederholt. Wenn das Kind Widerstand leistet und man ohne Emotionen oder Argumente hart bleibt, wird man sich letztlich durchsetzen.

Emotionslos befehlen

Wenn Eltern schreien, wütend werden, sich frustriert zeigen oder mit Strafen drohen, schwächen sie dadurch ihre Autorität. Zeigt man seinen Ärger, dann verwandelt sich der Befehl in eine Aufforderung und man verliert seine Überzeugungskraft. Vielleicht gelingt es damit, den Willen eines Kindes zu brechen und Gehorsam zu erzwingen, aber man stärkt dadurch nicht die natürliche Kooperationsbereitschaft eines Kindes.

Gebote sind umso wirksamer, je weniger man sich aufregt. Man muss gelassen bleiben. Im Grunde ärgert man sich, weil irgendein Teil von einem selbst glaubt, dass man dadurch stärker und einschüchternder wirkt. Tiere plustern sich zu diesem Zweck auf. Aber eine positive Erziehung stützt sich nicht auf Furcht, und deshalb ist das Mittel der Einschüchterung nicht hilfreich.

Klare und feste Befehle, die man ohne Emotionen ausspricht, sind am wirksamsten.

Sträuben sich Kinder, muss man herauszufinden versuchen, was sie fühlen und was sie möchten. Hat man einem Kind die Gelegenheit gegeben, sich zu äußern, und hat man ihm bereits eine Belohnung angeboten, dürfen und müssen Eltern ihre Autorität einsetzen. Jetzt fällt ein Befehl auf fruchtbaren Boden.

Natürlich kommt es auch einmal vor, dass Eltern die Beherrschung verlieren und in einem wütenden Ton Befehle erteilen. Aber das Programm der positiven Erziehung scheitert nicht gleich, weil man einmal die Geduld verliert. Man muss natürlich sein Bestes versuchen. Macht man einen Fehler, indem man seine Emotionen nicht beherrscht, dann besteht die Lösung darin, sich später zu entschuldigen. Es ist in Ordnung, Fehler zu machen.

Kinder brauchen keine perfekten Eltern; sie brauchen Eltern, die ihr Bestes tun und ihre Fehler eingestehen.

Entschuldigt man sich später, macht dies auf Kinder großen Eindruck. Man könnte etwa sagen: »Es tut mir Leid, dass ich dich angeschrien habe. Du hast es nicht verdient, dass man dich anschreit. Schreien ist nicht die richtige Art, sich mitzuteilen. Ich habe einen Fehler gemacht.«

Oder man sagt: »Es tut mir Leid, dass ich so wütend auf dich war. Ich wollte, dass du mir hilfst, aber ich wollte mich nicht so über die ärgern. Ich habe mich deshalb so aufgeregt, weil ich mich auch noch über andere Dinge geärgert habe. Es war nicht deine Schuld, dass ich so wütend wurde.«

Wenn Eltern negative Emotionen ausdrücken, gibt dies Kindern das Gefühl, dass sie die Erwartungen der Eltern nicht erfüllt haben oder sie in irgendeiner Weise böse sind. Sie glauben, dass es ihnen nicht gelungen ist, gute Kinder zu sein. Aber dieses Gefühl des Versagens oder der Unzulänglichkeit stumpft letztlich die Bereitschaft von Kindern ab, frei zu reagieren. Entschuldigen sich Eltern später dafür, dass sie geschrien haben, dann fühlt sich das Kind nicht schlecht oder wertlos.

Negative Emotionen zu äußern, kann sehr erleichternd sein. Aber es ist falsch, hierfür seine Kinder zu missbrauchen. Es ist in Ordnung, dass Kinder sich kooperativ verhalten sollen, aber es ist nicht in Ordnung, sie als »Therapeuten« oder »beste Freundin« zu benutzen. Kinder müssen erst noch lernen, mit ihren eigenen Gefühlen umzugehen; man muss sie nicht auch noch mit den Gefühlen ihrer Eltern belasten.

Erwachsene müssen sich für emotionale Unterstützung an andere Erwachsene wenden, nicht an ein Kind.

Schreien nützt nichts

Eine der hässlichsten Kommunikationsformen ist Schreien. Schreien bedeutet, dass man nicht gehört wird und darum die Lautstärke erhöht. Kinder oder Jugendliche anzuschreien vermittelt die Botschaft: »Du hörst nicht zu.« Also hören sie auch nicht zu. Wenn man schreit, wenden sie sich einfach ab und hören überhaupt nicht mehr.

Noch schlimmer ist es, im Befehlston zu schreien. Das bedeutet, dass sie ganz offensichtlich nicht hören, was man von ihnen will. Schreien tötet in Kindern den Wunsch, sich führen zu lassen. Schreien ist die unwirksamste Form eines Befehls, weil man damit seine Position als Gebietender schwächt. Nur dann, wenn Kinder eine einfache Botschaft immer wieder klar und deutlich hören, geben sie ihren Widerstand auf und lassen sich führen.

Positive Befehle

Befehle sollten in einer klaren und positiven Weise ausgesprochen werden, aber wenn es so weit ist, dass man zum Mittel des Gebots greifen muss, äußert man meist als Erstes etwas Negatives. Wenn dies geschieht, muss man an eine solche negative Aufforderung bzw. ein solches negatives Gebot ein positives Gebot anschließen. Nachfolgend einige Beispiele für negative Aufforderungen und negative Befehle sowie der entsprechende positive Befehl:

Negative Aufforderungen und Befehle		*Positiver Befehl*
»Schlag deine Schwester nicht.«	»Ich möchte, dass du aufhörst, deine Schwester zu schlagen.«	»Ich möchte, dass du zu deiner Schwester nett bist.«
»Hör auf zu reden.«	»Ich möchte, dass du aufhörst zu reden.«	»Ich möchte, dass du jetzt ruhig bist.«
»Hör auf herumzualbern und räum dein Zimmer auf.«	»Ich möchte, dass du aufhörst herumzualbern und dein Zimmer aufräumst.«	»Ich möchte, dass du jetzt sofort dein Zimmer aufräumst.«

Negative Aufforderungen und Befehle		*Positiver Befehl*
»Rede nicht so.«	»Ich möchte nicht, dass du so redest.«	»Ich möchte, dass du höflich bist und dich in einer netten Weise äußerst.«
»Zieh jetzt deine Jacke an.«	»Ich möchte, dass du aufhörst, mir zu trotzen.«	»Ich möchte, dass du kooperativ bist und deine Jacke anziehst.«
»Hör mir jetzt zu, sonst gibt es etwas.«	»Ich möchte, dass du jetzt aufhörst, Karten zu spielen, und deine Zähne putzt.«	»Ich möchte, dass du jetzt sofort deine Zähne putzt.«

Wenn man aus Gewohnheit mit einer Aufforderung oder einem negativen Gebot begonnen hat, muss man einfach eine positive Botschaft anschließen. Man könnte zum Beispiel sagen: »Ich will nicht, dass du deinen Bruder schlägst. Ich möchte, dass du nett zu ihm bist.« Wenn man einmal seine positive Aussage formuliert hat, darf man davon nicht mehr abweichen. Wenn das Kind weiterhin trotzig bleibt, wiederholt man einfach die positive Aussage. Betrachten wir folgendes Beispiel:

Mutter: »Würdest du bitte deine Kleider wegräumen?«

Kind: »Nein, ich will nicht. Ich bin zu müde. Ich mache es morgen.«

Mutter: »Ich verstehe es, dass du müde bist und es lieber morgen machen möchtest. Aber ich möchte, dass du es jetzt tust.«

Kind: »Aber ich bin zu müde.«

Mutter: »Wenn du jetzt deine Kleider wegräumst, dann haben wir noch Zeit für drei Geschichten.«

Kind: »Ist mir egal, ich will jetzt einfach schlafen.«

Mutter: »Ich will, dass du es jetzt tust. Ich will, dass du jetzt sofort aufstehst und deine Kleider wegräumst. Ende der Diskussion.«

Kind: »Du nervst.«

Mutter: »Ich will, dass du jetzt sofort deine Kleider wegräumst.«

Kind: »Lass mich in Ruhe.«

Mutter: »Ich will, dass du jetzt sofort deine Kleider wegräumst.«

Kind: (steht auf, um die Kleider wegzuräumen) »O Mann, bist du blöd.«

Wenn das Kind nachgibt, lässt man es einige Minuten in Ruhe oder beobachtet es aus der Ferne. Dann geht man hin und dankt ihm freundlich. Dabei sollte es merken, dass man es nicht so schlimm findet, wenn man ab und zu einmal Druck machen muss. Selbst wenn es Kinder einem manchmal schwer machen, dürfen sie nicht das Gefühl haben, dass man es nicht auch zu schätzen weiß, wenn sie letztlich doch tun, was man ihnen sagt.

Viele Eltern würdigen es nicht, wenn ein Kind erst auf Druck tut, was man ihm sagt. Aber dies ist in etwa so, wie wenn eine Frau ihren Mann bittet, etwas für sie zu tun, und wenn er es dann getan hat, ist sie ihm nicht dankbar dafür. Eltern dürfen nie vergessen, dass Kinder ihr Bestes tun, und wenn sie in die richtige Richtung gehen, muss man dies immer anerkennen und würdigen.

Im obigen Beispiel könnte die Mutter anschließend oder am nächsten Morgen, je nachdem, wann sie es möchte, sagen: »Ich weiß, dass du sehr müde warst. Es war nett, dass du die Kleider trotzdem weggeräumt hast.« Hält man Kindern ihren Widerstand nicht dauernd vor, hört mit der Zeit auch ihr Trotz auf.

*Hält man Kindern ihren Widerstand nicht dauernd vor,
hört mit der Zeit auch ihr Trotz auf.*

Manche Eltern befürchten, dass ihre Kinder sie nicht mehr lieben, wenn sie ihnen in dieser Weise Befehle erteilen. Aber dies ist eine völlig unbegründete Befürchtung. Kinder brauchen liebevolle, aber zugleich auch starke Eltern. Sie brauchen Eltern, die sie so motivieren. Sie murren zwar, aber die Liebe zu den Eltern gewinnt rasch wieder die Oberhand. Eine der fünf Botschaften der positiven Erziehung lautet: Es ist in Ordnung, nein zu sagen, aber vergiss nicht, dass die Eltern das Sagen haben. Ein klar vertretener Führungsanspruch gibt Eltern ihre Autorität zurück.

Im obigen Beispiel geht es im Grunde darum, wer seinen Willen durchsetzt. Wenn man seinen Befehl beharrlich wiederholt und sich nicht in eine große Diskussion hineinziehen lässt, setzt man sich durch. Hat man sich einige Male in dieser Weise durchgesetzt, nimmt das Kind eine kooperativere Haltung ein. Liebe Eltern scheuen sich manchmal, so hart zu sein, aber es muss sein. Man ist ja nicht in einer lieblosen Weise hart. Man zeigt einfach, dass man meint, was man sagt.

Jugendlichen etwas befehlen

Ich erinnere mich noch daran, wie ich zum ersten Mal die Macht von Befehlen erlebte. Als ich selbst noch keine Kinder hatte, gab ich einmal einen Workshop für Kinder geschiedener Eltern. Viele dieser Kinder waren sehr aufsässig und unkooperativ – weshalb sie ja auch in meinem Workshop waren.

Ein Vierzehnjähriger, das älteste Kind in der Gruppe, begann sich immer mehr gegen meine Anordnungen aufzulehnen. Schließlich schickte ich ihn zu einer Auszeit in den angrenzenden Raum. Er ging aber nicht und sagte: »Und was machen Sie jetzt?«

Ich wusste damals noch nichts von der Kunst positiver Erziehung, aber es war klar, dass die Androhung von Strafe erfolglos sein würde. Er starrte mich an, und es war deutlich, dass er auf alles, was ich sagen würde »Na und?« antworten würde. Weil er in seinem Leben Strafen schon im Übermaß bekommen hatte, ließ ihn eine weitere Strafe völlig kalt. Außerdem war er viel größer als ich. Weil ich kein anderes Mittel mehr wusste, blickte ich ihm einfach fest in die Augen und gebot ihm mit klarer und fester Stimme: »Ich möchte, dass du eine Auszeit von fünfzehn Minuten nimmst.« Unsere Auseinandersetzung ging wie folgt weiter:

Jugendlicher: »Und wenn ich es nicht tue?«

Ich: »Ich will, dass du in das Zimmer gegenüber gehst und eine Auszeit von fünfzehn Minuten nimmst.«

Jugendlicher: »Ich gehe aber nicht.«

Ich: »Ich will, dass du in das Zimmer gegenüber gehst und eine Auszeit von fünfzehn Minuten nimmst.«

Jugendlicher: »Sie sind eine Flasche; ich gehe nicht.«

Ich: »Ich will, dass du in das Zimmer gegenüber gehst und eine Auszeit von fünfzehn Minuten nimmst.«

Jugendlicher: »Und was machen Sie, wenn ich trotzdem nicht gehe?«

Ich: »Ich will, dass du in das Zimmer gegenüber gehst und eine Auszeit von fünfzehn Minuten nimmst.«

Er machte eine wegwerfende Handbewegung und ging in das angrenzende Zimmer.

Nach einer Viertelstunde ging ich hinüber und sagte freundlich zu ihm: »Wenn du wieder mitmachen willst, bist du willkommen, aber wenn du noch länger allein sein willst, verstehe ich das auch.«

Er nickte stumm, wie wenn er es sich noch einmal überlegen wollte. Ich ging wieder hinaus, und einige Minuten später kam er heraus und schloss sich der Gruppe wieder an. Diese Erfahrung war für mich eine großartige Vorbereitung auf die unvermeidlichen Widerstände, die ich mit meinen eigenen Kindern erleben sollte.

Dieses Beispiel macht deutlich, dass ich meine Position geschwächt hätte, wenn ich auf seine Bemerkung reagiert oder auf seine Fragen geantwortet hätte. Letztlich braucht jedes Kind Eltern, die die Führungsrolle wahrnehmen und Herr im Haus sind, und zwar so lange, bis das Kind aus dem Haus geht. Bei einem liebevollen Erwachsenen, der klare Gebote erteilt, gibt ein aufsässiges Kind letztlich auch ohne Drohungen nach.

Gebieten, nicht erklären

Sträubt sich ein Kind, ins Bett zu gehen, helfen Begründungen nichts. Ihm zu sagen, dass es schon spät ist oder dass es seinen Schlaf braucht, überzeugt es keineswegs und sagt ihm auch nichts. Erklärungen sind nützlich, wenn Kinder fragen, weil sie etwas wissen wollen, aber sie sind kontraproduktiv, wenn Kinder eine Trotzhaltung einnehmen. Irgendwann ist der Punkt erreicht, an dem es nur einen guten Grund gibt, warum sie etwas tun sollten, nämlich den, dass man der Vater oder die Mutter ist. Ich habe einmal meiner Frau ein lustiges T-Shirt gekauft, auf dem stand: »Weil ich deine Mutter bin, deshalb.«

»Weil ich deine Mutter bin, deshalb« ist die beste Antwort, wenn sich ein Kind Geboten widersetzt.

Jugendliche können ihre Eltern des öfteren an die Grenzen ihrer Geduld bringen. Sie wollen für alles, was die Eltern ihnen sagen, eine Begründung. Reagiert man hierauf mit Erklärungen, steht man schon auf verlorenem Posten. Kinder und Jugendliche fragen immer weiter, und je mehr Antworten man gibt, desto mehr schwächt man sich. Mit jeder Antwort gibt man ein Stück von seiner eigentlichen Autorität preis. Sie brauchen immer nur weiter zu fragen – und das tun sie auch.

Machen wir dies an einem Beispiel deutlich. Laura möchte

fernsehen, aber die Mutter möchte, dass sie den Fernseher ausschaltet und sich mit etwas anderem beschäftigt.

Mutter: »Laura, ich möchte, dass du den Fernseher ausschaltest.«

Laura: »Warum?«

Mutter: »Du musst noch deine Hausaufgaben machen.«

Laura: »Ich habe heute keine Hausaufgaben.«

Mutter: »Aber die Jahresarbeit steht auch noch an, und du wartest immer bis zur letzten Minute und beklagst dich dann, dass du zu viel zu tun hast. Wenn du keine Hausaufgaben hast, dann ist jetzt eine gute Gelegenheit, dich schon einmal mit der Jahresarbeit zu befassen.«

Laura: »Ich tue schon, was ich kann. Ich kann jetzt nicht weitermachen, weil ich warten muss, bis die Bilder entwickelt sind, und das dauert noch einige Tage.«

Mutter: »Jedenfalls hast du zu viel ferngesehen.«

Laura: »Nein, das ist nicht so.«

Mutter: »Doch, das ist so. Du hast den ganzen Nachmittag hier gesessen.«

Laura: »Du warst gar nicht da und kannst es überhaupt nicht wissen. Du bist gerade erst heimgekommen.«

Mutter: »Ja, und du hast schon ferngesehen, als ich wegging.«

Laura: »Aber ich habe nicht die ganze Zeit ferngesehen.«

Mutter: »Zu viel vor dem Fernseher zu sitzen, ist nicht gut für dich. Du solltest auch mal an die frische Luft gehen. Es ist so schönes Wetter draußen.«

Laura: »Ich will aber nicht hinaus. Ich habe Muskelkater vom Turnen.«

Mutter: »Jetzt hör mir mal gut zu, junge Dame. Wenn du nicht aufpasst, darfst du überhaupt nicht mehr fernsehen.«

Laura: »Du bist so gemein und ungerecht!«

Mutter: »Noch ein Wort und du bekommst Hausarrest und darfst überhaupt nicht mehr fernsehen.

Laura: »Ist mir egal.«

Mutter: »Ist gut, dann zwei Wochen Hausarrest ohne Fernsehen.«

Eltern können solche unschönen Auseinandersetzungen vermeiden, wenn sie sich nicht darauf einlassen, Kinder oder Jugendliche davon überzeugen zu wollen, dass sie Recht haben und dass sie es nur gut mit ihnen meinen. Sind Kinder für die Vorstellungen der Erwachsenen aufgeschlossen, dann ist es etwas anderes, aber wenn sie sich einer Aufforderung widersetzen, dann bleiben sie dabei, und wenn man sein Anliegen noch so gut begründet. Nachfolgend ein Beispiel, wie eine Mutter in der gleichen Situation die Methoden der positiven Erziehung einsetzt.

Eine bessere Art zu gebieten

Schritt 1:
Fragen (nicht anordnen)

Mutter: »Laura, würdest du bitte den Fernseher ausschalten?«

Laura: »Warum? Es kommt gerade so ein toller Film.«

Mutter: »Was ist es?«

Laura: »Sherlock Holmes.«

Mutter: »Das ist wirklich ein guter Film (Pause), aber ich möchte, dass du den Fernseher ausschaltest. Du hast in der letzten Zeit sehr viel ferngesehen, und ich möchte, dass du auch noch etwas anderes tust.«

Laura: »Und was?«

Mutter: »Du könntest dich um deine Hausaufgaben kümmern oder draußen etwas unternehmen.«

Laura: »Ich habe keine Lust. Ich will meinen Film sehen, und du störst mich.«

Schritt 2:
Zuhören und auf das Kind eingehen (keinen Vortrag halten)
Mutter: »Ich verstehe es, dass du jetzt den Film ansehen und nicht deine Hausaufgaben machen oder hinausgehen willst (Pause), aber ich möchte, dass du den Fernseher abschaltest und dir eine andere Beschäftigung suchst.«

Laura: »Ich will aber nicht.«

Mutter: »Ich weiß, dass du vielleicht enttäuscht bist, aber jetzt kannst du auch einmal etwas anderes machen.«

Laura: »Dann sehe ich das Ende des Films nicht.«

Mutter: »Ich bin sicher, dass er bald wieder gezeigt werden wird.«

Laura: »Nein, bestimmt nicht.«

Schritt 3:
Belohnen (nicht bestrafen)
Mutter: »Wenn du jetzt den Fernseher abschaltest, gehe ich mit dir morgen ein Video ausleihen.«

Laura: »Ich will aber kein Video ausleihen. Ich will einfach meinen Film sehen.«

Schritt 4:
Gebieten (nicht erklären, sich nicht ärgern)
Mutter: »Ich will jetzt, dass du den Fernseher ausschaltest.«

Laura: »Aber ich habe sonst nichts zu tun.«

Mutter: »Ich will jetzt, dass du den Fernseher ausschaltest.«

Laura steht auf, schaltet den Fernseher aus und stürmt aus dem Zimmer. Eine Viertelstunde später kommt sie zurück, tut, als ob nichts gewesen wäre, und fragt, ob die Mutter mit ihr Karten spielen will. Die Mutter stimmt gerne zu. Von der kleinen Auseinandersetzung ist keine Rede mehr. Alles ist vergessen und verziehen.

Befehle bei den einzelnen Temperamenten

Wenn man Kindern gebietet, muss man dabei ihr Temperament berücksichtigen.

Sensible Kinder brauchen mehr Unterstützung. Statt von einem sensiblen Kind zu erwarten, dass es sein Zimmer aufräumt, tut man es selbst und bittet das Kind um seine Mithilfe. Indem man in dieser Weise Dinge gemeinsam tut, wird das Kind allmählich selbstständiger. Nachdem man ihm befohlen hat, beim Aufräumen mitzuhelfen, macht man mit und fängt mit dem Aufräumen an.

Aufgeweckte Kinder sind oft der Meinung, dass das ganze Zimmer zu viel ist, und sie möchten lieber etwas anderes tun, das einfacher ist und weniger Zeit kostet. Eltern müssen solchen Kindern die Gelegenheit geben, sich verschiedenen Dingen zuzuwenden. Sie sind ja wie Schmetterlinge und müssen »umherflattern« können.

Bevor man einem aufgeweckten Kind etwas gebietet, muss man zuerst versuchen, es in eine andere Richtung zu lenken. Wenn es sein Zimmer nicht aufräumen will, versucht man zunächst, es dazu zu bewegen, einen bestimmten Bereich aufzuräumen, und man macht von da aus weiter. Manchmal muss man schon zufrieden sein, wenn sie nur ein wenig tun, und man selbst tut das meiste. Irgendwann werden sie bereit sein, mehr zu tun, aber es dauert vielleicht einige Zeit.

Empfängliche Kinder brauchen normalerweise keine Gebote. Sie sind recht zugänglich. Wenn sie sich widersetzen, dann oft deshalb, weil die Eltern von ihnen eine Veränderung erwarten, auf die sie nicht vorbereitet sind. Bekommen sie die Sicherheit und Vorbereitung, die sie brauchen, gehorchen sie gerne. Statt empfänglichen Kindern zu befehlen, müssen Eltern besonderes Verständnis für das Bedürfnis des Kindes nach Rhythmus und Wiederholung haben. Solche Kinder reagieren auf plötzliche Veränderungen, Unterbrechungen oder Anforderungen weniger gut.

Aktive Kinder sprechen auf Befehle am besten unter vier Augen an. Man nimmt sie beiseite oder ruft sie in ein anderes Zimmer, um sie zu kooperativem Verhalten zu mahnen. Sie sind stolz darauf, das Richtige zu tun oder die Kontrolle zu haben, während sie in der Öffentlichkeit oft eine unnötig abwehrende oder widerstrebende Haltung einnehmen.

Die Kooperationsbereitschaft verbessern

Als Ergebnis einer positiven Erziehung sind die Kinder künftig kooperativer, statt – was das Ergebnis von Auseinandersetzungen und Strafen wäre – immer mehr Widerstand aufzubauen, woraus schließlich Groll, Ablehnung und Aufsässigkeit entstehen. Versucht man jedoch seinen Kindern mit Emotionen, Logik, Begründungen, Argumenten oder Drohungen zu gebieten, dann schwächt man damit langfristig nur seine eigene Position und vermehrt ihren Widerstand.

Wendet man diese ersten vier Schritte einer positiven Erziehung richtig an, dann wird man im Laufe der Zeit nur noch fragen müssen, und die Kinder willigen gerne ein. Natürlich wird es immer wieder Zeiten geben, in denen man alle vier Methoden anwenden muss. Aber im Laufe der Zeit wird man sie wie selbstverständlich und immer geschickter handhaben. Sie bewirken nicht nur Kooperationsbereitschaft, sondern sie erweisen sich als sehr klare und nützliche Hilfsmittel, um seine Kinder so gut wie möglich zu fördern.

Wenn diese Methode zunächst aufwendig erscheint, dann nur deshalb, weil sie neu ist. Eine neue Methode zu erlernen, erscheint zunächst immer als Herausforderung, aber mit zunehmender Praxis wird es einfacher. Positive Erziehung ist langfristig wirksam und erfüllend.

Kindern klare Anweisungen zu geben, fällt vielleicht Eltern

schwer, die eine eher sanfte Erziehung bevorzugen, aber es ist die positive Alternative, wenn man Kinder nicht durch Drohungen und Demütigungen zu Gehorsam zwingen will.

Wie man die Kontrolle behält

Wenn ein Kind die elterliche Autorität ablehnt oder herausfordert, dann kann man dieses Verhalten als falsch oder schlecht verurteilen. Eine positive Erziehung sagt dagegen einfach, dass dieses Kind außer Kontrolle ist – der Kontrolle der Eltern. Statt das Kind zu verurteilen, zu bestrafen oder ihm Vorträge zu halten, braucht man also nichts weiter zu tun, als das Kind wieder unter Kontrolle zu bringen.

Wenn sich Kinder nicht benehmen, dann haben sie oft einfach vergessen, dass die Eltern das Sagen haben und sie das letztlich auch so möchten. Versuchen sich Kinder der Kontrolle ihrer Eltern zu entziehen, haben sie den Kontakt zu ihrer natürlichen Fähigkeit und Bereitschaft verloren, kooperativ zu sein.

Lädt man ein Kind zu kooperativem Verhalten ein, indem man auf seine Bedürfnisse eingeht und ihm Belohnungen gibt, dann behält es die Verbindung zu seinem Wunsch nach kooperativem Verhalten. Stehen das Kind und die Eltern unter Anspannung, kann diese innere Verbundenheit jedoch vorübergehend unterbrochen sein, und es kann zu Zusammenstößen kommen.

Stehen Kinder unter großer Anspannung,
kann es zu Zusammenstößen kommen.

Verlieren Eltern die Verbindung zu ihrer Bereitschaft zu kooperativem Verhalten und verlangen sie Gehorsam, tun es ihnen Kinder automatisch nach. Sind Eltern so überlastet, dass sie das Gefühl haben, keine Kontrolle mehr zu haben, kann sich dies leicht auf das Kind übertragen. Umgekehrt kann ein stark belastetes Kind seine Eltern die Kontrolle verlieren lassen, wenn die Eltern nicht genau wissen, wie sie sich in einem solchen Fall zu verhalten haben.

Der Sinn und Zweck einer Auszeit

Die Methoden, mit denen sie Kooperationsbereitschaft schaffen können, helfen Eltern, die innere Kontrolle zu bewahren. Dies hilft wiederum ihren Kindern, unter Kontrolle zu bleiben. Es kann natürlich nicht ausbleiben, dass manche Kinder immer wieder Probleme machen, aber kluge Eltern sind hierauf vorbereitet: Fast alle Kinder brauchen regelmäßige Auszeiten, damit sie lernen, mit starken Emotionen umzugehen.

Auszeiten sind notwendig,
um die Kontrolle wiederzugewinnen,
wenn Emotionen übermächtig werden.

Viele Erwachsene wissen selbst nicht, wie sie in Stresszeiten mit ihren Emotionen umgehen müssen. Umso weniger kann man dies von Kindern erwarten. Können Eltern sich von Gefühlen wie Groll, Ängstlichkeit, Niedergeschlagenheit, Gleichgültigkeit, Kritik, Verwirrung oder Schuld nicht lösen, sollten sie einen Blick nach innen auf ihre negativen Emotionen werfen.

Einer der Hauptgründe dafür, dass es heute in der westlichen Welt so viel häusliche Gewalt gibt, ist die fehlende emotionelle

Kontrolle. In einer freien Gesellschaft ist es unvermeidlich, dass Gefühle intensiver werden, wenn sie gefördert werden, und flüchtiger, wenn dies nicht der Fall ist. Das wichtigste Instrument zur Beseitigung von Konflikten in einer Beziehung und zur Beendigung aller Gewalt ist die Einsicht, dass man einfach eine Auszeit braucht, wenn negative Gefühle allzu stark werden.

In einer freien Gesellschaft ist es unvermeidlich, dass Gefühle intensiver werden, wenn sie gefördert werden, und flüchtiger, wenn dies nicht der Fall ist.

Wenn Erwachsene die Beherrschung verlieren, geschieht dies vor allem deshalb, weil sie nie gelernt haben, eine Auszeit zu nehmen und dabei ihre negativen Emotionen freizusetzen. Dies ist aber eine grundlegende Fertigkeit, die Kinder, Jugendliche und Erwachsene gleichermaßen brauchen. Der Unterschied zwischen einem Kind und einem Erwachsenen besteht darin, dass kluge Erwachsene wissen, wann sie eine Auszeit brauchen, Kinder aber nicht. Kinder, die mit Auszeiten erzogen wurden, können schon im Alter von neun bis zehn Jahren beginnen, selbst Auszeiten zu nehmen, wenn sie das Gefühl haben, überlastet, negativ oder gereizt zu sein. Dies ist nicht schwierig, man braucht nur etwas Übung.

Manchmal beruht die Wirkung von Auszeiten darauf, dass auch die Eltern dabei das Gefühl bekommen, die Kontrolle wieder gefunden zu haben. Verordnet man sich selbst eine Auszeit, kann man sich »abkühlen« und das Gefühl zurückgewinnen, im Lot zu sein. Genau dies braucht ein Kind oft. Frustrierte, anspruchsvolle Eltern können Kinder leicht aus dem Gleichgewicht bringen. Eine Auszeit bringt nicht nur die Kinder wieder ins Lot, sondern hilft auch den Eltern.

Frustrierte, anspruchsvolle Eltern können Kinder leicht aus dem Gleichgewicht bringen.

Wenn ein Kind sich sträubt, sich einem Gebot zu fügen, dann ist es Zeit für eine Auszeit. Diese bietet dem Kind die Gelegenheit, einen Wutanfall zu bekommen und sich abzureagieren. Kinder müssen ihren Widerstand gegenüber den unvermeidlichen Beschränkungen und Grenzen des Lebens spüren. Dies hilft dem Kind, ein starkes Ich zu entwickeln. Dadurch können letztlich alle positiven Merkmale des wahren Selbst zum Vorschein kommen. Zunächst müssen aber die negativen Emotionen »hinter« dem Widerstand gefühlt und freigesetzt werden.

Haben Kinder im Rahmen einer Auszeit die Gelegenheit, ihre Grenzen auszuloten, hilft ihnen das, die verschiedenen Ebenen von Gefühlen unter ihrem Widerstand zu spüren. Stoßen sie auf die drei grundlegenden negativen Emotionen Zorn, Trauer und Furcht, können sie ihren Widerstand abbauen. Ebenso können Erwachsene die negativen Blockierungen durch Groll, Schuldgefühle und Selbstmitleid aufheben, wenn sie sich eine Auszeit nehmen, um ihre negativen Emotionen zu erkunden, zu spüren und freizusetzen.

Wie man negative Gefühle freisetzt

Kann sich ein Kind von seinem Widerstand nicht lösen und spricht es nicht auf die vier Schritte zur Erzeugung von Kooperationsbereitschaft an (Fragen, Zuhören, Belohnen, Gebieten), dann muss man zum fünften Schritt übergehen: die Auszeit. In einem Zimmer bleiben zu müssen, hilft Kindern, die tieferen Ebenen ihrer Emotionen wahrzunehmen. Fühlt ein Kind Zorn, Trauer und Furcht und hat es zugleich das Gefühl, dass man trotzdem für es »da« ist, dann löst dies die negativen Gefühle automatisch auf.

In einer Auszeit wird das Kind hinter seinem Widerstand zunächst Zorn und Frustration spüren. Nach kurzer Zeit wird es zu weinen beginnen und sich traurig oder verletzt fühlen. Wieder ein wenig später nimmt es die tiefer liegenden Ängste und seine Verletzlichkeit wahr. Innerhalb weniger Minuten ist das ganze Drama verflogen, und plötzlich ist das Kind wie durch ein Wunder wieder unter der Kontrolle der Eltern.

Innerhalb weniger Minuten ist der ganze emotionale Aufruhr verflogen.

Kinder sind vom Himmel. Sie kommen mit dem Wunsch auf die Welt, ihren Eltern Freude zu machen, um zu bekommen, was sie brauchen. Kinder brauchen Liebe und Unterstützung, um überleben zu können; deshalb ist ihnen die Bereitschaft zu kooperativem und gutwilligem Verhalten angeboren, damit sie diese Liebe bekommen. Dieser gesunde Wunsch wird immer dann aktiviert, wenn Kinder Verbindung zu ihren Gefühlen aufnehmen. Werden Kindern ihre Gefühle bewusst, kommt dadurch ihr Bedürfnis nach Liebe und Unterstützung zum Vorschein, und dies weckt wiederum ihren Wunsch, sich den Eltern gegenüber kooperativ zu verhalten.

Manchmal kommen diese Gefühlsebenen an die Oberfläche, wenn sich das Kind dem Wunsch der Eltern nach einem kooperativen Verhalten widersetzt. Ein andermal entstehen diese Gefühle bei einem intensiven Gespräch. Und wieder ein anderes Mal brauchen Kinder, wenn sie nicht bekommen, was sie haben müssen oder wenn das Leben einfach zu belastend ist, mehr Auszeiten, um die drei Ebenen des emotionalen Widerstands zu fühlen und durch sie hindurchgehen, durch ihren Zorn, ihre Trauer und ihre Furcht.

Die ideale Auszeit

Die ideale Auszeit besteht darin, dass die Eltern ein Kind in ein Zimmer schicken und die Tür zuhalten. Natürlich wird das Kind versuchen herauszukommen. Wir wissen ja, dass Kinder Widerstand leisten *müssen.* Dabei darf man jedoch keineswegs die Tür einfach absperren und das Kind sich selbst überlassen, denn dies würde ihm das Gefühl geben, im Stich gelassen zu sein. Für manche Kinder, insbesondere jüngere, ist es sehr wichtig, dass man zumindest bei den ersten Auszeiten auf der anderen Seite der Tür bleibt. Ist das Kind erst einmal mit Auszeiten vertraut, wird es bereitwillig im Zimmer bleiben.

Als Faustregel kann man sagen, dass die Kinder für jedes Lebensjahr eine Minute Auszeit brauchen. Vier Jahre alte Kinder bleiben also vier Minuten im Zimmer, sechsjährige sechs Minuten. Die meisten Eltern sind skeptisch, wenn sie dies zum ersten Mal hören, aber es klappt! Es klappt bei allen Kindern über zwei Jahren.

Nach dem vierzehnten Lebensjahr sind Auszeiten nur mehr selten notwendig. Wenn man die Kinder allerdings nicht schon immer mit Auszeiten erzogen hat, können diese auch bei Jugendlichen noch notwendig sein, insbesondere dann, wenn sie respektlos sind oder den Geboten der Eltern nicht gehorchen.

Betrachten wir einmal, wie eine ideale Auszeit für einen Vierjährigen aussieht. Zunächst sträubt sich das Kind, und man muss es vielleicht sogar in das Zimmer tragen. Dies kann sein eigenes Zimmer oder irgendein anderes sein. Zuerst wird es toben, einen Wutanfall bekommen und versuchen herauszukommen. Nach etwa zwei Minuten wird es diesen Versuch aufgeben, sich in die Situation ergeben und zu weinen beginnen. Nach einer weiteren Minute kommen die zarteren und verletzlicheren Gefühle der Angst zum Vorschein. Dann klopft es vielleicht sogar an die Tür und bettelt darum, herauszudürfen: »Bitte, bitte, lass mich heraus.«

Dann sollte man es beruhigen und ihm sagen, dass es nur noch eine Minute im Zimmer bleiben muss. Grundsätzlich sollte man Kinder während einer solchen Auszeit immer beruhigen. Man kann ihnen immer wieder sagen, dass man nicht weggeht, dass man auf der anderen Seite der Tür steht und dass sie bald wieder herausdürfen.

Auszeiten erklären

Wenn Kinder fragen, warum sie in ein Zimmer müssen, dann lautet die einfache Antwort: »Wenn man außer Kontrolle gerät, braucht man eben eine Auszeit.« Es ist weder richtig noch hilfreich zu sagen, dass ein Kind die Auszeit braucht, um darüber nachzudenken, was es falsch gemacht hat. In einer Auszeit braucht man nicht zu denken. Das Entscheidende ist vielmehr, dass das Kind die auftauchenden Emotionen spüren kann; dann bekommt es sich automatisch wieder in die Gewalt.

Kinder brauchen nicht darüber nachzudenken, was sie falsch gemacht haben. Wenn man Kindern gegenüber zu viel davon redet, was richtig oder falsch ist, dann erzeugt man nur Schuldgefühle. Viel besser ist es, Kinder einfach um ein bestimmtes Verhalten und um mehr Kooperation zu bitten. Kooperative Kinder lernen automatisch, was richtig und falsch, gut und schlecht ist.

Auszeiten machen es überflüssig, Kinder zu bestrafen oder zu schlagen. Eine Auszeit stellt in ihnen die Verbindung zu ihren Gefühlen und zu ihrem Kooperationsbedürfnis wieder her, aber in einer ganz anderen Weise. Bestraft man Kinder oder schlägt man sie, bestrafen sie sich selbst oder andere, wenn sie außer Kontrolle geraten. Kinder, die regelmäßige Auszeiten haben, brauchen ein solches Verhalten nicht, um die Kontrolle wiederzuerlangen.

*Auszeiten machen es überflüssig,
Kinder zu bestrafen oder zu schlagen.*

Durch regelmäßige Auszeiten lernen Kinder, mit ihren Gefühlen umzugehen. Wenn sie durch die unvermeidlichen Stürme des Lebens aus dem Gleichgewicht zu geraten drohen, nehmen sie automatisch eine Auszeit, lassen ihre negativen Gefühle los und finden so zu ihrem wahren Selbst zurück. Sie werden liebevoller, glücklicher, friedlicher und selbstbewusster, und sie haben den natürlichen Antrieb zu einem kooperativen Verhalten, statt Forderungen zu stellen und andere zu unterwerfen oder zu manipulieren.

Vier häufige Fehler

Viele Eltern glauben, dass sie wirksame Auszeiten geben, klagen aber darüber, dass es nicht klappt. Meistens machen sie einen der nachfolgenden vier Fehler:

1. Sie arbeiten nur mit Auszeiten.
2. Sie arbeiten nicht mit genügend Auszeiten.
3. Sie erwarten, dass ihre Kinder still dasitzen.
4. Sie benutzen Auszeiten zur Abschreckung oder als Strafe.

1. Zu viele Auszeiten

Wendet man nur Auszeiten und nicht auch die übrigen Methoden einer positiven Erziehung an, kann dieses Mittel nicht die gewünschte Wirkung entfalten. Auszeiten dürfen nur die letzte Zuflucht sein oder ausnahmsweise angewandt werden, wenn man in einer Situation nicht die Zeit für die ersten vier Schritte positiver Erziehung hat. Eine kooperative Haltung erreicht man bei Kindern nur dann, wenn auch andere Bedürfnisse befriedigt werden als das, in einer Auszeit seine Grenzen auszuloten.

Auszeiten dürfen nur das letzte Mittel sein.

Der Körper braucht bestimmte Vitamine und Mineralstoffe, um gesund zu bleiben. Fehlt eines dieser Elemente, hat das negative Auswirkungen auf die Gesundheit. Führt man dem Körper nur eine dieser Substanzen im Überfluss zu, dann wird man ebenfalls krank. Die verschiedenen Elemente müssen in ausgewogenem Verhältnis vorhanden sein, um die Gesundheit zu gewährleisten. Ebenso sind alle fünf Schritte der positiven Erziehung gleichermaßen notwendig, um Kooperationsbereitschaft zu schaffen.

2. Nicht genügend Auszeiten

Während manche Eltern sich zu sehr auf Auszeiten verlassen, setzen andere dieses Mittel zu selten ein. Sie klagen darüber, dass ihre Kinder einfach nicht hören wollen. So sagte zum Beispiel eine Mutter: »Ich bitte ihn, nicht mehr auf dem Bett herumzuhüpfen, aber er lacht mich einfach aus und hüpft weiter.«

Dies ist ein deutlicher Hinweis darauf, dass diese Mutter nicht genügend Auszeiten gibt. Auszeiten geben Eltern Autorität. Wenn das Kind einen auslacht und einfach ignoriert, dann ist dieses Kind eindeutig außer Kontrolle und braucht mehr Auszeiten.

Wenn das Kind einen auslacht und einfach ignoriert, dann ist dieses Kind eindeutig außer Kontrolle und braucht mehr Auszeiten.

Manche Eltern glauben, dass Auszeiten nicht helfen, weil das Kind am nächsten Tag wieder außer Kontrolle gerät. Dies beruht auf der falschen Annahme, dass Kinder, die Auszeiten bekommen, immer kooperativ und niemals trotzig sind. Auszeiten sind aber nicht dazu da, den Willen des Kindes zu brechen und es zum Gehorsam zu zwingen. Sie stärken vielmehr den Willen eines Kindes – aber auch seine Kooperationsbereitschaft.

Kinder sind Kinder und geraten eben manchmal außer Kontrolle. Dass sie regelmäßig Auszeiten brauchen, bedeutet nicht, dass diese nichts nützen würden. Insbesondere aktive Kinder und kleine Jungen brauchen mehr Auszeiten. Wenn man so ein Kind hat, dann bedeutet dies nicht, dass mit dem Kind oder mit der eigenen Erziehungsmethode etwas nicht in Ordnung wäre. Das Kind braucht das einfach in diesem Entwicklungsstadium. Es gibt auch keinen Standardwert für Auszeiten. Es kann zweimal am Tag sein, zweimal in der Woche, zweimal im Monat oder zweimal im Jahr. Jedes Kind ist anders.

Wenn ein Kind mehr Auszeiten braucht, dann bedeutet dies nicht, dass mit dem Kind oder mit der Erziehungsmethode etwas nicht in Ordnung wäre.

Auch viele Eltern, die auf eine sanfte Erziehung schwören, wenden Auszeiten an, aber meist nicht oft genug. Statt auch einmal eine kooperative Haltung zu befehlen, wenn es sein muss, ziehen sich solche Eltern oft schnell zurück und geben dem Kind nach. Sie können es nicht ertragen, wenn das Kind schreit, und lassen ihm meist seinen Willen.

Kinder können sich einer Auszeit so heftig widersetzen, dass Eltern alles tun, um eine Auseinandersetzung zu vermeiden, auch wenn das bedeutet, dass man sich dem Willen des Kindes beugt. Wenn Kinder zu herrisch werden, ist dies ein klares Zeichen dafür, dass die Eltern nicht mittels angemessener Auszeiten die Kontrolle wahren.

3. Erwarten, dass das Kind still dasitzt

Manche Eltern missverstehen den Sinn einer Auszeit. Sie erwarten, dass das Kind still dasitzt und sich beruhigt. Statt dem Kind die Gelegenheit zu geben, negative Empfindungen auszudrücken und loszulassen, erlauben sie es ihm nicht, wütend zu sein. Damit vermitteln sie ihm die Botschaft: »Wenn du weiterhin widerspenstig bist, dann fängt deine Auszeit erst an, wenn du aufhörst.«

Der Zweck einer Auszeit ist es jedoch, dem Kind die Möglichkeit zu geben, mehr Widerstand zu leisten. Dem Kind zuzureden, dass es seinen Widerstand aufgeben und sich still hinsetzen soll, ist keine Auszeit. Kinder müssen das Gefühl haben, sich auch gegen eine Auszeit sträuben zu dürfen. Sie müssen durchaus nicht davon begeistert sein, und sie müssen auch nicht ruhig sein.

Kinder müssen das Gefühl haben, sich einer Auszeit widersetzen zu dürfen.

Es ist nichts dagegen zu sagen, wenn man einem Kind Zeit gibt, sich »abzukühlen«. Dies ist eine Form der Neuorientierung, die dem Kind gut tut. Wenn Kinder überaktiv werden und nicht kooperieren, dann ist es völlig in Ordnung, sie in eine Ecke oder auf eine besondere Bank zu setzen, damit sie sich wieder beruhigen können. Ebenso würde man Kinder ja ein Schläfchen machen lassen, wenn sie zu hektisch sind und sich nicht mehr führen lassen.

Eine Beruhigungszeit ist aber nicht dasselbe wie eine Auszeit. Bei ersterer gibt man den Kindern die Gelegenheit, wieder ruhig zu werden, und man kann sie dafür gegebenenfalls sogar dafür belohnen. Abkühlen bedeutet aber für Kinder keinen Ansporn, ihre Gefühle zu erkunden. Um zu lernen, mit negativen Gefühlen umzugehen, muss man Gelegenheit haben, diese zu fühlen und dann aufzulösen. Wenn Kinder älter werden, das heißt etwa ab dem zehnten Lebensjahr, sind sie fähig, Emotionen auch ohne eine Auszeit zu fühlen und abzubauen.

Abkühlen allein ist für Kinder noch kein Anlass, ihre Gefühle zu erkunden.

So könnten Eltern etwa zu einem Jugendlichen sagen, der sich ihnen widersetzt: »So geht das nicht. Ich möchte, dass du einige Zeit in dein Zimmer gehst und dich beruhigst, und dann können wir weiterreden.« Eine solche Abkühlung ist vielleicht schon völlig ausreichend. Dies ähnelt zwar einer Auszeit, aber es ist nicht dasselbe; man weist den Jugendlichen lediglich an, sich einer anderen Aktivität zuzuweden, um dadurch seinen Widerstand abzubauen.

Doch wenn der Jugendliche Widerstand leistet, die Eltern ihm etwas gebieten und er immer noch widerspenstig ist – dann wäre es eine Auszeit. Der Jugendliche würde dann wütend auf sein Zimmer stürmen. In einem solchen Fall müssen Eltern sehr darauf achten, ihm wegen seines Widerstands keine Vorwürfe zu machen, sondern das Gebot wiederholen, bis er in sein Zimmer geht. Wenn der Jugendliche wieder herauskommt, wird er wie verwandelt sein.

4. Auszeiten als Strafe

Der vierte Fehler, den Eltern begehen, besteht darin, dass sie Auszeiten als Strafe einsetzen. Kinder fassen zwar Auszeiten durchaus als Strafe auf, aber Eltern müssen darauf achten, Auszeiten nicht in dieser Weise einzusetzen. Wie schon erwähnt, benützt die alte Erziehungsmethode auf der Grundlage von Furcht Strafandrohungen, um Kinder von schlechtem Verhalten abzuschrecken. Und so wird auch die Androhung einer Auszeit sehr leicht dazu missbraucht, ein Kind unter Kontrolle zu halten. Oft sagen Eltern: »Wenn du nicht aufhörst, kriegst du eine Auszeit.« Dies wirkt auf Kinder nicht anders, wie wenn die Eltern sagen würden: »Wenn du nicht aufhörst, sage ich es deinem Vater, wenn er heimkommt«, oder: »Wenn du nicht aufhörst, setzt es Schläge.«

Drohungen waren jahrhundertelang ein »bewährtes« Erziehungsmittel, aber in einer freien Gesellschaft ist Erziehung auf der Grundlage von Furcht ein Anachronismus. Je mehr Eltern mit Strafen arbeiten, desto aufsässiger werden die Kinder später sein. Es gibt heute noch viele Erwachsene, die keinen Kontakt zu ihren Eltern finden, weil sie als Kinder bestraft wurden.

Papa umarmen

Als ich erwachsen wurde, hatte ich ein großartiges Verhältnis zu meinem Vater. Er war das erste Familienmitglied, das an meinen Beziehungsseminaren teilnahm. Er kam zu einem meiner ersten Seminare extra aus Texas nach Kalifornien. Eine der Übungen bei diesen Seminaren bestand darin zu lernen, Menschen zu umarmen.

Ich bemerkte, dass ich ohne weiteres eine warme Verbundenheit fühlen konnte, wenn ich Menschen umarmte. Aber bei meinem Vater empfand ich nur eine sehr geringe Verbundenheit, obwohl wir eine liebevolle Beziehung hatten. Es war, wie wenn eine Mauer zwischen uns stünde.

Ich fragte meine Freunde, was sie erlebten, wenn sie meinen Vater umarmten. Sie sagten, dass er ein warmherziger und freundlicher Mensch sei. Sie spürten also Verbundenheit, aber ich nicht. Irgendwann wurde mir klar, dass dies darauf zurückzuführen war, dass ich jahrelang von meinem natürlichen

Wunsch getrennt war, mich seiner Leitung anzuvertrauen. Ich war ein gutes, gehorsames Kind, aber nur, weil ich Angst vor Strafen hatte.

Als Erwachsener brauchte ich zehn Jahre der Selbsttherapie und der Teilnahme an Workshops, um nicht aufgelöste Gefühle zu heilen. Erst dann konnte ich meine Verbundenheit mit meinem Vater wieder fühlen, wenn ich ihn umarmte. Wenn er die Methoden der positiven Erziehung schon gekannt hätte, hätte er sie sicher gerne angewandt, und ich hätte mich mit diesem Problem nicht herumschlagen brauchen.

Auszeiten als Drohung bringen kurzfristig Erfolg, aber langfristig wird dadurch der Wunsch, sich den Eltern gegenüber kooperativ zu verhalten, immer mehr geschwächt. Natürlich ist die Auszeit als »Strafe« immer noch viel besser als Schlagen oder Wegnehmen von Sachen, aber optimal ist es nicht.

Die positive Wirkung des Weinens

Seine Meinung zu ändern und Kindern zu geben, was sie haben wollen, muss kein Fehler sein. Kinder empfangen dadurch einfach die klare Botschaft, dass Eltern auch zuhören und lernen können, und man demonstriert ihnen gegenüber damit Achtung und Flexibilität. Aber es ist schlecht, sich den Forderungen eines Kindes unter Druck zu beugen.

Nachgiebigkeit lässt Kinder nur noch anspruchsvoller werden. Kinder werden nicht dadurch »verdorben«, dass man ihnen mehr gibt, sondern dadurch, dass man dies tut, um einer Auseinandersetzung auszuweichen. Kinder müssen immer wieder die Erfahrung machen, dass die Eltern Herr im Haus sind.

Kinder werden nicht dadurch »verdorben«, dass man ihnen mehr gibt, sondern dadurch, dass man dies tut, um einer Auseinandersetzung auszuweichen.

Bekommen Kinder nicht genügend Auszeiten, kann dies dazu führen, dass sie schließlich nur einen umso größeren Wutanfall bekommen. Wendet man Auszeiten dagegen regelmäßig an, kommt das Kind wieder ins Gleichgewicht und wird kooperativer, statt anspruchsvoller. Wenn man zu oft nachgegeben hat, kann man dies korrigieren, indem man mehr Auszeiten gibt. Nach einiger Zeit bekommt man ein Gefühl dafür, wann das Kind wieder einmal richtig weinen muss. Dies klingt zwar herzlos, aber Weinen ist eine der wirksamsten Möglichkeiten, Stress abzubauen. Wie jeder Erwachsene weiß, ist Trauer ein wichtiges Mittel, um mit einem schweren Verlust fertig zu werden. Enttäuschungen, die Kinder erleben, erscheinen einem Erwachsenen vielleicht geringfügig, aber für Kinder sind sie es nicht. Für Kinder ist Weinen oder Traurigsein auch eine Möglichkeit, die Grenzen und Schranken der Welt akzeptieren zu lernen.

Manchmal müssen Kinder einfach richtig weinen, damit es ihnen wieder gut geht.

Manche Eltern glauben, dass sie ihren Kindern wehtun, wenn sie sie weinen lassen, andererseits sind sie in der Lage, ein Kind zu schlagen, anzuschreien oder zu bestrafen, wenn nichts anderes mehr hilft.

Eine kurze Auszeit von wenigen Minuten tut einem Kind nicht weh, aber sie hilft ihm, die Gefühle zum Vorschein zu bringen, die sich unter der Oberfläche angestaut haben. Auszeiten holen die schmerzlichen Emotionen zum Vorschein, die gefühlt werden müssen, damit sie abgebaut werden können. Kinder mögen Auszeiten gewiss nicht, aber sie müssen manchmal weinen, damit sie wieder ins Gleichgewicht kommen.

Wie man Auszeiten gibt

Droht man Kindern mit einer Auszeit, dann setzt man diese als Strafe ein. Stattdessen sollte man Auszeiten einfach geben. Der beste Zeitpunkt hierfür ist dann, wenn man dem Kind zunächst Gelegenheit gegeben hat, auf die Befehle der Eltern zu reagieren. Hat man ein Gebot einige Male wiederholt, und widersetzt sich das Kind immer noch, dann ist eine Auszeit fällig. Dies ist keine Strafe, sondern das Kind braucht die Auszeit einfach. Das Kind mag sie als Strafe empfinden, aber wenn man sie nicht als Strafe einsetzt, dann ist es keine.

Darum darf man Kindern auch nicht damit drohen, dass sie bei weiterem Sträuben eine Auszeit bekommen. Denn dann würde man die Mittel der Drohung und Strafe verwenden, um das Kind zum Gehorsam zu zwingen, statt durch Belohnung und die Gebote zur Kooperation zu motivieren.

Nach dem zehnten Lebensjahr ändert sich die Situation. Die Kinder können ihre Gefühle jetzt besser unter Kontrolle halten und brauchen nicht mehr so viele Auszeiten. Sie haben bis dahin gelernt, ihre Emotionen wahrzunehmen und loszulassen. Dann kann man dem Kind die Gelegenheit geben, in sich selbst die Fähigkeit zu entdecken, wieder ins Gleichgewicht zu kommen. Man zählt bis drei – und dann gibt es eine Auszeit.

Widersetzt sich das Kind und reagiert es nicht auf ein Gebot, können die Eltern einfach sagen: »Eins …« Das bedeutet, dass das Kind keine Auszeit zu nehmen braucht, wenn es sich von sich aus zusammennehmen und kooperativ verhalten kann. Widersetzt sich das Kind in den nächsten Minuten weiterhin, sagt man: »Zwei…« Das bedeutet, dass das Kind noch einmal Gelegenheit hat, sich kooperativ zu verhalten. Widersetzt sich das Kind dann immer noch, sagt man nach einigen Minuten: »Drei«, und das Kind nimmt eine Auszeit.

Dies kann man durchaus schon einem Neunjährigen erklären, und man kann hierfür auch andere Codes entwickeln. Vielleicht zieht man an seinem Ohrläppchen, statt »Eins« zu sagen, oder man hebt erst einen Finger, dann zwei und dann drei. Hat man hiermit einmal begonnen, muss man dies auch konsequent beibehalten. Kinder erwarten, dass sie vor einer Auszeit Signale bekommen, und das ist ganz richtig so. Sich zusammennehmen zu können, ohne seine Gefühle unterdrücken zu müssen, ist eine wichtige Fähigkeit, die man einüben muss.

Wenn Auszeiten nicht wirken

Manche Eltern klagen in Workshops: »Das mit den Auszeiten klappt bei meinem Jungen nicht. Er macht es einfach nicht. Er lacht mich einfach aus und läuft weg. Ich muss ihm etwas wegnehmen, um ihn zu bestrafen.« Dies ist nur ein weiteres Beispiel dafür, dass die Strafmethoden der Vergangenheit bei heutigen Jugendlichen überhaupt nichts bewirken. Aber glücklicherweise kann man heute, nachdem man so lange versucht hat, Kinder mit Furcht zu motivieren, die fünf Schritte positiver Erziehung und die fünf Botschaften anwenden.

Im obigen Beispiel muss die Mutter mit den ersten vier Fertigkeiten beginnen, statt Auszeiten bloß als weiteres Strafmittel einzusetzen. Auszeiten zu geben funktioniert – wenn man sie zusammen mit den übrigen vier Methoden einsetzt. Innerhalb kürzester Zeit wird der Jugendliche sich viel kooperativer verhalten. Besonders wirksam sind Auszeiten bei jüngeren Kindern. Bei Jugendlichen hilft es oft mehr, zuzuhören, ohne Ratschläge zu erteilen, und sie mit Belohnungen zu motivieren.

Die Wirkung von Auszeiten liegt darin, dass das Kind dabei

Gelegenheit hat, sich zu widersetzen. Manche Kinder haben so sehr den Kontakt zu ihrem inneren Wunsch verloren, den Eltern Freude zu machen, dass sie sich zunächst überhaupt nicht gegen eine Auszeit sträuben. Sie sind sogar froh, weg zu dürfen, weil es ihnen lieber ist, als allein mit den Eltern zu sein. Manche Kinder haben es einfach aufgegeben, ihren Eltern Freude zu machen, oder sie fühlen sich so sehr unter Kontrolle und so sehr manipuliert, dass sie auch deren Hilfe nicht wollen. Es ist ihnen gleichgültig, wenn sie allein sein müssen, und es ist ihnen ganz recht, dass sie so ihren Trotz zeigen können. Widersetzen sich Kinder ihren Eltern, gehen sie manchmal fröhlich pfeifend in ihr Zimmer, um zu demonstrieren, dass es ihnen völlig egal ist.

In einem solchen Fall müssen Eltern Schritt eins, zwei und drei (siehe unten) anwenden, um das Kind wieder zu seinem Wunsch hinzuführen, den Eltern Freude zu machen und kooperativ zu sein. Dann reagieren Kinder anders auf Auszeiten und profitieren mehr von ihnen. Selbst wenn es dem Kind nichts auszumachen scheint, wird es doch in eine Situation versetzt, in der es die Kontrolle über das Geschehen verliert und damit wieder unter die Kontrolle der Eltern fällt. Wenn ein Kind gerne in sein Zimmer geht, schickt man es in ein anderes Zimmer, wo es nicht an seinem Computer sitzen, Musik hören oder telefonieren kann.

Man kann natürlich auch ein Kind in sein Zimmer schicken, um es dort spielen zu lassen, aber das wäre dann keine Auszeit. Erst wenn sie sich gegen Auszeiten sträuben, kann man es ihnen erlauben, sich während der Auszeit auch mit ihren Spielen zu beschäftigen.

Warum die fünf Fertigkeiten wirken

Die fünf Fertigkeiten positiver Erziehung wirken, weil sich die Welt verändert hat und mit ihr die Kinder. In einer freien Gesellschaft muss man seine Erziehungsweise anpassen. Hier noch einmal die fünf Fertigkeiten in Kürze:

1. Um Kooperation zu erzeugen, muss man bitten, nicht anordnen.
2. Um den Widerstand abzubauen und die Kommunikation zu verbessern, muss man zuhören und das Kind fördern, nicht seinen Willen brechen.
3. Um die Motivation zu verbessern, muss man belohnen, nicht bestrafen.
4. Um seinen Führungsanspruch zu bekräftigen, muss man befehlen, nicht fordern.
5. Um die Kontrolle zu behalten, muss man Auszeiten geben, nicht schlagen.

Diese fünf Fertigkeiten wecken die Kooperationsbereitschaft der Kinder. Sie wirken gemeinsam mit den fünf positiven Botschaften. Ohne diese Fertigkeiten verfehlen die fünf positiven Botschaften ihren Zweck, aber umgekehrt führen die fünf Botschaften die Fertigkeiten zum Erfolg. Die fünf Fertigkeiten und die fünf Botschaften sind voneinander abhängig.

Die erste Botschaft (»Es ist in Ordnung, anders zu sein«) weckt das Bedürnis des Kindes, sich geliebt und angenommen zu fühlen. Versteht und akzeptiert man nicht, dass jedes Kind anders ist, dann enthält man ihnen die Unterstützung vor, die sie brauchen, um kooperativ sein zu können.

Die zweite Botschaft (»Es ist in Ordnung, Fehler zu machen«) ist wichtig, damit Kinder mit sich selbst zufrieden sein und ständig motiviert sein können, ihren Eltern Freude zu machen. Akzeptiert man Fehler nicht, dann hören Kinder entweder auf, es zu versuchen, oder sie geben sich bei diesem Versuch selbst auf.

Die dritte Botschaft (»Es ist in Ordnung, negative Emotionen auszudrücken«) gibt Kindern die Sicherheit, die sie brauchen, um ihre inneren Gefühle wahrnehmen zu können. Diese Wahrnehmung brauchen Kinder, damit sie in Kontakt mit ihrem gesunden Bedürfnis nach der Leitung und Akzeptanz ihrer Eltern bleiben können. Dies ist wiederum die Grundlage ihrer Bereitschaft, den Eltern Freude zu machen und sich kooperativ zu verhalten.

Die vierte Botschaft (»Es ist in Ordnung, mehr zu wollen«) erlaubt es Kindern, ein starkes Selbstbewusstsein zu entwickeln, indem sie klare Vorstellungen davon haben, was sie wollen. Kinder, die wissen, was sie wollen, können durch die Aussicht, mehr zu bekommen, sehr leicht motiviert werden. Aber sie wollen nicht nur mehr, sondern sie lernen auch, wie sie Wünsche aufschieben können, die sich nicht sofort verwirklichen lassen. Wird es Kindern nicht verwehrt, mehr zu wollen, nehmen sie Belohnungen wie auch die Gelegenheit, ihren Eltern Freude zu machen, gerne wahr.

Die fünfte Botschaft (»Es ist in Ordnung, nein zu sagen, aber vergiss nicht, dass die Eltern das Sagen haben«) ist für das Gelingen aller Facetten einer positiven Erziehung sehr wichtig. Kinder müssen immer das Recht haben, sich zu widersetzen, wenn sie andererseits kooperativ sein sollen. Sie müssen Widerstand leisten dürfen, wenn sie lernen sollen, ihre Gefühle und Wünsche gegenüber anderen und sich selbst zu artikulieren. Diese Botschaft stärkt die Willenskraft der Kinder, was wiederum ihre natürliche Bereitschaft fördert, Eltern eine Freude zu sein und sich kooperativ zu verhalten.

Begreifen Eltern die fünf positiven Botschaften als Grundlage ihrer Erziehung, können die fünf Fertigkeiten einer positiven Erziehung ihre ganze Wirkung entfalten. In den nächsten Kapiteln wollen wir diese fünf Botschaften ausführlicher erkunden. Mit den neuen Erkenntnissen werden Eltern ihre Kinder besser dabei unterstützen können, zu dem Menschen zu werden, der sie letztlich sind, und die besonderen Fähigkeiten zu entwickeln, mit denen sie in dieser Welt etwas bewirken können.

Es ist in Ordnung, anders zu sein

Jedes Kind ist einmalig. In der Praxis bedeutet dies, dass Kinder auch ganz anders sein können, als sich Eltern dies erwarten. Sie haben ihre speziellen Begabungen, und sie haben ihre speziellen Herausforderungen. Weil sie lernen müssen, mit diesen Herausforderungen umzugehen, haben sie ganz besondere Bedürfnisse. Die Aufgabe der Eltern ist es, dieses Anderssein nicht nur zu tolerieren, sondern sogar zu fördern. Dazu muss man seine Wahrnehmung für diese besonderen Bedürfnisse des Kindes schärfen.

Das Gegenteil einer solchen positiven Sichtweise ist: »Mit meinem Kind stimmt etwas nicht. Man muss es auf die rechte Bahn bringen«. Oder: »Mein Kind ist böse und muss in irgendeiner Weise gebessert werden.« Eine solche Haltung ist einer der größten Fehler, den Eltern machen können. Kinder brauchen die klare Botschaft, dass sie in Ordnung sind und dass Unterschiede normal sind.

Die fünf Fertigkeiten der positiven Erziehung erleichtern es sehr, sein Kind so zu akzeptieren, wie es ist. Eltern glauben meist dann, dass ihre Kinder böse seien oder dass etwas mit ihnen nicht stimmt, wenn sich die Kinder nicht so kooperativ verhalten, wie sie es gerne hätten. Aber Eltern, die wahrnehmen, in welcher Weise Kinder anders sind, glauben nicht so schnell gleich das Schlimmste, wenn sich ein solches Anderssein zeigt. Statt sie abzulehnen, sollten Eltern vielmehr Kinder in einer Weise erziehen, die ihre besonderen Begabungen und Stärken zum Vorschein bringt, und ihnen zugleich helfen, ihre Schwächen zu überwinden.

Jedes Kind verkörpert hinsichtlich des Geschlechts, der Konstitution, des Temperaments, der Persönlichkeit, der Intelligenz und der Auffassungsgabe eine einmalige Kombination verschiedener Merkmale. Wenn Eltern diese Individualität klar erkennen, fällt es ihnen leichter die verschiedenen Eigenheiten ihrer Kinder zu akzeptieren. So können sie auch anerkennen, dass kein Kind besser ist als ein anderes.

Anders zu sein heißt nicht,
besser oder schlechter zu sein.

Oft glauben Eltern zu wissen, was für die Kinder das Beste ist. Selbst wenn das Kind ein Apfelbaum ist, versuchen sie beharrlich ihm zu helfen, ein guter Birnbaum zu werden. Doch eine solche »Hilfe« stört die Entwicklung des Kindes. Kinder werden mit einer inneren Bestimmung geboren, aber sie brauchen natürlich die Liebe, Unterstützung, Zeit und Aufmerksamkeit der Eltern, um ihr Potenzial entwickeln zu können.

Eltern sind nicht dafür verantwortlich, was für ein Mensch ihr Kind letztendlich wird, aber es ist ihre Aufgabe, sich nach Kräften zu bemühen, das Beste in ihren Kindern zum Vorschein zu bringen. Eltern müssen sich darüber im Klaren sein, dass jedes Kind auf dieser Welt einen ganz bestimmten Weg vor sich hat. Wenn Eltern meinen, am besten zu wissen, was aus ihren Kindern einmal werden soll, möchten sie Gott spielen.

Kinder sind vom Himmel. Sie haben die Anlage in sich, etwas Großartiges zu werden. Eltern haben nicht über das Schicksal eines Kindes zu bestimmen. Sie haben lediglich den fruchtbaren Boden zu bereiten, auf dem das Kind zu dem heranwachsen kann, was ihm bestimmt ist. Eine solche Unterstützung verleiht Kindern die Kraft und das Selbstvertrauen, ihre Träume verwirklichen zu können.

Geschlechtsunterschiede

Die Geschlechtsunterschiede bekommen erst beim Heranwachsenden eine größere Bedeutung. Aber natürlich sind Jungen von Geburt an Jungen und Mädchen Mädchen. Und jedes Kind besitzt seine einmalige Mischung aus männlichen und weiblichen Merkmalen. Es ist wichtig, dies zu akzeptieren.

Sehr viele Eltern meinen, dass das, was für sie gut ist, auch für ihr Kind gut sein muss. Dies ist ein Irrtum. Es gibt einige grundsätzliche Geschlechtsunterschiede, und wenn man diese kennt, ist es einfacher, bestimmte Verhaltensweisen und Bedürfnisse, die vielleicht ungewöhnlich erscheinen, zu akzeptieren und zu respektieren.

Wenn Mütter nicht über die Geschlechtsunterschiede Bescheid wissen, schätzen sie oft auch nicht, was ihr Partner einbringen kann und umgekehrt. Oft weiß eine Mutter instinktiv, was für ein Mädchen das Beste ist, aber nicht für einen Jungen. Väter wissen instinktiv, was ein Junge braucht, aber nicht, was ein Mädchen braucht. Die meisten Menschen haben eben die Tendenz, Kindern zu geben, was sie selbst gerne hätten, und nicht unbedingt das, was die Kinder brauchen.

Vertrauen und Zuwendung

Die meisten Jungen haben Bedürfnisse, die Mädchen nicht so wichtig sind, und umgekehrt. Das wichtigste Bedürfnis ist für beide Geschlechter die Liebe. Aber die Liebe kann auf ganz unterschiedliche Weise gezeigt werden. Eltern beweisen Liebe vor allem durch Zuwendung und Vertrauen.

Zuwendung ist die Bereitschaft, für die Kinder da zu sein, die Sorge um ihr Wohlergehen, der Wunsch, dass sie glücklich sein mögen, und Mitgefühl mit ihrem Schmerz. Zuwendung ist die offensichtlichste Art von Liebe.

Zuwendung motiviert Eltern, an den Erfahrungen der Kinder liebevoll teilzunehmen.

Vertrauen ist die Einsicht, dass alles in Ordnung ist. Es ist die Überzeugung, dass das Kind die Fähigkeit hat, erfolgreich zu sein und aus seinen Fehlern zu lernen. Es ist eine offene Bereitschaft, sich die Dinge entfalten zu lassen, weil man weiß, dass alles in Ordnung ist. Vertrauen nimmt an, dass das Kind immer sein Bestes tut, auch wenn es manchmal nicht so aussieht. Es lässt den Kindern Freiheit und Raum für ein Eigenleben.

Vertrauen motiviert die Eltern,
den Kindern Freiraum zu geben.

Jedes Kind braucht Zuwendung und Vertrauen, aber in unterschiedlichem Maße. Bis zum zehnten Lebensjahr brauchen alle Kinder etwas mehr Zuwendung und etwas weniger Vertrauen. Danach lösen sich Kinder allmählich von den Eltern und werden unabhängiger. Dass sich bei einem Kind das Bedürfnis entwickelt, ein Privatleben zu führen, erkennt man daran, dass es anfängt, vom Verhalten der Eltern peinlich berührt zu sein.

Um das zehnte Lebensjahr wächst bei Kindern die Empfindung des Getrenntseins gegenüber den Eltern. Dies ist die Zeit der ersten Selbsterfahrung. Bis zum neunzehnten Lebensjahr brauchen Kinder dann mehr Vertrauen, auch wenn die Zuwendung nach wie vor wichtig ist.

Unabhängig vom Alter brauchen jedoch Jungen grundsätzlich mehr Vertrauen, während Mädchen mehr Zuwendung brauchen. Jungen fühlen sich gut, wenn sie selbst etwas tun können. Lob macht sie selbstbewusst und stolz. So lassen sich

Jungen von ihrer Mutter nicht die Schnürsenkel binden, weil sie es selbst machen und dafür gelobt werden wollen. Mädchen dagegen schätzen es mehr, wenn man ihnen Hilfe anbietet, weil sie sich dann geliebt fühlen. Hilfe anzubieten ist eine Geste der Zuwendung, eine Geste des Vertrauens hingegen ist es, ein Kind etwas selbst tun zu lassen.

Unabhängig vom Alter brauchen Jungen grundsätzlich mehr Vertrauen, während Mädchen mehr Zuwendung brauchen.

Wenn eine Mutter sich allzu sehr um die Bedürfnisse eines Jungen kümmert, glaubt er, dass sie ihm nicht vertraut, Dinge selbst tun zu können. Hat ein Vater umgekehrt zu viel Vertrauen in die Fähigkeit eines Mädchens, mit etwas fertig zu werden, glaubt sie eher, dass er sie nicht genügend gern hat. Lässt man einem Mädchen zu viel Raum, fühlt es sich vernachlässigt, verletzt oder im Stich gelassen. Einen Jungen dagegen erfüllt es mit Stolz, wenn seine Eltern seine Kompetenz anerkennen und auf seine Fähigkeit vertrauen, für sich selbst zu sorgen oder Dinge richtig zu machen.

Viele Mütter schaden der Entwicklung ihrer Söhne, indem sie sich zu viele Sorgen um sie machen oder sie mit ihrer Fürsorge ersticken. Väter vernachlässigen hingegen oft das Bedürfnis ihrer Töchter nach Zuwendung und Aufmerksamkeit. Das positive Selbstbewusstsein von Jungen wächst an dem Vertrauen, das man ihnen schenkt, das von Mädchen an dem Interesse und der liebevollen Zuwendung, die sie bekommen.

Jungen sind vom Mars, Mädchen von der Venus

Mädchen und Jungen kommen gleichermaßen mit Vertrauen und Zuwendung in diese Welt. Erfahren sie Vernachlässigung oder den Schmerz nicht befriedigter Bedürfnisse und Wünsche, reagieren Jungen oft mit weniger Zuwendung, Mädchen mit weniger Vertrauen. Die Aufgabe der Eltern liegt darin, Mädchen mehr Zuwendung, Verständnis und Achtung zu geben, damit sie weiterhin Vertrauen haben können. Umgekehrt muss man Jungen besonders viel Vertrauen und Wertschätzung entgegenbringen, um ihre Motivation zu erhalten. Man muss sich immer vor Augen halten, dass Jungen und Mädchen unterschiedliche Bedürfnisse haben. Denken Sie daran: Jungen sind vom Mars und Mädchen von der Venus.

Mädchen haben vor allem das Bedürfnis, darauf vertrauen zu können, dass ihre Eltern für sie da sind und Verständnis für ihre Gefühle und Wünsche haben. Sie wollen verletzlich und von anderen abhängig sein dürfen. Sie möchten die Sicherheit haben, sich auf die Unterstützung ihrer Eltern verlassen zu können. Wenn ein Mädchen Kummer hat, muss es wissen, dass seine Eltern für es da sind und ihm alle Zuwendung geben. Bekommt es die nötige Zuwendung, gibt ihm dies Vertrauen, und es kann offen bleiben. Ein Mädchen, das Vertrauen hat, ist ein glückliches und erfülltes Mädchen. Sicherheit ist für Mädchen wichtig, damit sie ihre Begabungen entwickeln können. Andernfalls fühlen sie sich wertlos und nicht der Liebe wert.

Manche Mädchen, die das Gefühl haben, nicht bekommen zu können, was sie brauchen, unterdrücken ihre weibliche Verletzlichkeit und verhalten sich wie Jungen. Dann brauchen auch sie mehr Raum, Vertrauen und Wertschätzung. Es ist zu schmerzlich, Zuwendung zu brauchen und nicht zu bekommen, weshalb sie ihre weibliche Seite verleugnen.

Mädchen brauchen besonders viel Zuwendung, Verständnis und Achtung, um Vertrauen haben zu können.

Das heißt wiederum nicht, dass bei allen Mädchen mit eher männlichen Zügen die weibliche Seite verletzt ist. Es kann auch sein, dass sie einfach ein aktiveres Temperament haben, wodurch sie männlicher wirken. Sie verhalten sich eher wie Jungen, aber sie bleiben trotzdem Mädchen. Sie brauchen immer noch besonders viel Zuwendung, Verständnis und Respekt.

Natürlich brauchen auch Jungen Zuwendung, Verständnis und Achtung, um sich sicher und vertrauensvoll fühlen zu können. Aber für sie ist Motivation wichtiger, und diese erhalten sie, indem man ihnen viel Vertrauen und Wertschätzung entgegenbringt. Eine solche Haltung weckt in Jungen auch Zuwendung, die mit der Motivation verknüpft ist. Jungen brauchen die klare Botschaft, dass sie ihre Eltern glücklich machen können und glücklich machen. Belohnungen für richtiges Verhalten geben ihnen das positive Signal, dass sie erfolgreich sind.

Natürlich muss auch ein Mädchen das Gefühl haben, dass man Vertrauen in es hat und es akzeptiert, aber Jungen brauchen dies mehr, um motiviert zu bleiben. Jungen geben mehr Zuwendung, wenn man ihnen das Gefühl gibt, kompetent zu sein, und sie einfach so akzeptiert, wie sie sind. Der Motor für ihre Motivation ist Wertschätzung und Erfolg.

Hat ein Junge das Gefühl, das Vertrauen und die Wertschätzung nicht bekommen zu können, die er braucht, unterdrückt er möglicherweise seine eher männlichen Merkmale und Verletzlichkeiten und wird eher wie ein Mädchen, indem er nach mehr Zuwendung, Verständnis und Achtung verlangt. Er leidet unter dem Mangel an Vertrauen, weshalb er schließlich seine männliche Seite verleugnet und seine weibliche Seite an die Oberfläche kommt. Wenn er sehr viel Zuwendung bekommt, reagiert er vielleicht mit noch größerer Bedürftigkeit; er möchte jetzt Zuwendung statt Raum.

Wenn ein Junge mit Zuwendung überhäuft wird, reagiert er vielleicht darauf mit noch größerer Bedürftigkeit.

Dies bedeutet wiederum nicht, dass bei Jungen mit eher weiblichen Zügen immer die männliche Seite verletzt ist. Sie könnten einfach auch ein etwas sensibleres Temperament haben und deshalb eher weiblich erscheinen.

Aber auch wenn diese sensiblen Jungen mehr weibliche Merkmale haben, sind es immer noch Jungen, und sie brauchen besonders viel Vertrauen und Wertschätzung.

Nachfolgend einige Aussagen, die man sich einprägen kann, um immer daran zu denken, dass Jungen vom Mars und Mädchen von der Venus sind:

Jungen sind vom Mars	*Mädchen sind von der Venus*
Jungen brauchen mehr Liebe, Aufmerksamkeit und Anerkennung für das, was sie tun, und für ihre Fähigkeit, es ohne Hilfe zu tun.	Mädchen brauchen mehr Liebe, Aufmerksamkeit und Anerkennung für das, was sie sind, was sie fühlen und was sie wollen.
Jungen haben ein größeres Bedürfnis, motiviert und ermuntert zu werden.	Mädchen haben ein größeres Bedürfnis, Unterstützung und Vergewisserung zu bekommen.

Jungen sind vom Mars	*Mädchen sind von der Venus*
Ein Junge oder Mann ist am glücklichsten, wenn er das Gefühl hat, gebraucht zu werden und die Unterstützung geben zu können, die andere brauchen. Er wird deprimiert, wenn er das Gefühl hat, nicht gebraucht zu werden, oder wenn er sich außer Stande fühlt, eine vor ihm liegende Aufgabe zu bewältigen.	Ein Mädchen ist am glücklichsten, wenn es das Gefühl hat, die Unterstützung bekommen zu können, die es braucht. Es wird deprimiert, wenn es das Gefühl hat, die Unterstützung nicht bekommen zu können, die es braucht, und alles selbst tun zu müssen.
Jungen brauchen vor allen Dingen Vertrauen und Wertschätzung, um liebevoll und motiviert sein zu können.	Mädchen brauchen vor allen Dingen Zuwendung und Achtung, um Vertrauen und Selbstbewusstsein zu entwickeln.

Männer sind Problemlöser

Der häufigste Fehler von Vätern besteht darin, Lösungen statt Mitgefühl anzubieten, wenn die Kinder Kummer haben. Männer lieben es, Probleme zu lösen. Väter denken oft nicht daran, dass Kinder manchmal einfach jemanden brauchen, der sich ihren Kummer mitfühlend anhört und niemanden, der ihnen erklärt, wie sie sich gleich wieder besser fühlen können. Kinder, die immer nur Lösungen bekommen, hören irgendwann auf, etwas über sich mitzuteilen.

Auf dem Mars redet man über Probleme, weil man auf der Suche nach Lösungen ist; andernfalls hält man den Mund. »Wenn man nichts daran ändern kann, dann braucht man auch nicht darüber zu reden.« Auf der Venus ist es genau umgekehrt. Dort heißt es: »Wenn man schon nichts ändern kann, dann kann man wenigstens darüber reden.« Männer können es in der Regel nicht verstehen, dass es Frauen sehr gut tut, über ihren Schmerz zu reden. Auf dem Mars kann man so etwas nicht fassen, aber auf der Venus ist es alltägliche Praxis.

Ebenso nehmen Väter oft die Probleme ihrer Kinder nicht wahr, indem sie sofort Lösungen anbieten und nicht erkennen, dass sich die Kinder dadurch gekränkt fühlen. Meine Tochter erklärte mir einmal, warum sie sich von einem meiner Freunde nicht bei den Mathematik-Hausaufgaben helfen lassen wollte. Sie sagte: »Wenn ich irgendetwas nicht verstehe, sagt er: ›Das ist doch ganz einfach.‹ Das gibt mir das Gefühl, dass ich blöd bin.«

Wenn Eltern den Kummer und die Probleme nicht mitfühlend ernst nehmen, interpretieren Kinder ihre Absicht falsch. Haben Eltern immer sofort Lösungen parat, gibt dies Kindern das Gefühl, dass mit ihnen etwas nicht in Ordnung ist oder dass sie irgendetwas aufblasen, wo sie sich doch ruhig und sicher fühlen könnten. Ob Kummer oder nicht – man muss Kindern die grundsätzliche Sicherheit geben, dass sie vertrauensvoll ihre Emotionen fühlen können.

Nachfolgend einige Äußerungen, durch die Väter ihren Kindern den Eindruck vermitteln, dass ihre verletzlichen Gefühle nicht ernst genommen werden:

- »Mach dir nur keine Sorgen.«
- »Das ist doch keine Affäre.«
- »Wo ist das Problem?«
- »Das ist nicht so schwierig.«
- »Das ist nicht so schlimm.«
- »So etwas kommt vor.«
- »Das ist doch lächerlich.«
- »Mach es doch einfach so: …«
- »Mach einfach etwas anderes.«
- »Mach es einfach.«
- »Das verstehe ich nicht.«
- »Sag endlich, was du willst.«
- »Das kommt schon in Ordnung.«

- ▷ »Das ist nicht so wichtig.«
- ▷ »Versuch es einfach.«
- ▷ »Was soll ich für dich tun?«
- ▷ »Warum erzählst du mir das?«

Machen sich Väter bewusst, wie sie mit solchen Sätzen die Gefühle ihrer Kinder abwerten können, gelingt es ihnen besser, Mädchen und Jungen die nötige Unterstützung zu geben. Frauen ist zwar oft bewusst, dass sie selbst sich von ihren Männern mehr Gehör wünschen, aber sie vergessen selbst, ihren Kindern zuzuhören. Statt ihnen Raum für ihren Kummer oder ihre Enttäuschung zu lassen, versuchen auch sie, das Problem schnell zu lösen. Dies ist aber nur dann in Ordnung, wenn die Kinder darum bitten. In aller Regel gilt, dass die Kinder umso mehr mitteilen und umso besser hören, je mehr die Eltern zuhören und je weniger sie sagen. Hört man auf, die Probleme der Kinder lösen zu wollen, macht man sich selbst die Erziehungsaufgabe einfacher, und die Kinder werden glücklicher sein.

Frauen machen zu Hause alles besser

Der häufigste Fehler von Müttern besteht darin, Kindern unerbetenen Rat zu erteilen, wenn sie sich schlecht benehmen, einen Fehler machen oder Hilfe brauchen. Frauen lieben es, Dinge im Leben und zu Hause zu verbessern. Natürlich wollen auch Männer Dinge verbessern, aber ihre Haltung ist eher: »Repariert wird nur, was kaputtgeht, von allem anderen lässt man die Finger.«

Frauen leben im Bewusstsein, dass nichts so gut ist, als dass es nicht noch besser werden könnte.

Wenn eine Frau einen Mann liebt, richtet sie ihren Ehrgeiz, alles zu verbessern, auf ihn – auch wenn Männer unerbetene Fragen und Ratschläge durchaus nicht schätzen. Wird eine Frau dann Mutter, richtet sie ihre Bemühungen auf die Kinder. Frauen müssen sich aber klarmachen, dass Kinder keine Lösungen brauchen und auch nicht »verbessert« werden müssen.

Macht sich eine Mutter zu viele Sorgen oder gibt sie allzu viele Ratschläge, erstickt sie ihre Kinder mit ihrer Fürsorge und enthält ihnen das Vertrauen vor, das sie brauchen. Vor allem Jungen leiden unter der Tendenz einer Mutter, sich immer Sorgen zu machen, sie zu berichtigen und ihnen Ratschläge zu erteilen. Es gibt eine gute Faustregel: Für jede Berichtigung muss man ein Kind mindestens drei Mal für etwas gelobt haben.

Bevor man ein Kind ein Mal tadelt,
muss man es drei Mal gelobt haben.

Viel besser als eine direkte Korrektur durch Ratschläge ist es, Kinder zum richtigen Verhalten hinzuleiten. Statt zu sagen: »Du musst nett zu deiner Schwester sein«, sagt man besser: »Würdest du bitte nett zu deiner Schwester sein, ich möchte, dass ihr miteinander auskommt.«

Gibt man Kindern eine neue Richtung vor, legt man den Nachdruck auf den Erfolg, nicht auf das, was die Kinder falsch gemacht haben. Betont man das, was man möchte, und dass dies getan werden kann, verringert man den Widerstand von Kindern. Wenn das Kind dann bereit ist, Erklärungen anzunehmen, stellt es von selbst Fragen und ist empfänglich für Ratschläge.

Nachfolgend einige Beispiele:

Direkte Korrektur	*Zielgerichtete Ratschläge*
»Du hast deinen Teller auf dem Tisch stehen gelassen.«	»Würdest du bitte deinen Teller in die Spüle stellen?«
»Schrei nicht im Haus herum.«	»Sprich mit deiner ›Drinnen-Stimme‹« bzw. bei älteren Kindern: »Bitte schrei nicht.«
»In deinem Zimmer herrscht immer noch Chaos.«	»Würdest du bitte dein Zimmer aufräumen?«
»Deine Schnürsenkel sind offen.«	»Würdest du bitte deine Schuhe binden?«
»Ich warte hier schon eine halbe Stunde. Wenn du zu spät kommst, ruf mich bitte an.«	»Würdest du mich bitte anrufen, wenn du weißt, dass es später wird? Ich warte schon eine halbe Stunde.«
»Wenn du Ordnung halten würdest, hättest du es nicht vergessen.«	»Bitte nimm dir etwas Zeit dafür, Ordnung zu schaffen, damit du es beim nächsten Mal nicht vergisst.«

Die fünf Fertigkeiten positiver Erziehung schaffen Kooperationsbereitschaft und befreien Frauen von dem Bedürfnis, Kinder zu belehren und zu berichtigen. Kinder lernen auf ganz natürliche Weise, was richtig und gut ist, indem sie tun, worum sie gebeten werden.

Berichtigt eine Mutter ein Kind oder gibt sie unerbetene Ratschläge, fasst das Kind dies so auf, dass es nicht gut genug ist oder dass mit ihm etwas nicht in Ordnung ist. Das Kind hat zwar das Gefühl, dass es umsorgt ist, nicht aber, dass man ihm auch vertraut. Als Erwachsene haben diese Kinder vielleicht das Gefühl, dass ihre Mutter sie liebte, aber sie können sich nicht erklären, warum sie so ängstlich sind und keinen Mut haben, Risiken einzugehen.

Wann Ratschläge angebracht sind

Ratschläge sind nicht grundsätzlich schlecht. Wenn Kinder ausdrücklich um Rat bitten, sind sie natürlich in Ordnung. Das Problem liegt einfach darin, dass Mütter zu viele Ratschläge geben und ihre Kinder irgendwann nicht mehr zuhören. Besonders kontraproduktiv ist es, gute Ratschläge zu geben, wenn das Kind sich sträubt. Dies führt dazu, dass das Kind irgendwann keine Lust mehr hat, um Rat zu fragen, auch wenn es diesen wirklich bräuchte. Erstickt man seine Kinder nicht mit gut gemeinten Ratschlägen, bitten sie umso eher darum, wenn sie älter werden.

Jungen reagieren empfindlicher auf Lösungsvorschläge als Mädchen. Mädchen ignorieren dies eher und reden weiter über sich selbst, während Jungen alle Motivation verlieren. Geben Eltern einem Jungen unerbetene Ratschläge, hört er auf, über seine Probleme zu reden; er stellt keine Fragen mehr, und vor allen Dingen hört er auch nicht mehr zu.

Mütter glauben natürlich, mit ihrem Rat Kinder davor bewahren zu können, immer wieder in dieselben Schwierigkeiten zu geraten. Aber diese gut gemeinte Unterstützung bewirkt nur, dass Jungen sich verschließen. Und deshalb klagen so viele Mütter darüber, dass »er mir nichts erzählt« und »er nicht zuhört«. Mütter müssen mehr Vertrauen haben, dass ihre Kinder von selbst dazulernen und dass sie gegebenenfalls schon fragen.

Jungen vergessen, Mädchen erinnern sich

Ein großer Unterschied zwischen Jungen und Mädchen besteht darin, dass Jungen vergessen und Mädchen sich erinnern. Viele Mütter sind frustriert, weil sie erwarten, dass Jungen sich etwas merken, worum sie gebeten haben. Väter sind eher darüber frustriert, dass ihre Töchter mehr über Probleme reden, als sie eigentlich für notwendig halten. Gehen wir einmal der Frage nach, woher dieses unterschiedliche Verhalten kommt.

Männer und Jungen reagieren auf Stress damit, dass sie sich auf eine bekannte Sache konzentrieren, auf ein großes Problem, das es zu lösen gibt, oder eine große Aufgabe. Je mehr Stress sie haben, desto mehr neigen sie dazu, über ihre Aufgabe alles zu vergessen. Männer können sich so sehr auf ihre Arbeit konzentrieren, dass sie ihren Hochzeitstag, den Geburtstag ihres Kindes oder sogar ihren eigenen Geburtstag vergessen.

Bei Belastungen konzentrieren sich Jungen stärker auf ein bestimmtes Ziel, während Mädchen mehr reden wollen.

Wenn Frauen hingegen Stress haben, schärft dies ihr Erinnerungsvermögen. Deshalb möchten sie nach einem anstrengenden Tag gerne am Abend über alles reden, was passiert ist, während Männer lieber alles vergessen und fernsehen oder Zeitung lesen. Eine solche überschaubare Tätigkeit ist für sie das Entspannendste, während Frauen sich ausführlich über ihren Tag ausbreiten und dann loslassen wollen. Männer lassen los, indem sie alles Belastende vergessen, Frauen dadurch, dass sie alles noch einmal Revue passieren lassen.

Dies erklärt, warum Männer und Frauen einander so oft missverstehen. Hat man aber diesen Unterschied einmal verstanden, macht es nicht nur den Umgang miteinander einfacher, sondern hilft auch, die Kinder besser zu verstehen und zu unterstützen.

Hat man die unterschiedlichen Veranlagungen einmal verstanden, hilft dies, die Kinder besser zu verstehen und zu unterstützen.

Oft scheinen kleine Mädchen zu klagen, aber in Wirklichkeit wollen sie bloß über ihren Tag reden. Weiß ein Vater dies, dann wird er so klug sein, nicht auf das Kernproblem zu warten und dann seine Lösung anzubieten. Mädchen brauchen Zeit und Aufmerksamkeit und möchten, dass ihr Vater jedes Wort wahrnimmt. Dieses Bedürfnis kann er nur dadurch befriedigen, dass er ihr wirklich seine Aufmerksamkeit schenkt, statt nur so zu tun, als ob er zuhören würde. Positive Erziehung bedeutet, dass Eltern nicht vorschnell zum Mittel der Belohnung oder der Auszeit greifen. Mädchen brauchen einfach mehr Zeit, um ihren Widerstand mitzuteilen und auszudrücken.

Vergisst ein kleiner Junge etwas, worum ihn seine Mutter gebeten hatte, glaubt sie, dass er nicht zuhört. Oft hat er aber zugehört, und er hat es einfach vergessen. Bei Belastungen neigen Jungen dazu, alles auszuklammern, was sie noch mehr belasten könnte. Stellen Mütter Forderungen, werden sie ärgerlich oder nörgeln an einem Jungen herum, ist dies eine zusätzliche Belastung, also vergisst er es lieber.

Für eine Mutter kann es eine große Erleichterung sein, dies zu erkennen. Um ihrem Sohn zu helfen, ihre Aufforderungen nicht zu vergessen, muss sie diese in einen positiven Rahmen kleiden. Lässt sie die negativen Emotionen weg und richtet sie positive Bitten an ihn, merkt er sich viel leichter, was sie ihm gesagt hat. Bis zum zehnten Lebensjahr kann man es Jungen nicht vorwerfen, wenn sie etwas vergessen. Es ist einfach so, vor allem, wenn man an ihnen herumnörgelt.

Kommunikation mit Jugendlichen

Kommen die Kinder in die Pubertät, ist es besonders wichtig, dass sie gelernt haben, dass Unterschiede und Anderssein akzeptiert werden. Eltern mögen sehr liebevoll sein und ihnen viel Aufmerksamkeit entgegenbringen, aber wenn sie engstirnig sind, erzeugt dies im Jugendlichen Widerstand und Auflehnung; sie möchten aus diesen engen Grenzen ausbrechen. Halten die Eltern hingegen an ihren Werten fest, ohne zugleich die anderen zu verurteilen, dann sind Jugendliche gerne bereit, um Unterstützung zu bitten. Heute brauchen Jugendliche mehr denn je einen guten »Draht« zu ihren Eltern. Sie stehen vor gewaltigen Herausforderungen. Ohne die Unterstützung der Eltern haben sie es außerordentlich schwer, gegenüber all den negativen Einflüssen zu bestehen; sie sind ohnehin schon dem Druck durch Gleichaltrige ausgesetzt. Wenn Jugendliche dann nicht auf eine stabile Grundlage positiver Kommunikation mit ihren Eltern bauen können, dann wird es für sie sehr schwierig, mit ihrem innersten Wesen verbunden zu bleiben und an ihren inneren Werten und Wünschen festzuhalten.

Ohne eine starke Unterstützung durch das Elternhaus geben Kinder leicht dem Druck von Gleichaltrigen nach und versuchen mit Drogen, Alkoholkonsum, Gewalt, Bandenbildung, Diebstählen, Lügen, Betrügereien und sexueller Promiskuität Anerkennung zu erreichen. Werden Jugendliche zu Hause nicht akzeptiert, wächst die Bereitschaft, die eigenen Werte preiszugeben, um bei den Altersgenossen akzeptiert zu werden.

Werden Jugendliche zu Hause nicht akzeptiert, versuchen sie, die Anerkennung ihrer Altersgenossen zu erringen.

Unsere Jugendlichen wachsen heute in eine Kultur der Gewalt hinein und sie sind sensibler als frühere Generationen. Das bedeutet, dass sie das, was sie aufnehmen, sofort wieder weitergeben. In unserer freien Gesellschaft, die so viele Möglichkeiten bietet, sind die Kinder durch Einflüsse von anderen stark gefährdet. Ein schlechter Apfel verdirbt einen ganzen Korb mit Äpfeln.

Einerseits haben unsere Jugendlichen das gesunde Bedürfnis nach mehr Unabhängigkeit, andererseits brauchen sie gerade heute mehr Unterstützung denn je. Um eine wirklich wirksame Unterstützung zu geben, müssen Eltern es sich verkneifen, ihre Kinder dauernd zu korrigieren. Sie müssen stattdessen in einer offenen Weise Rückhalt geben, der von den Kindern auch angenommen werden kann.

Äußert man seine eigene Meinung, muss man darauf achten, Kinder auch in ihrer abweichenden Meinung zu bestärken. Halten Eltern an einer geistigen »Einbahnstraße« fest, dann beharren Jugendliche auf der Gegenrichtung. Aber wenn man geistig offen ist, dann können Kinder wirklich freie Entscheidungen fällen, statt immer nur gegen die Meinung der Eltern rebellieren zu müssen. Wachsen Kinder in einer Umgebung auf, die Unterschiede akzeptiert, stehen sie nicht so sehr unter Druck, genauso wie ihre Altersgenossen zu sein. Sie nehmen ihr Recht in Anspruch, einen eigenen Willen und eine eigene Meinung zu haben.

Wenn man geistig offen ist, dann können Kinder wirklich freie Entscheidungen fällen, statt immer nur rebellieren zu müssen.

Um den Kindern Unterstützung zu geben, muss man sich mit Ratschlägen, starren Urteilen und Lösungsvorschlägen zurückhalten, damit die Kommunikation offen bleibt. Zum Glück ist es nie zu spät, diese Kommunikation in Gang zu bringen. Mit Hilfe der Kommunikationstechniken der positiven Erziehung und durch die Anwendung der fünf positiven Botschaften kann man in jedem Lebensalter neu zum Gespräch finden.

Unterschiedliche Temperamente

Wie schon erörtert, gibt es vier grundlegende Temperamente: das sensible, das aktive, das aufgeweckte und das empfängliche.

1. Sensible Kinder haben intensive Gefühle, gehen mehr in die Tiefe und sind ernsthafter.
2. Aktive Kinder haben einen starken Willen, sind risikofreudig und wollen im Mittelpunkt der Aufmerksamkeit stehen.
3. Aufgeweckte Kinder sind intelligent, fröhlich und brauchen mehr Stimulation; sie springen von einer Sache zur nächsten.
4. Empfängliche Kinder betragen sich gut und sind kooperativ; sie nehmen Anweisungen an, aber lieben keine Veränderungen.

Bei den meisten Kindern ist etwas von jedem Temperament vorhanden, doch stehen in der Regel eines oder zwei Temperamente im Vordergrund. Kennt man die besonderen Merkmale der einzelnen Temperamente, kann man leicht feststellen, welches von ihnen bei einem Kind vorherrscht, und sich entsprechend auf seine Bedürfnisse einstellen (siehe »Wie man Widerstand verringert«).

Hat ein Kind ein anderes Temperament als die Eltern, kann es für diese sehr schwierig sein, das Kind zu fördern, wenn sie nicht über die vier verschiedenen Temperamente Bescheid wissen.

Wissen Eltern nicht über alle vier Temperamente Bescheid, ist es für sie sehr schwierig, ein Kind zu fördern, das ein anderes Temperament hat als sie selbst.

Sehr oft bekommen die Eltern sogar miteinander Probleme, weil sie sich nicht einig sind, was ihre Kinder brauchen. Ein empfänglicher Elternteil weiß instinktiv, was ein empfängliches Kind braucht, aber wenn der andere Elternteil aktiv, empfindsam oder aufgeweckt ist, hat er oft eine andere Meinung. Eltern dürfen nicht immer annehmen, dass für ihre Kinder gut ist, was auch für sie selbst gut ist. Dies führt nicht nur dazu, dass das Kind leidet, sondern auch zu unnötigem Streit mit dem Partner.

So würde zum Beispiel ein aufgeweckter Elternteil, der nichts von den unterschiedlichen Temperamenten weiß, zum einen glauben, dass mit einem empfänglichen Kind etwas nicht in Ordnung ist, weil es sich gegen Veränderungen sträubt, zum anderen könnte er dem Kind auch nicht den Rhythmus und die Wiederholung geben, die es braucht.

Umgekehrt würde ein empfänglicher Elternteil, der nichts von Veränderungen hält, sondern vielmehr Wiederholung liebt, glauben, dass mit seinem aufgeweckten Kind, das niemals etwas zu Ende bringt, etwas nicht in Ordnung ist. Ohne ein Verständnis für dieses andere Temperament würde dieser Elternteil dem Kind nicht die vielfältigen Aktivitäten bieten, die es für seine Entwicklung braucht.

Wie sich Temperamente ändern

Lernen Eltern, wie man die verschiedenen Temperamente akzeptiert und fördert, können sich diese auch verwandeln. Manche Kinder haben von Anfang an ein wenig von allen vier Typen und durchlaufen diese dann im Laufe der Zeit nacheinander. Wird ein Temperament zumindest für einige Zeit gefördert, kann es sich in das nächste verwandeln. Nachfolgend einige der Transformationen, die auftreten können:

- ▷ Sensible Kinder, die intensive Gefühle haben, in die Tiefe gehen und eher ernsthaft sind, werden allmählich heiterer, amüsieren sich und lernen zu lachen. Sie werden insgesamt aufgeweckter. Hat ein ernsthafteres Kind das Gefühl, dass man ihm zuhört, wird es oft zumindest vorübergehend heiter und fröhlich.
- ▷ Aufgeweckte Kinder, die wach und fröhlich sind und mehr Stimulation brauchen, weil sie vielseitig interessiert sind, lernen allmählich Schwerpunkte zu setzen, diszipliniert zu arbeiten und in ihren Beziehungen und ihrem Arbeiten beständiger zu sein. Sie werden empfänglicher. Haben aufgeweckte Kinder die Möglichkeit, sich mit vielen Dingen zu beschäftigen, können sie etwas finden, das sie wirklich fesselt, und sie sind konzentrierter bei der Sache.
- ▷ Empfängliche Kinder, die sich gut betragen, kooperativ sind und Anweisungen gut gehorchen, aber keine Veränderungen lieben, entwickeln mit der Zeit Eigeninitiative und werden anpassungsfähig und flexibel. Sie können aktiver werden. Haben sie eine feste Routine, fühlen sie sich sicher genug, auch einmal ein Risiko einzugehen und etwas Neues auszuprobieren.
- ▷ Aktive Kinder, die einen starken Willen haben, Risiken eingehen und gerne im Mittelpunkt der Aufmerksamkeit stehen, werden im Laufe der Zeit kooperativer und mitfühlen-

der gegenüber anderen. Sie können sensibler werden. Haben aktive Kinder genügend Struktur und Leitung, um sich kompetent oder erfolgreich beim Erreichen ihrer Ziele zu fühlen, werden sie empfänglicher für die Bedürfnisse anderer und bekommen den Wunsch, sich nützlich zu machen.

Nachmittagsbeschäftigungen

Mit dem Wissen um diese verschiedenen Temperamente bekommt man eine bessere Vorstellung davon, welche Aktivitäten für welches Kind am besten sind. Wenden wir uns unter diesem Gesichtspunkt einmal den nachmittäglichen Beschäftigungen zu.

Sensible Kinder brauchen viel Verständnis

Sensible Kinder schließen schwer Freundschaft, weshalb man sie diesbezüglich etwas unterstützen muss. Für sensible Kinder ist eine überwachte Aktivität gut, bei der ein sicherer und harmonischer Austausch gefördert wird. Solche Kinder brauchen nicht viel Stimulation; zu viel ist für sie definitiv zu viel. Sensible Kinder müssen bei Menschen sein, die ähnliche Fähigkeiten und eine ähnliche Sensibilität haben. Sehr gut ist es, wenn sie bei der Betreuung eines Haustiers helfen können. Ein Haustier oder ein Stofftier versteht immer, was sie gerade fühlen.

Aufgeweckte Kinder brauchen eine größere Vielfalt an Aktivitäten

Um dieses wichtige Bedürfnis zu befriedigen, müssen Eltern ihren Kindern am Nachmittag viel Stimulation geben: Museen, Spielplätze, Sport, Kino, ein wenig Fernsehen, Videospiele, Bücher, Spaziergänge, Schwimmen, Schaukeln. Diese Kinder können leicht fernseh- oder spielesüchtig werden und langweilen sich im Haus, wenn sie keine andere Stimulation bekommen.

Empfängliche Kinder brauchen tägliches Gleichmaß

Zu viele Aktivitäten bringen den Rhythmus eines empfänglichen Kindes durcheinander. Für ein solches Kind ist es sehr wichtig, dass es jeden Tag nach der Schule liest, mit dem Hund spazieren geht, eine Kleinigkeit isst und seine Hausaufgaben macht. Empfängliche Kinder gedeihen durch Routine. Wenn sie zu viel mit aufgeweckten oder aktiven Geschwistern zusammen sind, belastet sie dies. Sie sehen gerne zu, wenn etwas los ist, aber wenn sie gedrängt werden, mitzumachen, empfinden sie dies als enormen Druck. Sind sie in einer Ganztagsschule oder müssen sie an Aktivitäten nach der Schule teilnehmen, sollte man mit den Lehrern darüber sprechen, dass diese Kinder auch einmal zuschauen dürfen und nicht ständig gedrängt werden sollten, sofort aktiv zu werden.

Aktive Kinder brauchen viel Struktur

Aktive Kinder brauchen Überwachung, Regeln, Führung und Bewegung. Sportarten unter Anleitung und Mannschaftssport sind für diese Kinder optimal. Überlässt man diese Kinder sich selbst, werden sie herrisch, bringen sich in Schwierigkeiten und ziehen andere in die Schwierigkeiten mit hinein.

Verschiedene Konstitutionen

Ein weiterer Bereich, in dem es Unterschiede gibt, die Eltern berücksichtigen müssen, ist die physische Konstitution. Auch hier gilt wiederum, dass alle Typen gleichermaßen akzeptiert werden müssen. Dies kann sehr schwierig sein, weil Schönheitsideale oft wechseln. In Ländern, wo die Menschen eher wenig zu essen haben, gilt dick als schön. Dort, wo es im Überfluss zu essen gibt, ist dünn schön.

Die äußere Konstitution, die Kinder bei ihrer Geburt mitbringen, ändert sich im späteren Leben nur unwesentlich. Es gibt dünne, dicke und muskulöse Menschen. Zwischen diesen drei Grundtypen gibt es noch unzählige Zwischenformen.

Wichtig ist nur, dass man sie alle gleichermaßen akzeptiert. Jedes Kind ist anders, und wenn alle Menschen gleich aussehen würden, wäre die Welt recht langweilig. Von einem Kind mit einer rundlichen Kostitution zu erwarten, dass es dünn sein soll, ist unrealistisch. Viel zu viele Mädchen und Jungen fühlen sich unglücklich, weil ihre Eltern dauernd über ihr Gewicht reden, bis sie einfach keine Lust mehr haben und es ihnen gleichgültig ist, wie sie aussehen. Dabei haben Mädchen oft Gewichtsprobleme, Jungen hingegen zerbrechen sich den Kopf darüber, warum sie nicht so viele Muskeln haben wie andere.

Von einem Kind mit einer rundlichen Konstitution zu erwarten, dass es dünn sein soll, ist unrealistisch.

Wenn Eltern ein gutes Vorbild sein wollen, müssen sie ihren eigenen Körper akzeptieren und darauf achten, selbst in der Nähe ihres persönlichen Idealgewichts zu bleiben. Für die meisten Menschen bedeutet dies, dass sie es akzeptieren müssen, kein Model zu sein. Eltern müssen ihren Kindern deutlich machen, dass jeder Mensch einmalig und anders ist. Ein muskulöser Körper reagiert anders auf Training als ein schlanker. Ebenso könnten Eltern einem Kind mit Gewichtsproblemen erklären, dass manche Menschen viel essen können und nicht zunehmen, während andere diesbezüglich mehr aufpassen müssen. Andernfalls glaubt ein dickliches Kind fälschlicherweise, dass es zu viel isst oder sich nicht beherrschen kann. Kinder müssen lernen, ihre Figur und körperliche Konstitution zu akzeptieren, unabhängig von modischen Schönheitsidealen.

Unterschiedliche Arten von Intelligenz

Unterschiede gibt es natürlich auch hinsichtlich der Intelligenz. Um ein Kind bestmöglich fördern zu können, muss man sich darüber im Klaren sein, dass es unterschiedliche Begabungen gibt. In der westlichen Welt ist man allzu sehr auf das Modell fixiert, das die Intelligenz anhand des IQ misst. Aber diese Intelligenztests sind schon deshalb willkürlich, weil sie bei Jungen eine höhere durchschnittliche Intelligenz ergeben als bei Mädchen, was völlig unrealistisch ist.

Intelligenztests diskriminieren nicht nur Mädchen, sondern messen auch nur eine bestimmte Art von Intelligenz. Ein hoher Intelligenzquotient sagt deshalb überhaupt nichts über den Erfolg oder Misserfolg im Leben, in Beziehungen oder am Arbeitsplatz aus.

Intelligenztests diskriminieren nicht nur Mädchen, sondern berücksichtigen auch nicht alle Arten von Intelligenz.

Es ist offensichtlich, dass beispielsweise eine hohe akademische Intelligenz vielleicht Erfolg in der Schule, jedoch keineswegs Erfolg im Beruf oder überhaupt im Leben garantiert. Leider werden Kinder, die eine andere Art von Intelligenz haben, in den öffentlichen Schulen immer noch weniger anerkannt und gefördert.

Man unterscheidet heute acht Arten von Intelligenz, die jedes Kind von Geburt an in individueller Kombination in sich trägt. Diese Typen von Intelligenz sind wie Farben, mit denen man die Landschaft seines Lebens gestalten kann. Sie heißen akademische, emotionale, physische, kreative, künstlerische, praktische, intuitive und einseitige Intelligenz. Jedes Kind wird mit unterschiedlichen Anteilen einer jeden Intelligenz geboren, und man kann ihre Entwicklung mit jeweils geeigneten Mitteln fördern.

Akademische Intelligenz

Kinder mit einer ausgeprägten akademischen Intelligenz erbringen gute schulische Leistungen. Sie können sitzen, zuhören und lernen. Sie haben die Fähigkeit, Wissen rasch aufzunehmen, zu verarbeiten und wiederzugeben. Was man ihnen erklärt, behalten sie. Dies bedeutet aber nicht unbedingt, dass sie dieses Wissen auch anwenden oder im Leben konstruktiv einsetzen können.

Erwachsene wissen, dass man vieles von dem, was man in der Schule gelernt hat, wieder vergisst. Aber in der Schule lernt man auch, zu denken, zu analysieren, zu verarbeiten und Hilfsmittel zu finden. Die akademische Intelligenz wird durch Lesen, Schreiben und Anhören von Vorträgen stimuliert. Eltern müssen solchen Kindern die Gelegenheit zu einer akademischen Ausbildung geben.

Emotionale Intelligenz

Kinder mit einer ausgeprägten emotionalen Intelligenz haben die Fähigkeit, gesunde Beziehungen zu anderen Menschen und zu sich selbst aufzubauen und zu pflegen. Sie können sich in die Gedanken und Gefühle anderer Menschen hineinversetzen und sich in deren Standpunkt einfühlen. Durch diese Fähigkeit zu Verbundenheit haben sie nicht nur im persönlichen Leben, sondern auch im Berufsleben einen großen Vorteil.

Erfolgreiche Menschen in der Berufswelt brauchen ein hohes Maß emotionaler Intelligenz. Diese Intelligenz verleiht auch die Fähigkeit, mit seinen eigenen Gefühlen und Wünschen umzugehen und sie zu artikulieren. In immer mehr Schulen gehört heute auch das Verstehen von Gefühlen, die Entwicklung von Einfühlsamkeit und die Verbesserung der zwischenmenschlichen Kommunikation zu den Lerninhalten. Eltern müssen solchen Kindern die Gelegenheit zu sozialer Interaktion geben und sollten selbst über gute Kommunikationsfähigkeiten verfügen.

Physische Intelligenz

Kinder mit einer ausgeprägten physischen Intelligenz sind gut im Sport und haben Spaß daran, ihren Körper stark und gesund zu erhalten. Sie verstehen instinktiv das Bedürfnis ihres Körpers nach Training und guter Ernährung. Um ihre sportlichen Fähigkeiten entwickeln zu können, brauchen sie Gelegenheiten, sich körperlich betätigen zu können. Sie können ihre angeborenen Fähigkeiten erheblich steigern, indem sie sich mit anderen Kindern messen. Gesunder Wettbewerb bringt ihre besten Fähigkeiten zur Entfaltung. Sie brauchen Bestätigung, um Selbstachtung zu entwickeln. Sie wissen auch, wie man sich äußerlich vorteilhaft präsentiert. Physische Intelligenz erstreckt sich über das Sportliche hinaus auch auf die Gesundheit. Diese Kinder wollen über ihren Körper informiert sein und sie wollen wissen, wie man ihn kraftvoll und dynamisch erhält. Ihre positive Erscheinung und ihre Vitalität machen sie in der Welt erfolgreich.

Kreative Intelligenz

Kinder mit einer kreativen Intelligenz haben eine besonders gut entwickelte Phantasie. Sie können mit einigen wenigen Bauklötzchen oder mit Puppen ohne Gesicht spielen. Oft haben sie Phantasie-Freunde. Sie brauchen nicht viel Anregung, wenn man ihnen zu viel abnimmt, entwickelt sich ihre Phantasie nicht. Sie hören gerne Geschichten, weil sie hier ihre Phantasie einsetzen können, um sich die Schauplätze und die Gestalten auszumalen.

Zu viel Fernsehen mit seinen fertigen Bildern kann die Phantasie von Kindern lähmen. Wie jede andere Intelligenz wächst auch kreative Intelligenz dadurch, dass sie betätigt und stimuliert wird. Diese Kinder haben im Leben Erfolg, wo andere scheitern, weil sie Dinge unter einem ganz neuen Blickwinkel betrachten können.

Viele erfolgreiche Unternehmer haben keine spezielle Ausbildung genossen oder waren in der Schule nicht besonders gut, aber sie hatten Erfolg dank ihrer Kreativität. In ihrer Kindheit und Jugend wurden sie unterstützt, wenn sie abweichende Ideen hatten. Dadurch erwarben sie die Fähigkeit, ihre Nische im Leben zu suchen und zu finden. Sie sind originell und haben Erfolg, weil sie ihren eigenen Weg gehen. Oft sind sie Linkshänder. Eltern müssen solche Kinder in jeder Weise unterstützen, wenn sie ungewöhnliche Wege gehen und so zu Lösungen gelangen.

Künstlerische Intelligenz

Kinder mit einer künstlerischen Intelligenz sind sehr an Gesang, Zeichnen, Entwerfen, Schreiben, Schauspielerei, Komödie und anderen Formen künstlerischen Ausdrucks interessiert. Sie brauchen die Stimulation durch andere, die ihr künstlerisches Talent bereits zur Blüte gebracht haben. Alle Kinder brauchen Vorbilder, aber diese ganz besonders. Sie sind sensibler als andere Kinder, aber oft bekommen sie nicht die nötige emotionelle Unterstützung.

Eltern müssen diese Kinder immer wieder ermuntern, ihre Träume nicht aufzugeben und ihre besonderen künstlerischen Fähigkeiten zu entwickeln. Diese Kinder brauchen vielfältige Gelegenheiten, ihre Intelligenz zu üben und zu entwickeln.

Praktische Intelligenz

Kinder mit einer praktischen Intelligenz finden theoretische Unterweisungen oft langweilig. Sie möchten einfach praktische Informationen. Diese Art von Intelligenz ist in der westlichen Welt immer häufiger zu finden. Die Fülle der verfügbaren Informationen ist so groß geworden, dass viele Menschen einfach nur das Notwendige wissen wollen. Solche Kinder konzentrieren sich auf das, was für sie nützlich ist, und was in der Schule gelehrt wird, verwerfen sie oft als unwichtig für ihr Leben.

Um das Interesse der Kinder wach zu halten, versuchen viele Schulen heute, ihre Lehrpläne an die modernen Erfordernisse anzupassen. Kinder mit einer praktischen Intelligenz brauchen Grundfertigkeiten, die sie in ihrem Leben, in ihren Beziehungen und in ihrer Arbeit anwenden können. Sie sind nur motiviert, sich Informationen einzuprägen, wenn diese einen konkreten Wert haben.

Praktische Intelligenz erlaubt es einem Menschen, ein stabiles Leben in geordneten Bahnen zu führen. Solche Kinder lassen sich nicht so leicht von hochfliegenden Ideen mitreißen, die in der heutigen Welt keinen Platz mehr haben. Sie wollen anwenden, was sich für sie bewährt hat. Sie brauchen Gelegenheiten, ihre Erkenntnisse in die Praxis umzusetzen, und sie lernen aus der Praxis. Diese Intelligenz entwickelt sich am besten, indem man die Aktivitäten des Kindes strukturiert und ihm viel Freiheit und Unabhängigkeit lässt.

Intuitive Intelligenz

Kinder mit einer ausgeprägten Intuition »wissen« Dinge einfach. Man braucht ihnen nicht viel zu erklären. Informationen fliegen ihnen einfach zu. Dies können Informationen in einem bestimmten Fach oder Informationen sein, über die andere Menschen verfügen. Diese Kinder haben spirituelle Neigungen. Sie brauchen bloß einige Sätze eines Buchs zu lesen und kennen intuitiv schon einen großen Teil des Inhalts und wissen ihn auch anzuwenden.

Kinder mit einer intuitiven Intelligenz werden oft stiefmütterlich behandelt. Die meisten Eltern oder Schulen sind nicht auf die Förderung dieser Intelligenz eingestellt. Die Eltern solcher Kinder sollten den Blick jedoch nicht so sehr auf die schulischen Leistungen richten, denn diese Kinder haben einen sechsten Sinn, der ihnen schon das Wissen eingibt, das sie gerade brauchen. Diese intuitive Intelligenz wird vor allem durch persönlichen Kontakt, nicht durch Fernsehprogramme, Computer oder Bücher stimuliert.

Einseitige Intelligenz

Kinder mit einseitiger Intelligenz sind mit einer bestimmten Intelligenzform ganz besonders begabt, mit anderen weniger. Diese Kinder brauchen besondere Unterstützung und Anleitung, die ihre spezielle Begabung fördert, da sie sonst gelangweilt sind und ihre Motivation verlieren. Daneben muss dafür gesorgt werden, dass auch die weniger gut entwickelten Intelligenzbereiche nicht zu kurz kommen.

Menschen, die auf einem bestimmten Gebiet ganz besondere Leistungen erbringen, haben oft Schwierigkeiten im Leben, weil ihre übrige Intelligenz nicht gefördert wurde. So ist vielleicht ein hervorragender Wissenschaftler oder ein milliardenschwerer Geschäftsmann nicht fähig, eine Liebesbeziehung aufzubauen und erfüllend zu gestalten. Viele große Künstler schlugen sich mühsam durchs Leben, weil sie nicht mit Geld umgehen konnten oder mit anderen profaneren Aspekten des Lebens nicht zurechtkamen. So gibt es unzählige Beispiele dafür, wie großartig begabte Menschen im Leben Schwierigkeiten hatten.

Die Angst vor einem Scheitern kann Kinder daran hindern, sich neue Fertigkeiten zu erwerben.

Im Prinzip gilt das auch für die übrigen Arten von Intelligenz. So sind zum Beispiel bei Menschen mit akademischen Fähigkeiten die sozialen Fähigkeiten manchmal weniger gut ausgebildet. Viele Menschen sind stolz darauf, dass sie auf ihrem Spezialgebiet Hervorragendes leisten, und sie bekommen auch viel Liebe und Aufmerksamkeit dafür. Aber an einer weniger gut ausgeprägten Intelligenz zu arbeiten, erscheint ihnen als zu großes Risiko. Einem solchen Verhalten liegt eine einfache Überlegung zu Grunde: Wenn ich in irgendeiner Hinsicht besser bin, dann bekomme ich dafür Liebe und Unterstützung. Wo ich nicht besser bin, verliere ich diese Unterstützung.

Um einem solchen falschen Denken vorzubeugen, muss man Kinder immer ermuntern, auch die Intelligenzbereiche zu entwickeln, in denen sie keine herausragenden Fähigkeiten besitzen. Dabei können sie die Erfahrung machen, dass sie durchaus nicht besser oder die Besten sein müssen, um geliebt zu werden. Dies hilft ihnen, ein ausgeglichenes, erfülltes und erfolgreiches Leben zu führen.

Unterschiedliche Lerngeschwindigkeiten

Unabhängig von der Intelligenz eines Menschen gibt es unterschiedliche Lerngeschwindigkeiten. Auch hier gibt es kein »besser« oder »schlechter« – die Menschen brauchen einfach unterschiedlich lange, um sich eine Fähigkeit anzueignen. Eltern sollten die individuelle Lerngeschwindigkeit ihrer Kinder erkennen, akzeptieren und das Kind entsprechend fördern.

Je nach Lerngeschwindigkeit kann man drei Gruppen von Menschen bilden: Es gibt die Läufer, die Spaziergänger und die Springer. Zur Verdeutlichung betrachten wir einmal das Beispiel, wie ein Kind Rad fahren lernt.

Läufer

Diese Kinder sehen, wie ein anderes Kind Rad fährt. Sie setzen sich dann selbst auf ein Fahrrad und fahren einfach los. Sie lernen schnell, aber sie brauchen die ständige Herausforderung, damit ihr Interesse nicht erlahmt. Eltern müssen darauf achten, dass Läufer auch ihre übrigen Begabungen entwickeln, die nicht so ausgeprägt sind.

Spaziergänger
Diese Kinder brauchen einige Wochen, um Rad fahren zu lernen. Sie nehmen Unterweisungen gut auf, und mit jedem Versuch geht es etwas besser. Sie brauchen vielleicht zunächst Stützräder, aber in wenigen Wochen können sie gut alleine fahren. Spaziergänger sind Kinder, die Eltern als »Traumkinder« und »problemlos« bezeichnen. Sie lernen stetig dazu, werden immer besser und lassen die Eltern wissen, dass sie ihre Unterstützung schätzen. Diese Kinder sind so »gut zu haben«, dass man oft gar nicht dazu kommt, ihnen Zuwendung und Aufmerksamkeit zu erweisen.

Springer
Diese Kinder stellen für Eltern die größte Herausforderung dar. Bei ihnen kann es Jahre dauern, bis sie Rad fahren lernen. Sie nehmen Unterweisung an, aber sie machen keine Fortschritte. Man hat nicht den Eindruck, dass sie dazulernen, und die Eltern wissen nicht, ob irgendetwas von dem, was sie den Kindern beibringen, auch ankommt. Aber wenn sie beharrlich bleiben, setzt sich das Kind zwei Jahre später plötzlich aufs Fahrrad und fährt los.

Die Unterweisungen waren also nicht umsonst, aber die Eltern konnten zunächst keinen Fortschritt erkennen. Dann fügen die Kinder in einem geheimnisvollen Augenblick alles irgendwie zusammen, setzen sich auf das Fahrrad und fahren, wie wenn sie es schon seit zwei Jahren könnten. An der Oberfläche sah es also so aus, als ob es keine Fortschritte gäbe, aber plötzlich »haben« die Kinder es. Diese Kinder bekommen oft nicht die Aufmerksamkeit und Zuwendung, die sie brauchen, um den Sprung machen zu können. Ohne die Ermunterung und Beharrlichkeit der Eltern geben sie auf und kommen niemals dazu, ihr inneres Potenzial zu verwirklichen.

Ungleichmäßige Begabungen

Kinder können zum Beispiel im Hinblick auf Rad fahren Springer sein, aber hinsichtlich sozialer Fähigkeiten Läufer. Das Kind ist vielleicht sehr lieb und kooperativ, wenn man miteinander Essen zubereitet oder einen Ausflug unternimmt, während es sich ganz anders verhält, wenn es darum geht, Rad fahren zu lernen. Plötzlich ist das Kind widerstrebend und nicht mehr kooperativ. Wissen Eltern, dass Kinder in unterschiedlichen Bereichen unterschiedlich schnell lernen, können sie mehr Geduld und Verständnis für den Widerstand des Kindes aufbringen.

Dass ein Kind ein Springer ist und anscheinend langsam lernt, heißt nicht, dass es eine schwache Intelligenz hätte. Manchmal hat man gerade dort seine größten Stärken, wo man sich am meisten gegen das Lernen sträubt. Ich persönlich konnte nie gut schreiben und es fiel mir extrem schwer, in der Öffentlichkeit zu sprechen. Beide Fähigkeiten kamen erst im späteren Leben zum Vorschein.

Umgekehrt bedeutet die Tatsache, dass jemand auf einem bestimmten Gebiet ein Läufer oder Spaziergänger ist, nicht zwangsläufig, dass er es hier zu wirklich großartigen Leistungen bringen wird oder hier ein besonderes Wachstumspotenzial besitzt. So arbeiten zum Beispiel sehr viele Menschen, die einen akademischen Abschluss machen, später gar nicht auf diesem Gebiet. Nur weil es der Weg des geringsten Widerstandes ist, muss er nicht dorthin führen, wo man seine größten Stärken hat.

Einer der größten Fehler, den Eltern machen, besteht darin, dass sie ihre Kinder miteinander vergleichen. Hat man ein Kind, das in den meisten Intelligenzbereichen ein Spaziergänger ist, dann macht es relativ wenig Probleme. Ist das nächste Kind in manchen Bereichen ein Springer und leistet Widerstand, dann glaubt man schnell, dass etwas mit dem Kind nicht in Ordnung sei.

Springer scheinen nie etwas zu lernen oder zuzuhören. Man zeigt ihnen, wie man den Tisch deckt, und sie vergessen es wieder. Man lehrt sie Tischmanieren, aber sie gewöhnen sich nicht daran. Man übt mit ihnen das Einmaleins, aber sie behalten es nicht. Man hält sie an, deutlich zu sprechen, aber sie tun es nicht. Man zeigt ihnen, wie man Schuhe bindet, aber sie begreifen es nicht. Man erklärt ihnen die Hausaufgaben, aber sie verstehen es einfach nicht.

Beherrscht man die Kunst der positiven Erziehung nicht und versucht man diesen Kindern durch Strafen etwas beizubringen, entwickeln sie erst recht kein Selbstvertrauen. Kinder können nur Selbstvertrauen aufbauen, wenn sie immer wieder das Gefühl haben können, dass man sie nicht vergleicht und dass sie einfach so, wie sie sind, in Ordnung sind. Jedes Kind ist einmalig und hat es verdient, einfach so geliebt zu werden, wie es ist. Macht man sich einmal klar, wie unterschiedlich gesunde, liebevolle Kinder sein können, dann ist es viel einfacher, alle Kinder zu akzeptieren und zu unterstützen.

Lesen Sie dieses Kapitel immer wieder einmal durch, denn es kann die ganze Erziehungsaufgabe sehr erleichtern. Frustrationen entstehen dadurch, dass man von Kindern erwartet, sie müssten bestimmten Vorstellungen entsprechen. Einfach daran zu denken, dass sie anders sein *müssen*, hilft sehr, gelassener zu agieren und sich zu überlegen, wie man besser mit seinen Kindern umgehen kann.

Es ist in Ordnung, Fehler zu machen

Kinder sind nicht nur einmalig und unterschiedlich, sondern sie kommen auch mit ihren ganz individuellen Schwächen auf die Welt. Kein Kind ist vollkommen. Alle Kinder machen Fehler. Jeder Mensch macht Fehler. Von Kindern zu erwarten, dass sie keine Fehler machen, vermittelt ihnen ein grausames und falsches Bild vom Leben. Man setzt damit Standards, die kein Mensch erfüllen kann. So müssen sich Kinder zwangsläufig unzulänglich fühlen.

Alle Kinder machen Fehler. Das ist völlig normal, und man kann auch nichts anderes erwarten.

Eltern müssen ihre Standards und ihre Erwartungen an ihre Kinder immer an deren natürliche Fähigkeiten anpassen. Diese können in jedem Alter anders sein, und jedes Kind hat andere Fähigkeiten. Hat ein Kind in einem bestimmten Bereich eine Schwäche, braucht es hier eben mehr Hilfe. Kinder dürfen niemals den Eindruck bekommen, dass mit ihnen etwas nicht in Ordnung ist, weil sie Fehler machen. Zu viel Tadel gibt Kindern das Gefühl, dass sie schlecht und wertlos sind oder dass mit ihnen etwas nicht in Ordnung ist. Dadurch verlieren sie aber ihre natürliche Motivation und ihr Selbstvertrauen.

Kinder bis zum zehnten Lebensjahr nehmen sich Tadel sehr zu Herzen. Strafen oder Zorn als Reaktion auf einen Fehler des Kindes beschämen es zutiefst. Bis zum zehnten Lebensjahr kennen Kinder den Unterschied noch nicht zwischen »ich habe etwas Böses getan« und »ich bin böse«. Sie können noch nicht logisch denken. Ihre Reaktion ist: »Wenn ich etwas Böses getan habe, dann bin ich böse«, oder: »Wenn das, was ich getan habe, nicht gut genug ist, dann bin ich nicht gut genug.«

Weil die Selbstempfindung noch fehlt, hat das Kind nichts, worauf es sich zurückziehen könnte, wenn es etwas falsch gemacht hat. Tut es etwas Schlimmes, ist es selbst schlimm. Lädt ein Kind zu viel Verantwortung auf sich, können Eltern dies abmildern, indem sie selbst Verantwortung übernehmen. Nehmen die Eltern die Schuld für etwas auf sich, was dem Kind zugestoßen ist, dann bleibt das Kind davon unbelastet.

Viele Erwachsene leiden an einem geringen Selbstwertgefühl, weil sie diesen Unterschied immer noch nicht verinnerlicht haben. Machen sie einen Fehler, schließen sie daraus, dass sie nicht gut genug sind. Sie können als Erwachsene zwar logisch denken, aber als Kinder durften sie nie die Erfahrung ihrer inneren Unschuld machen. Wahrscheinlich *wissen* sie, dass sie nicht schlecht sind, aber in ihrem Innern *fühlen* sie sich trotzdem schlecht oder wertlos.

Erwachsene mit einer gesunden Selbstachtung reagieren auf Fehler in der Weise, dass sie sich diese eingestehen und bereit sind, aus ihnen zu lernen. Nachfolgend einige Beispiele, wie ein gesunder Erwachsener auf Fehler reagiert:

- ▷ Ich habe etwas falsch gemacht, aber ich bin nicht schlecht, weil ich es nicht besser wusste.
- ▷ Ich habe etwas falsch gemacht, aber ich bin nicht schlecht, weil ich auch viel Gutes tue.

- ▷ Ich habe etwas falsch gemacht, aber ich bin nicht schlecht, weil ich aus meinen Fehlern lerne und es das nächste Mal besser machen kann.
- ▷ Ich habe etwas falsch gemacht, aber ich bin nicht schlecht, weil ich es ändern oder wieder gutmachen kann.
- ▷ Ich habe etwas falsch gemacht, aber ich bin nicht schlecht, weil ich mein Bestes getan habe. Andere machen auch Fehler, und sie sind auch keine schlechten Menschen.
- ▷ Ich habe etwas falsch gemacht, aber ich bin nicht schlecht, weil es keine Absicht war.
- ▷ Wenn das, was ich tat, nicht gut genug war, dann bin ich selbst trotzdem gut genug, weil ich dazulerne.
- ▷ Ich habe etwas falsch gemacht, aber ich bin nicht schlecht, weil man nicht verlangen kann, dass ich vollkommen bin.
- ▷ Ich habe etwas falsch gemacht, aber ich bin nicht schlecht, weil ich heute krank war, mich nicht wohl fühlte oder einen schweren Tag hatte.
- ▷ Ich habe etwas falsch gemacht, aber ich bin nicht schlecht, weil niemandem immer alles gelingen kann.
- ▷ Ich habe etwas falsch gemacht, aber ich bin nicht schlecht, weil ich meinen Fehler einsehe und ihn künftig vermeiden kann.
- ▷ Ich habe etwas falsch gemacht, aber ich bin nicht schlecht, weil andere hier auch gescheitert sind.

Diese Beispiele zeigen, wie man sich mit logischem Denken den Unterschied zwischen »ich habe etwas falsch gemacht« und »ich bin schlecht« klarmachen kann. Da Kinder unter neun Jahren die Fähigkeit zu solchem logischem Denken aber noch nicht haben, darf man ihnen ihre Fehler nicht vorhalten. Denn sie glauben dann, dass sie schlecht oder unzulänglich sind, und Beschämung ist immer kontraproduktiv. Erst ab zehn Jahren ist es angemessen, Kinder zu bitten, für ihre Fehler in irgendeiner Weise einzustehen und sie wieder gutzumachen. Die ersten neun Jahre sind eine Zeit, in der man Unschuld entwickeln muss; während der nächsten neun Jahre müssen Kinder lernen, Verantwortung zu übernehmen, indem sie versuchen, Fehler wieder gutzumachen. Bei Kindern unter zehn Jahren müssen Eltern Fehler ignorieren, übersehen oder jedenfalls kein großes Aufhebens davon machen.

Statt die Kinder zu beschämen oder zu bestrafen, um ihr Verhalten zu ändern, sollte man die Fertigkeiten positiver Erziehung anwenden. Statt die Betonung auf das Problem zu legen, sagt man einfach, wie man es in Zukunft gerne hätte. Das Problem ist nicht wichtig – wichtig ist die Lösung.

Wenn ein Kind eine Vase umstößt, hat es überhaupt keinen Sinn, lange über dieses Missgeschick zu reden. Stattdessen sagt man einfach etwas Liebevolles, etwa in dem Sinne: »Oh, jetzt ist die schöne Vase kaputt. Mit Vasen muss man vorsichtig umgehen; sie gehen sehr leicht kaputt. Jetzt lassen wir alles andere liegen und räumen erst einmal auf.«

Man erreicht gar nichts damit, wenn man sich lange mit den Fehlern eines Kindes aufhält.

Es ist nicht einmal wichtig, dass das Kind es zugibt, die Vase umgestoßen zu haben. Manche Kinder streiten es ab, weil sie Strafe oder Missbilligung fürchten. Das eigentliche Problem ist in diesem Fall die Angst des Kindes vor den Eltern, nicht die Tatsache, dass es sein Missgeschick abstreitet. Vor allem bei Kindern unter neun Jahren hat es keinen Zweck, sie auf die Anklagebank zu setzen und ins Kreuzverhör zu nehmen, um ihre Schuld zu beweisen. Dadurch legt man den Nachdruck zu sehr auf das Problem, statt auf die Lösung. Worauf es ankommt ist, eine Möglichkeit zu finden, wie man das Kind zu mehr Kooperation motiviert.

Wenden die Eltern die fünf Fertigkeiten positiver Erziehung an, ist das Kind in der Zukunft automatisch vorsichtiger, und zwar nicht nur mit Vasen, sondern auch mit allem anderen. Statt die Kooperationsbereitschaft des Kindes durch Strafen zu schwächen, sehen kluge Eltern in einer neutralen oder gelangweilten Haltung über das Missgeschick hinweg und konzentrieren sich auf das Aufräumen.

Selbst bei älteren Kindern hilft es wenig, dauernd über den Fehler zu reden, wenn das Kind es abstreitet. Kinder in diesem Alter glauben noch, dass sie gewissermaßen unschuldig sind, solange man nicht beweisen kann, dass sie etwas getan haben. Aber statt Zeit damit zu verschwenden, ihnen ihre Schuld nachzuweisen, sehen kluge Eltern das größere Problem: Das Kind hat das Gefühl, dass es ein zu großes Risiko ist, sich zu einem Fehler zu bekennen.

In einem solchen Fall können Eltern einfach erklären, was geschehen wäre, wenn das Kind die Verantwortung für die zerbrochene Vase zu tragen hätte, und dann die Sache auf sich beruhen lassen. Erkennt das Kind, das es nur hätte aufzuräumen brauchen und dass sein Missgeschick keine große Strafe oder den Verlust der elterlichen Liebe nach sich zieht, dann wird es in der Zukunft eher bereit sein, seine Schuld einzugestehen.

Wer ist überhaupt schuld?

Aus der Perspektive einer positiven Erziehung muss man sagen, dass ein Siebenjähriger nicht schuld ist, wenn er eine Vase zerbricht. Er ist sieben, und man kann von ihm nicht erwarten, dass er weiß, wie wertvoll die Vase möglicherweise ist. Und selbst wenn er deren Wert verstehen könnte, kann man von ihm noch nicht erwarten, dass er sich dies merkt. Wenn Siebenjährige spielen, dann geht eben manchmal etwas kaputt. Und selbst wenn die Eltern dem Kind sagten, dass es nicht an die Vase kommen dürfte, ist es immer noch nicht seine Schuld, weil es beim Spielen einfach nicht daran gedacht hat. Es war in einem sehr konkreten Sinne außer Kontrolle. Wenn das Kind die Kontrolle verliert, dann kann man es nicht für die Geschehnisse verantwortlich machen.

Versagen die Bremsen eines Autos, dann ist man nicht schuld, wenn das Auto im Graben landet. Man hatte ja keine Kontrolle mehr über das Auto. Aus einer anderen Perspektive ist man natürlich doch schuld, wenn die Bremsen des Autos versagen: Man ist schließlich der Halter, und man ist gefahren, als das Auto einen Zaun zertrümmerte. Man hat also die Verantwortung, für den Schaden aufzukommen.

Aber andererseits könnte es auch die Schuld der Werkstatt sein, die den Mangel nicht erkannt und beseitigt hat. Muss nun der Halter bezahlen oder der Automechaniker, der die letzte Inspektion gemacht hat? Vielleicht ist es auch die Schuld des Autohändlers, der einem ein schlechtes Auto verkauft hat. Vielleicht ist es auch die Schuld des Herstellers, weil er das betreffende Modell hätte zurückrufen müssen. Dieses einfache Beispiel macht deutlich, dass die Frage von Schuld und Verantwortlichkeit eine komplexe Angelegenheit ist, die viele Anwälte und Richter beschäftigt. Aber wenn schon Erwachsene untereinander eine Schuldfrage ohne Anwälte und Gerichte nicht regeln können, dann kann man dies erst recht nicht von Kindern erwarten.

Zum Glück bietet die positive Erziehung eine praktische Alternative, die die Kinder nicht für ihre Fehler büßen lässt, sondern sie zu Kooperation motiviert. Kinder, die in dieser Weise erzogen werden, zeigen als Erwachsene mehr Verantwortlichkeit, Kooperationsbereitschaft und Motivation, ihre Fehler wieder gutzumachen. Vielleicht brauchen wir einmal weniger Anwälte und Gerichte.

Verantwortlichkeit lernen

Statt den Kindern wegen ihrer Fehler Schuldgefühle anzuerziehen, muss man sie lehren, aus ihren Fehlern zu lernen und – im entsprechenden Alter – die Verantwortung dafür zu übernehmen. Manche Eltern würden gerne darauf verzichten, ihre Kinder zu bestrafen oder sie für ihre Fehler büßen zu lassen, aber sie befürchten, dass ihre Kinder dann nicht lernen, die Schuld oder die Verantwortung für etwas auf sich zu nehmen. Was also tun?

Man kann im Prinzip nur aus seinen Fehlern lernen oder Wiedergutmachung leisten, wenn man diesen Fehler überhaupt einsieht. Diese Verantwortlichkeit ist für Erwachsene zur Selbstkorrektur wichtig – aber dies gilt nicht für Kinder! Kinder brauchen nicht verantwortlich sein, um aus einem Fehler zu lernen. Babys haben überhaupt noch keine Selbstempfindung, und doch lernen sie ständig und berichtigen sich.

Verantwortlichkeit ist für Erwachsene zur Selbstkorrektur wichtig, aber dies gilt nicht für Kinder.

Verantwortlichkeit ist die bewusste Anerkenntnis, dass man einen Fehler gemacht hat. Kinder entwickeln aber erst im zehnten Lebensjahr eine Selbstempfindung. Davor geschieht die Selbstkorrektur ganz automatisch auch ohne Verantwortungsbewusstsein. Das Kind korrigiert sich nicht deshalb, weil es etwas Unrechtes getan hat, sondern deshalb, weil es seine Eltern nachahmen und sich kooperativ verhalten möchte.

Macht man Kinder für ihre Fehler verantwortlich, beeinträchtigt dies ihre natürliche, angeborene Fähigkeit zur Selbstkorrektur mittels Nachahmung und Kooperation. Aber diese Selbstkorrektur ist für alles Lernen und Wachsen unverzichtbar. Alles im Leben wird durch Versuch und Irrtum erworben. Jeder macht Fehler.

Wer zu Selbstkorrektur fähig ist und sein Denken, seine Haltung und sein Verhalten anpassen kann, der hat Erfolg im Leben.

Man übernimmt umso leichter Verantwortung für einen Fehler, je mehr man das Gefühl hat, Fehler machen zu dürfen. Kinder, die neun Jahre lang die Erfahrung machen durften, dass sie für Fehler nicht bestraft wurden und ihnen die Liebe nicht entzogen wurde, sind am ehesten bereit, für Fehler einzustehen und so auch aus ihnen zu lernen.

Die Lernkurve des Kindes

Auch wenn die Eltern Bestrafung und Beschämung vermeiden, kommt die angeborene Fähigkeit zur Selbstkorrektur doch nur allmählich zur Reife. Wie bei jedem Verhalten gibt es auch hier eine Lernkurve. Wie schon gesagt, ist die Lernkurve eines Kindes bei jeder Aufgabe anders. Manche lernen schneller Rad fahren, während andere sich schneller alleine anziehen. Und selbst wenn Eltern alles richtig machen, sind doch meist viel Energie, Anstrengung und Aufmerksamkeit notwendig, bis ein Kind akzeptable Tischmanieren hat.

Wenn es bei Kindern einige Zeit dauert, bis sie etwas lernen, ist es weder ihre Schuld noch die der Eltern: Es muss einfach so sein.

Kinder lernen durch ständige Selbstkorrektur richtiges Verhalten, wenn die Eltern lediglich Anweisungen geben und richtiges Verhalten vorleben. Mehr können Eltern nicht tun; der Rest ist Aufgabe des Kindes, und es wird diese Aufgabe in seinem eigenen Tempo bewältigen.

Die meisten Eltern sind so lange sehr großzügig mit ihrer Liebe und Geduld gegenüber Fehlern von Kindern, bis diese lernen, sich mitzuteilen. Dann aber glauben Eltern, dass das Kind sich ausdrücken und so auch die Begründung für die Forderungen der Eltern verstehen kann. Aber von einem Kind zu erwarten, dass es nicht an die Wand kritzelt, weil es sich nicht mehr entfernen lässt, setzt ein logisches Denken voraus, über das ein Kind noch nicht verfügt. Zu erwarten, dass ein Kind von sich aus zeitig ins Bett geht, weil es dann am nächsten Morgen besser ausgeschlafen sein wird, erfordert zu viel vernünftige Überlegung.

Manchmal muss man es einem Kind zweihundertmal sagen, bevor es sich eine bestimmte Verhaltensweise angewöhnt.

»Läufer« lernen vielleicht nach einer einzigen Aufforderung, während man es einem Springer Dutzende Male sagen muss, bevor er plötzlich das gewünschte Verhalten übernimmt. Bei »Spaziergängern« gibt es mit jeder Aufforderung einen Fortschritt, aber man muss dies doch sehr oft wiederholen. Um die liebevolle Unterstützung geben zu können, die das Kind für seine Selbstkorrektur braucht, muss man die individuelle Lernkurve des Kindes akzeptieren.

Wiederholung ist wichtig

Wie wichtig Wiederholung ist, kann man ganz einfach verdeutlichen, indem man sich etwa vorstellt, dass man einen Golfball richtig treffen möchte. Man schwingt den Schläger immer wieder, und man braucht vielleicht zweihundert Versuche, bis der Ball dorthin fliegt, wohin man ihn haben möchte.

Ebenso braucht ein Kind vielleicht zweihundert Gelegenheiten zum Üben, bis es automatisch einer bestimmten Aufforderung folgt: »Bitte wirf dein Essen nicht auf den Boden; lass dein Essen auf dem Teller.« Jede Mutter weiß, dass man Kleinkinder nicht in einem Raum mit Teppichboden füttern sollte.

Eltern müssen sich immer vor Augen halten, dass das Gehirn eines Kindes sich auch dann immer noch entwickelt und sich jeden Tag ändert, wenn es sich artikulieren kann. Kinder kann man nicht mit Vernunft oder Logik motivieren. Die einzige Motivation zur ständigen Sebstkorrektur geschieht über ständig wiederholte Aufforderungen oder Unterweisungen.

Aus Fehlern lernen

Einer der größten Fehler von Eltern besteht darin zu glauben, dass Kinder vor dem neunten Lebensjahr in logischer Weise aus ihren Fehlern lernen könnten. Eltern versuchen Kinder zu lehren, aus ihren Fehlern zu lernen, statt sich darauf zu konzentrieren, ihre Kooperationsbereitschaft zu fördern und sie zu einem richtigen Verhalten hinzuleiten. Man braucht sich so nicht darüber zu wundern, dass Kinder ihre Fehler ständig wiederholen. Fähigkeiten wie Hilfsbereitschaft, Zuhören, Kooperationsbereitschaft und Mitteilen lernen sie nur durch Nachahmung und Anleitung.

Kinder lernen, was richtig ist, indem man sie immer wieder zum Richtigen anleitet.

Wenn Kinder lästige Fehler nicht ablegen oder ständig vergessen, worum man sie gebeten hat, dann liegt dies oft daran, dass man ihnen nicht die Struktur, den Rhythmus oder die Überwachung gibt, die sie brauchen. Aus dieser Sichtweise muss man sagen, dass immer die Eltern schuld sind, wenn ein Kind Fehler macht. Es ist schlicht falsch, einem Kind deshalb Vorwürfe zu machen.

Bis zum zehnten Lebensjahr können Kinder nur nachahmen, danach beginnen sie zu lernen, Verantwortung zu übernehmen. Um das zwanzigste Lebensjahr sollten sie dies können, und man entlässt sie in eine Welt, die sie für all ihr Tun verantwortlich macht.

Viele Eltern erwarten von Kleinkindern das Verantwortungsbewusstsein eines Neunzehnjährigen.

Kinder lernen Achtung vor Gegenständen oder anderen Menschen nicht dadurch, dass man sie für ihr Verhalten zur Rechenschaft zieht, sondern durch das Beispiel der Eltern. Wenn eine Mutter ihr Kind schlägt und sagt: »Ich will nicht, dass du deinen Bruder schlägst. Jetzt geh zu ihm hin und sag ihm, dass es dir Leid tut«, hat dies wenig Sinn, denn Kinder lernen durch Nachahmung. Schreien Eltern oder schlagen sie ihre Kinder, dann schlagen Kinder einander und schreien einander an. Achten Eltern einander und entschuldigen sie sich, dann lernen auch Kinder, einander zu achten. Dies ist die beste Vorbereitung, wenn man sie dann ab dem zehnten Lebensjahr allmählich stärker zur Verantwortung zieht. Dürfen sich Kinder neun Jahre lang unschuldig und frei von Verantwortung für ihre Fehler fühlen, dann sind sie darauf vorbereitet, aus Fehlern zu lernen, wenn ihr Gehirn die entsprechende Reife hat.

Kinder, die die Erfahrung der Unschuld nicht gemacht haben, können ebenfalls aus Fehlern lernen, aber sie verzeihen sich möglicherweise ihre Fehler nicht so leicht und neigen mehr dazu, Fehler nicht zuzugeben. Kinder, die neun Jahre lang diese Unschuld genießen konnten, haben ein solides Fundament, auf dem sie mit Fehlern in einer gesunden Weise umgehen können. Sie haben die Fähigkeit, sich zu verzeihen, und lernen nach und nach aus Fehlern.

Wiedergutmachung lernen

Hat das Kind die Sicherheit, Fehler machen zu dürfen, kann es sich darauf konzentrieren, was nach einem Fehler zu tun ist. Dabei müssen es wiederum die Eltern vorleben, wie man etwas wieder gutmacht. Indem sie das Verhalten ihrer Eltern nachahmen, lernen Kinder nach und nach, etwas wieder in Ordnung zu bringen.

Das gute Beispiel ist für das Kind das Wichtigste. Wenn Ihr Sohn bei einer Rauferei dem Freund wehgetan hat, nehmen Sie ihn bei der Hand und gehen zu dem Freund. Sie sagen: »Es tut mir Leid, dass dies geschehen ist. Ich möchte es wieder gutmachen.« Der Sohn hört zu. Sie holen gemeinsam mit ihm etwas Eis und kümmern sich um das unterlegene Kind. Statt Ihrem Sohn Vorwürfe für den Fehler zu machen, teilen Sie mit ihm die Bedrückung über das Vorgefallene.

Wenn man seinem Kind sagt, dass es im Leben immer eine Möglichkeit gibt, Dinge wieder ins Lot zu bringen, lernt es Verantwortung für eine Wiedergutmachung zu übernehmen. Umso mehr es mit der Zeit beginnt, seine Fehler anzuerkennen, desto größer wird seine Bereitschaft, für diese einzustehen.

Im Leben gibt es immer eine Gelegenheit,
die Dinge wieder ins Lot zu bringen.

Stehen Eltern regelmäßig für ihre eigenen Fehler ein, dann schaffen sie damit die Voraussetzung dafür, dass das Kind ebenfalls seine Fehler anerkennt. Verantwortung für einen Fehler übernimmt man dadurch, dass man zum einen eine Selbstkorrektur vornimmt und zum anderen für eine entsprechende Wiedergutmachung sorgt. Die meisten Eltern verbergen ihre Fehler vor ihren Kindern und entschuldigen sich selten. Sie glauben, dass ihre Autorität gegenüber ihren Kindern darunter leiden würde, wenn sie zugeben würden, dass sie nicht immer Recht haben.

Aber Eltern können ihren Kindern nur dadurch Verantwortlichkeit beibringen, dass sie ihnen Verantwortlichkeit vorleben. Wenn Sie Ihr Kind zu spät abholen, sollten Sie nicht erklären, warum Sie zu spät kamen, sondern zuhören, sich entschuldigen und Wiedergutmachung leisten. Sie könnten mit ihm etwas Besonderes unternehmen oder ihm etwas zum Naschen kaufen. Sie könnten etwa sagen: »Es tut mir sehr Leid, dass ich zu spät gekommen bin. Ich möchte es wieder gutmachen, indem ich dir etwas Leckeres kaufe. Komm, gehen wir in die Eisdiele.«

Statt zu erklären, warum sie zu spät kamen,
sollten Eltern zuhören, sich entschuldigen
und Wiedergutmachung leisten.

Um einen Fehler wieder gutzumachen, könnten Eltern sogar anbieten, an diesem Tag eine der Aufgaben dieses Kindes zu übernehmen. Haben Kinder das Beispiel vor Augen, wie man etwas wieder gutmacht, haben sie dadurch die besten Voraussetzungen, selbst zu verantwortlichen Jugendlichen und Erwachsenen zu werden.

Die Fähigkeit zur Selbstkorrektur wird bei Kindern bis zum zehnten Lebensjahr dadurch gefördert, dass sie die Konsequenzen ihrer Fehler nicht zu tragen brauchen. Die Fähigkeit, Verantwortung für Fehler zu übernehmen, entwickelt sich dadurch, dass die Kinder immer wieder erleben, wie Eltern ihre Fehler wieder gutmachen.

Eltern können ihre Kinder Verantwortung lehren, indem sie selbst Verantwortlichkeit demonstrieren.

Kommt ein Jugendlicher zu spät und lässt er seine Eltern warten, muss er nicht nur lernen, besser auf die Zeit zu achten, sondern auch, wie man dies wieder gutmacht. Die Botschaft lautet: »Wenn du mich warten lässt, was kannst du dann für mich tun?«

Erlebt ein Kind es in seiner Erziehung, dass die Eltern ihre Fehler wieder gutmachen, dann wird es als Jugendlicher rücksichtsvoller sein und gegebenenfalls gerne ebenfalls seine Fehler ausgleichen. Manchmal sagt er sogar automatisch: »Es tut mir Leid – was kann ich für dich tun, um es wieder gutzumachen?« Oder er macht gleich selbst einen Vorschlag: »Es tut mir Leid, dass ich euch warten ließ. Soll ich zur Wiedergutmachung das Auto waschen?«

Eine andere gesunde Reaktion wäre: »Es tut mir furchtbar Leid, dass ich euch habe warten lassen. Ihr habt etwas gut bei mir.« Das bedeutet, dass die Eltern sich in den nächsten Wochen etwas wünschen können, und das Kind wird es gerne für sie tun. Wenn dann die Eltern ihrerseits einmal zu spät kommen, könnten sie sagen: »Es tut mir Leid, dass ich zu spät bin. Letzte Woche warst du in meiner Schuld, also sind wir jetzt quitt.«

Wenn das Kind noch nicht die positive Erziehung genossen hat, muss man es fragen: »Hast du eine Vorstellung, wie du das wieder gutmachen kannst?« Oder man macht ihm einfach deutlich, dass es einem Unannehmlichkeiten bereitet hat und es einem daher etwas schuldet.

Kinder gehen sehr schnell hierauf ein, und sie sind gerne bereit, Strafen gegen die Möglichkeit einzutauschen, Wiedergutmachung zu leisten. Jugendliche brauchen keine Beschämung und keine Strafen. Das Gefühl, Fehler machen zu dürfen, ebnet ihnen den Weg zu mehr Verantwortlichkeit, gleichgültig, in welchem Alter man mit dieser positiven Erziehung beginnt.

Nicht bestrafen, sondern Anpassungen vornehmen

Eine positive Erziehung kommt völlig ohne Strafen aus, um zu Kooperation zu motivieren, doch müssen Eltern manchmal gewisse Anpassungen hinsichtlich der Freiheiten durchführen, die sie einem Kind oder Jugendlichen eingeräumt haben. Hüpft der Achtjährige immer auf dem Wohnzimmersofa, dann muss man möglicherweise die Erlaubnis einschränken, im Wohnzimmer zu spielen, wenn man nicht selbst dabei ist. Aber vor dieser Anpassung müssen die fünf Fertigkeiten einer positiven Erziehung angewandt werden.

Wenn man die Anpassung durchführt, muss man dem Kind zugleich deutlich machen, dass es bei entsprechendem Verhalten wieder im Wohnzimmer spielen darf. Man könnte etwa sagen: »Wenn du in meinem Beisein nicht mehr auf der Couch herumspringst, dann will ich es mir überlegen, ob du vielleicht auch alleine wieder im Wohnzimmer spielen darfst.« In diesem Beispiel bestrafen die Eltern nicht; sie passen lediglich die Regeln an.

Wenn man mit einem Sechzehnjährigen abgemacht hat, dass er am Wochenende um ein Uhr zu Hause sein muss und er ständig zu spät kommt, dann könnte eine Anpassung notwendig sein. Er muss früher nach Hause kommen, aber nicht als Strafe, sondern weil klar geworden ist, dass er noch nicht genügend Verantwortungsgefühl hat, um so lange wegzubleiben.

Wenn ein Jugendlicher ständig zu spät nach Hause kommt, darf er einfach nicht mehr so lange wegbleiben.

Zuvor sollte man dem Jugendlichen allerdings verziehen haben, und man sollte die fünf Fertigkeiten einer positiven Erziehung anwenden. Kommt er trotzdem noch zu spät, dann müssen Eltern einsehen, dass es ein Fehler war, das Kind so lange ausgehen zu lassen, und die Ausgehzeit entsprechend verkürzen.

Dies könnten sie folgendermaßen tun: »Ich weiß, dass dir die Frist bekannt ist, und ich weiß, dass immer etwas dazwischenkommt und man einfach die Zeit vergisst. Wir haben hierüber schon mehrmals geredet. Ich weiß, dass du dein Bestes tust, aber ich glaube, dass du zu viel Freiheit hast. Du wirst also künftig wieder um Mitternacht zu Hause sein müssen. Wenn dies drei Mal hintereinander klappt, dann verlängere ich auf halb eins, und wenn ich das Vertrauen haben kann, dass du die Zeit nicht mehr vergisst, können wir auch wieder über ein Uhr reden.«

Wie man auf Fehler von Kindern reagiert

Macht ein Kind bis zum Alter von neun Jahren einen Fehler, muss man so reagieren, wie wenn es ganz normal wäre, Fehler zu machen. Man darf von Kindern bis zu diesem Lebensalter nicht verlangen, dass sie sich entschuldigen oder Wiedergutmachung leisten. Wenn zum Beispiel ein Kind etwas zerbricht, dann ist es letztlich die Schuld der Eltern, weil sie das Kind nicht genügend beaufsichtigt haben.

Schlägt ein Kind ein anderes, ist nicht das Kind zu bestrafen und man darf es auch nicht zwingen, sich zu entschuldigen. Vielmehr sollten die Eltern das Kind in eine andere Richtung orientieren. Wenn jemand zu tadeln ist, dann immer die Eltern, weil das Kind in gewisser Weise nicht bekam, was es von den Eltern brauchte. Vielleicht bekam das Kind nicht genügend Verständnis, Beaufsichtigung, Struktur oder Rhythmus.

Kinder verlangen nur, dass das andere Kind bestraft wird, wenn sie selbst für ihre Fehler bestraft wurden. Sie verlangen nur dann eine Entschuldigung, wenn man von ihnen selbst erwartet, dass sie sich entschuldigen. Übernehmen die Eltern die Verantwortung, statt ihre Kinder zurechtzuweisen, dann tadeln auch Geschwister einander nicht so oft und verlangen keine Entschuldigung.

Den meisten Eltern fällt es sehr schwer, Fehler von Kindern zu akzeptieren, weil sie ihre eigenen Fehler nicht akzeptieren. Sie meinen, bestrafen zu müssen, weil sie als Kinder selbst bestraft wurden, und sie glauben, dass die Strafe dem Unrecht einfach folgen muss. Aber zum Glück bewährt sich positive Erziehung auch dann, wenn Eltern Fehler machen. Geben Eltern ihrem Ärger über den Fehler eines Kindes Ausdruck, können sie sich immer nachträglich für ihren Zorn entschuldigen und dem Kind vermitteln, dass es in Ordnung ist, Fehler zu machen.

Man könnte etwa sagen: »Ich habe einen Fehler gemacht, als ich wegen der zerbrochenen Vase so wütend war. Ich hätte dich nicht anschreien sollen. Es tut mir Leid. Es war ja gar nicht so schlimm. Man kann ja eine neue Vase kaufen. Es war ein Fehler, und Fehler kommen vor.«

Bei einem älteren Kind sagt man: »Es tut mir Leid, dass ich neulich so wütend auf dich war. Ich hätte mich nicht so aufregen sollen. Ich war einfach noch wegen anderer Dinge gereizt. Es war ja wirklich nicht so schlimm. Man kann immer eine neue Vase kaufen.«

Da die positive Erziehung etwas Neues ist, wissen die meisten Eltern nicht, wie sie angemessen reagieren sollen, wenn ihre Kinder Fehler machen. Um dies herauszufinden, überlegen sie einmal, wie Sie in nachfolgenden Fällen reagieren würden:

- ▷ Sie hatten einen großartigen Tag, fühlen sich ausgeruht und sehen die Zukunft in rosigen Farben: Wie würden Sie reagieren, wenn Ihr Kind eine Vase umstößt?
- ▷ Ihr Kind ist hilfsbereit und kooperativ und hört immer: Wie würden Sie reagieren, wenn es eine Vase umstößt?
- ▷ Ihr Kind ist dabei, die Vase für Sie zu reinigen, und plötzlich gibt es draußen einen lauten Knall: Wie würden Sie reagieren, wenn es die Vase fallen lässt und diese zerbricht?
- ▷ Wie würden Sie reagieren, wenn Ihr Chef zu Besuch wäre und versehentlich die Vase umstoßen würde?
- ▷ Wie würden Sie reagieren, wenn Sie fünf Jungen erlauben würden, im Wohnzimmer Fußball zu spielen, und sie versehentlich die Vase treffen?
- ▷ Wie würden Sie reagieren, wenn die Vase sehr billig war und Sie sie eigentlich ohnehin hässlich fanden?
- ▷ Wie würden Sie reagieren, wenn ein blinder Gast die Vase zerbrechen würde?

In all diesen Fällen würden Sie wohl von Vorwürfen absehen und es dem oder den Betreffenden verzeihen. Vielleicht würden Sie sich ein wenig über den Verlust der Vase oder die Umstände ärgern, die Sie mit dem Aufräumen haben, aber Sie würden sich nicht lange damit aufhalten. Jedenfalls wären Sie dem Kind, sich selbst, Ihrem Chef oder dem Gast nicht böse. So etwas kommt eben mal vor. Sie wären vielmehr mit den Gefühlen des Kindes, des Gastes oder des Chefs als mit der Vase beschäftigt. Und genau diese positive, verzeihende Reaktion ist in allen Fällen die angemessene, auch wenn die Umstände jeweils ganz anders sind.

Wenden wir nun diese neue Erkenntnis einfach auch auf ärgerliche Fehler des eigenen Kindes an. Es ist eine gute Übung, einen bestimmten Fehler in die oben angeführten Beispiele einzusetzen und dann die eigene Reaktion zu prüfen.

Nehmen wir an, dass das Kind vor kurzem Unordnung angerichtet und nicht aufgeräumt hat. Dann überlegt man sich, wie man reagieren würde, wenn man einen großartigen Tag hatte, ausgeruht ist und die Zukunft in rosigen Farben sieht. In derselben Weise geht man die übrigen Beispiele durch und macht sich bewusst, wie man aus seinem innersten liebevollen Selbst reagieren würde. Käme man dann nicht zu dem Ergebnis, dass Kinder immer eine verzeihende Reaktion verdient haben, gleichgültig, wie die Umstände waren?

Ein Kind hat immer eine verzeihende Reaktion verdient, wenn es etwas kaputtmacht, gleichgültig, unter welchen Umständen.

Verändern wir jetzt die Umstände und erkunden einmal, wie man *nicht* reagieren möchte, wenn das Kind eine Vase zerbricht.

- ▷ Sie hatten einen schrecklichen Tag, sind erschöpft und überlastet und stellen sich die Zukunft grau vor: Wie würden Sie reagieren, wenn Ihr Kind die Vase umgestoßen hat?
- ▷ Ihr Kind zerbricht immer etwas und hört nie zu: Wie würden Sie reagieren, wenn es die Vase umgestoßen hat?
- ▷ Sie haben Ihr Kind gebeten, nicht im Wohnzimmer zu spielen und nicht an die Vase zu kommen, aber es tat es trotzdem: Wie würden Sie reagieren, wenn das Kind die Vase umgestoßen hat?
- ▷ Wie würden Sie reagieren, wenn die Haushälterin die Vase umgestoßen hat, nachdem sie versehentlich schon mehrere Sachen zerbrochen hat?
- ▷ Wie würden Sie reagieren, wenn die Vase sehr teuer oder ein Erinnerungsstück war?

▷ Wie würden Sie Ihrem Ehepartner gegenüber reagieren, wenn Sie ihn gebeten hätten, die Vase wegzustellen, er es aber vergaß und sie deshalb versehentlich zerbrochen wurde?

Sie würden in all diesen Fällen wahrscheinlich mit Vorwürfen reagieren, sofern Sie sich nicht sehr zusammennehmen würden. Hatten Sie an diesem betreffenden Tag sehr viel Stress, dann würden Sie diesen wohl auf das Kind abladen. Die zerbrochene Vase könnte der Tropfen sein, der das Fass zum Überlaufen bringt. Leider fassen Kinder diese Überreaktion so auf, dass sie allein die ganze Schuld tragen, was natürlich nicht richtig ist.

Hört das Kind regelmäßig nicht zu, dann würde man vermutlich sehr wütend werden und dies als Beispiel dafür nehmen, was geschieht, wenn das Kind nicht hört. Man wäre also nicht nur wegen der Vase wütend, sondern auch deshalb, weil das Kind so oft nicht gehört hat und vielleicht noch viele Male nicht hören wird. Das Kind weiß damit nichts anzufangen – so wenig, wie der Ehepartner etwas damit anzufangen wüsste.

Man sollte Kinder auf keinen Fall gerade dann,
wenn sie einen Fehler gemacht haben,
an andere Fehler erinnern.

Hat das Kind die Aufforderung missachtet, die Vase nicht zu berühren, ist vielleicht der erste Impuls, das Kind zu bestrafen, um ihm eine Lektion zu erteilen. Wie schon in früheren Kapiteln betrachtet, nützen heute aber Strafen nichts mehr. Ist ein Kind bewusst trotzig, dann müssen Eltern die fünf Fertigkeiten einer positiven Erziehung anwenden, statt das Kind zu bestrafen. Strafen vermehren nur den Trotz.

Strafen oder sich über das Kind zu ärgern sind überholte

Verhaltensweisen. Die beste Reaktion auf Fehler eines Kindes ist ein neutraler oder desinteressierter Gesichtsausdruck. Man darf Fehlern nicht zu viel Aufmerksamkeit schenken. Stattdessen versucht man, das Kind abzulenken, indem man es bittet, etwas Bestimmtes zu tun. In unserem Beispiel könnte man das Kind etwa einfach bitten, beim Aufräumen der zerbrochenen Vase zu helfen.

Fehlern von Kindern darf man nicht zu viel Aufmerksamkeit schenken.

Zerbricht eine Haushälterin die Vase, muss der Schaden wieder gutgemacht werden. Kommt dies des Öfteren vor, muss man die Haushälterin entlassen. Sie ist kein Kind, und man hat nicht die Aufgabe, sie zu erziehen. Kinder dagegen muss man Verantwortlichkeit lehren, indem man mit einer verzeihenden Haltung reagiert.

War die Vase sehr teuer, wären die meisten Eltern besonders wütend. Aber Eltern müssen immer daran denken, dass Kinder nicht absichtlich Fehler machen. Hat man eine sehr teure Vase, dann muss man diese eben sicher aufbewahren. Zerbricht ein Jugendlicher eine teure Vase, muss er dies in einem angemessenen Rahmen wieder gutmachen. Völlig unangemessen wäre es, von ihm Ersatz des ganzen Schadens zu verlangen, aber er könnte beim Aufräumen und bei der Beschaffung einer neuen Vase helfen, ohne dass man ihm die Kosten dafür aufbürdet.

Bei größeren finanziellen Schäden muss man gemeinsam überlegen, wie das Kind den Schaden wieder gutmachen kann. Bei einer finanziellen Vergütung muss diese dem Verhältnis der Einkommen der Eltern und des Kindes angemessen sein. Das Kind muss die Möglichkeit haben, von seinem Taschengeld oder seinem selbst verdienten Geld die Schuld in absehbarer Zeit abtragen zu können.

Außer Bestrafung und unangemessenen Ersatzforderungen begehen Eltern oft auch den Fehler anzunehmen, dass das Kind etwas absichtlich getan hat. Die Eltern vergessen, dass es völlig normal ist, wenn ein Kind etwas vergisst. Manchen Kindern muss man etwas viele Male sagen, bis sie daran denken – und wenn sie irgendwie unter Druck sind, vergessen sie es trotzdem wieder.

Sein Bestes zu tun ist genug

Kinder müssen in dem Bewusstsein leben können, dass ihr Bestes gut genug ist und dass Fehler einfach zum Prozess des Lernens und Wachsens gehören. Durch Fehler lernt man, was das Richtige oder das Beste für einen ist. Man muss einfach sein Bestes tun, und der Rest ist »Versuch und Irrtum«.

Die meisten Eltern würden zustimmen, dass es genug ist, sein Bestes zu geben. Aber wenn Kinder einen Fehler machen, nehmen Eltern an, dass sie eben nicht ihr Bestes getan hätten. Dem Kind gibt dies das Gefühl, dass sein Bestes nicht gut genug ist.

Kinder und Jugendliche vergessen oft, was man ihnen gesagt hat oder was sie tun sollen. Auch dies ist nicht böse gemeint und darf ihnen nicht zum Vorwurf gemacht werden. Am besten geht man damit um, indem man sie so um etwas bittet, als ob man das erste Mal darum bitten würde. Im Laufe der Zeit wird ihnen klar, dass sie zu Vergesslichkeit neigen. Erkennt dies ein Jugendlicher von selbst, stärkt dies sein Gedächtnis. Erinnert man Kinder nicht dauernd daran, dass sie etwas vergessen haben, fangen sie allmählich an, selbst an das zu denken, worum man sie gebeten hat.

Für die meisten Kinder und Jugendlichen gilt, dass sie umso mehr vergessen, je mehr sie sich unter Druck fühlen. Dann hilft es nicht, an ihnen herumzunörgeln oder sich über sie zu ärgern. Dies erzeugt nur noch mehr Stress und blockiert das Gedächtnis noch mehr. Belohnung fördert das Gedächtnis besser. Vergisst das Kind regelmäßig etwas, dann kann man ihm am Ende der Woche eine Belohnung für alles geben, woran es sich erinnert hat.

Machen Kinder etwas falsch, glauben Eltern, sie würden nicht ihr Bestes tun.

Wenn Kinder Fehler machen, vermitteln ihnen enttäuschte Eltern unbewusst beschämende Botschaften, die Kindern das Gefühl geben, böse, unzulänglich oder wertlos zu sein. Einige dieser Botschaften sind:

- »Du könntest es besser.«
- »Du hättest es besser wissen müssen.«
- »Wie konntest du es bloß vergessen?«
- »Ich habe es dir ausdrücklich gesagt.«
- »Ich habe dich darauf aufmerksam gemacht.«
- »Wenn du bloß zuhören würdest …«
- »Was ist los mit dir?«
- »Das hast du schon besser gemacht.«
- »Mit dir ist etwas nicht in Ordnung.«
- »Du hörst einfach nicht zu.«

Eltern glauben, dass Kinder nicht ihr Bestes tun, wenn sie Fehler machen oder ihre Erwartungen nicht erfüllen. Dies beschämt die Kinder, und man versucht damit letztlich, Kinder mit Missbilligung zu motivieren. Aber wie wir gesehen haben, ist es nicht nur unnötig, Kinder mit Schuldgefühlen manipulieren zu wollen, sondern auch wirkungslos.

Eine positive Erziehung weiß, dass Kinder immer ihr Bestes tun. Wenn sie Fehler machen, gehört dies einfach zum Prozess des Lernens. Sind sie außer Kontrolle, bekommen sie nicht, was sie brauchen, um unter Kontrolle zu bleiben. Gleichgültig, was Kinder falsch machen: Auch in diesem Augenblick tun sie sehr wohl ihr Bestes.

Eine positive Erziehung weiß,
dass Kinder immer ihr Bestes tun.

Es ist ja nicht so, dass Kinder aufwachen und denken: »Wie tue ich heute mein Schlechtestes? Was kann ich tun, damit ich wirklich ein Versager bin? Wie kann ich meinen Eltern das Leben sauer machen und sie dazu bringen, dass sie mich unausstehlich finden?« Niemand denkt so, es sei denn, man ist zutiefst verletzt und enttäuscht. Selbst dann würde ein Kind nur sein Bestes versuchen, um für die Befriedigung seiner Bedürfnisse zu sorgen, wenn auch mit falschen Mitteln.

Sein Bestes zu tun heißt nicht, dass man optimal alle seine Möglichkeiten nutzt. Es heißt lediglich, dass man auf der Grundlage der Mittel, die einem zum jeweiligen Zeitpunkt zur Verfügung stehen, sein Bestes tut. Machen wir dies an einem einfachen Beispiel deutlich.

Gestern tat ich mein Bestes, als ich an meinem Buch schrieb. Ich schaffte dreißig Seiten an einem Tag. Für viele Schriftsteller ist dies eine großartige Leistung. Als ich mit der Arbeit an diesem Buch begann, tat ich ebenfalls mein Bestes, aber schrieb nur etwa drei Seiten am Tag. Heute war ich müde, aber ich tat mein Bestes und schrieb etwa fünf Seiten. Einmal schrieb ich also drei Seiten, ein anderes Mal dreißig Seiten, und wieder ein anderes Mal fünf Seiten. Und doch habe ich jeden Tag mein Bestes getan.

Dieses Beispiel macht klar, dass die Betrachtung des Ergebnisses kein guter Prüfstein ist, ob man sein Bestes getan hat. Ebenso darf man Kinder nicht an dem messen, was sie »geschafft« haben. Wenn man Kindern wirklich das Gefühl geben will, dass man auch einmal Fehler machen darf, dann müssen sie vor allen Dingen die Anerkennung bekommen, dass sie immer ihr Bestes tun.

Wenn Fehler nicht akzeptiert werden

Akzeptieren Eltern bei einem Kind keine Fehler, dann führt dies zu verschiedenen negativen Reaktionen. Vier der häufigsten solcher Reaktionen sind:

- ▷ Die Kinder versuchen Fehler zu verbergen oder sagen nicht die Wahrheit.
- ▷ Die Kinder setzen ihre Standards niedrig an und vermeiden Risiken.
- ▷ Die Kinder verteidigen sich, indem sie die Fehler rechtfertigen oder anderen die Schuld zuschieben.
- ▷ Die Selbstachtung der Kinder sinkt, und sie beginnen, sich selbst zu bestrafen.

Diese vier Reaktionen kann man vermeiden, indem man den Kindern deutlich macht, dass man auch einmal Fehler machen darf. Kinder kommen mit der Fähigkeit auf die Welt, ihre Eltern zu lieben, aber sie können sich noch nicht selbst lieben oder sich selbst verzeihen. Dies lernen sie aus der Wahrnehmung, wie ihre Eltern sie behandeln und wie ihre Eltern auf ihre Fehler reagieren. Werden Kinder wegen ihrer Fehler nicht bestraft, dann machen sie die Erfahrung, dass sie nicht vollkommen sein müssen, um geliebt zu werden. Dadurch erwerben sie die allerwichtigste Fähigkeit: sich selbst zu lieben und ihre Unvollkommenheit zu akzeptieren.

Kinder lernen sich selbst zu lieben aus der Wahrnehmung, wie ihre Eltern sie behandeln und wie sie auf ihre Fehler reagieren.

Entschuldigen sich Eltern für ihre eigenen Fehler, verzeihen Kinder automatisch. Machen Eltern Fehler und entschuldigen sie sich nicht dafür, lernen Kinder nicht zu verzeihen – und können auch sich selbst nicht verzeihen.

Doch nur sich selbst zu verzeihen befreit von der schweren Last der Schuldgefühle, denn Kinder sehen, dass auch ihre Eltern Fehler machen und trotzdem der Liebe wert sind. Entwickelt sich dann etwa um das zehnte Lebensjahr das Selbstbewusstsein, das sie auch ihre eigenen Unvollkommenheiten wahrnehmen lässt, werden sie nicht so hart gegenüber sich selbst sein. Sehen wir uns einmal an, wie Kinder reagieren, wenn sie nie Fehler machen durften.

Fehler verheimlichen und nicht die Wahrheit sagen

Fürchten Kinder, wegen eines Fehlers bestraft oder nicht mehr geliebt zu werden, versuchen sie, ihre Fehler zu verheimlichen. Statt sich Bestrafung auszusetzen, verbergen sie lieber, was sie getan haben, und hoffen, nicht erwischt zu werden. Dann ist es nicht mehr weit zur Lüge. Die Neigung, Fehler zu verheimlichen, führt allmählich zu einer inneren Spaltung. Das Kind muss in zwei Welten leben: In der einen Welt hat es die Liebe der Eltern, in der anderen glaubt es, diese Liebe zu verlieren, wenn der Fehler entdeckt werden würde. Die Folge ist, dass es die Liebe nicht mehr annimmt, die es bekommt.

Wenn die Eltern das Kind loben, denkt es: »Ja, aber das würdest du nicht sagen, wenn du wüsstest, was ich angestellt habe.«

Durch dieses Gefühl der Wertlosigkeit schiebt das Kind ständig die ihm entgegengebrachte Liebe und Unterstützung von sich weg. Die Liebe und Unterstützung sind da, aber das Kind kann sie nicht zulassen.

Verbergen Kinder einen Fehler, ist ein Teil von ihnen unfähig, Liebe anzunehmen.

Kinder brauchen aber die Unterstützung ihrer Eltern, um sich stark und selbstbewusst fühlen zu können. Fehlt diese Unterstützung, wird das Kind zunehmend unsicher. Wer einem Kind sagt: »Erzähl dies aber nicht deinen Eltern. Das ist unser kleines Geheimnis«, richtet damit großen Schaden an. Hat das Kind das Gefühl, seine Fehler oder auch die Fehler von anderen den Eltern nicht offenbaren zu dürfen, dann wird es dadurch von der Unterstützung seiner Eltern abgeschnitten.

Noch verheerender ist es, wenn ein Elternteil verlangt, dass das Kind etwas gegenüber dem anderen Elternteil verheimlicht. Dies geschieht ja manchmal mit ganz harmlos klingenden Dingen: »Gut, du bekommst ein Eis, aber erzähl es nicht deiner Mutter.« So etwas rückt das Kind näher zum Vater und schafft Distanz gegenüber der Mutter.

Manchmal wird dieser Forderung nach Verschwiegenheit sogar noch mit einer Drohung Nachdruck verliehen. So könnte zum Beispiel ein Vater, der sein Kind schlecht behandelt hat, zu ihm sagen: »Wenn du es deiner Mutter sagst, setzt es was.« Wenn das Kind dies seiner Mutter wirklich nicht sagt, ist dieses Verheimlichen noch folgenschwerer als das Fehlverhalten des Vaters. Fehler kommen vor und können wieder gutgemacht werden, aber wenn das Kind das Gefühl hat, gegenüber seinen Eltern nicht offen sein zu können, ist keine Wiedergutmachung möglich.

Kinder geschiedener Eltern

Kinder geschiedener Eltern haben oft das Gefühl, ihre Empfindungen und Erfahrungen nicht mitteilen zu können. Leben solche Kinder abwechselnd bei beiden Eltern, muss man sicherstellen, dass sie über alles, was geschieht, auch mit dem anderen Elternteil reden dürfen. Ist dies nicht der Fall, kommt es zu einer Spaltung: Über einen Teil von sich können sie mit der Mutter reden, über einen anderen Teil mit dem Vater.

Wenn die Mutter wütend oder eifersüchtig wird, wenn das Kind erzählt, was es mit dem Vater unternommen hat, oder umgekehrt, dann spüren Kinder, dass etwas nicht stimmt, und erzählen einfach nichts mehr. Noch schlimmer ist es, wenn die Mutter ihren geschiedenen Mann anruft und ihm Vorhaltungen macht. Dies führt nur dazu, dass der Vater das nächste Mal dem Kind einschärft, nichts der Mutter zu erzählen, wenn sie miteinander einen schönen Tag hatten. Das Kind verschließt sich am Ende beiden Eltern gegenüber, weil es ständig denkt, es könnte etwas falsch machen.

Je ungezwungener ein Kind oder Jugendlicher alles mitteilen kann, ohne dadurch Nachteile für sich oder andere befürchten zu müssen, desto größer wird seine Bereitschaft zu einem kooperativen Verhalten gegenüber den Eltern sein. Wenn Eltern Einfluss auf ihre Kinder haben wollen, müssen sie es vermeiden, Urteile zu fällen und Lösungen anzubieten, damit die Kinder weiterhin zu ihnen kommen und offen mit ihnen über alles reden.

Keine hohen Standards, kein Risiko

Werden Kinder wegen ihrer Fehler gerügt, fürchten sie sich davor, noch einmal einen Fehler zu machen. Um sich vor den schmerzlichen Konsequenzen eines Fehlers oder eines Versagens zu schützen, bleiben sie lieber auf der sicheren Seite. Statt sich hohe Standards zu setzen, die sie möglicherweise nicht erreichen, beschränken sie sich auf das, was vorhersagbar und sicher ist. Aber wenn sie in diesem angeblich sicheren Bereich bleiben, nutzen sie zum einen ihre Möglichkeiten nicht, zum anderen fangen sie auch an, sich zu langweilen, weil sie keine Herausforderung haben.

Bleiben Kinder in einem angeblich sicheren Bereich, nutzen sie zum einen ihre Möglichkeiten nicht, zum anderen fangen sie auch an, sich zu langweilen.

Andere Kinder wiederum reagieren auf Tadel damit, dass sie zu Strebern werden. Sie ertragen es nicht, die Erwartungen ihrer Eltern nicht erfüllen zu können, weshalb sie sich mehr anstrengen, als sie es tun müssten. Sie erzielen vielleicht sehr gute Leistungen, aber sie sind nicht glücklich und sind niemals mit etwas Erreichtem zufrieden. Nicht selten bringen solche Kinder Bestnoten nach Hause, und wenn sie in einem Fach eine weniger gute Note haben, bekommen sie die verletzende Reaktion: »Warum hast du in diesem Fach gepatzt?« Oder ein Vater sagt zu seinem Sohn, der vielleicht ein hervorragender Fußballspieler ist: »Wenn du in der letzten Minute diesen Pass noch erlaufen hättest, dann hätte deine Mannschaft gewonnen.«

Viele Eltern nehmen das positive Verhalten für selbstverständlich und konzentrieren sich nur auf das negative. Wenn diese Kinder erwachsen werden, leiden sie häufig unter Ängstlichkeit und Depressionen. In den meisten Fällen lieben diese Eltern ihre Kinder, aber sie wissen einfach nicht, wie sie ihre Liebe zeigen sollen. Sie glauben, den Kindern mit dieser Art von Motivation etwas Gutes zu tun.

Glauben Kinder, keine Fehler machen zu dürfen, dann fehlt

ihnen der Mut zu natürlichen und gesunden Risiken. Kinder müssen aber Risiken eingehen, wenn sie ihre inneren Anlagen verwirklichen sollen. Die Furcht vor Fehlern führt dazu, dass sie sich zurückhalten, oft ohne zu wissen, warum. Sie brauchen immer ein Sicherheitsnetz. Selbst wenn sie es in manchen Bereichen zu etwas bringen, scheuen sie sich in anderen Lebensbereichen, Risiken einzugehen.

Zurückhaltung hat aber seine Ursache nicht immer in Furcht und Unsicherheit. Manche Kinder sind von Natur aus schüchtern, und es dauert bei ihnen etwas länger, bis sie Beziehungen oder Risiken eingehen. Dies gilt insbesondere für empfängliche Kinder. Auch sensible Kinder haben Angst davor, zurückgestoßen zu werden, weshalb es bei ihnen etwas länger dauert, bis sie sich möglichen Freunden öffnen. Es ist klar, dass solche Tendenzen nur verstärkt werden, wenn Kinder das Gefühl haben, keine Fehler begehen zu dürfen.

Eine natürliche Zurückhaltung wird verstärkt,
wenn Kinder befürchten müssen,
dass ihnen ein Fehler nicht verziehen wird.

Um dem Schmerz der Missbilligung auszuweichen, hören manche Kinder einfach auf, sich für die Meinung ihrer Eltern zu interessieren. Dies ist oft der Grund dafür, dass Jugendliche nicht mehr mit ihren Eltern reden. Jahrelang wurden sie korrigiert und kritisiert. Jetzt sind sie freier und brauchen ihre Eltern nicht mehr, sie gehen zu ihren Freunden, von denen sie akzeptiert werden. Sie lehnen sich auf und demonstrieren so, dass sie die Billigung ihrer Eltern nicht mehr brauchen.

Aber gleichgültig, wie viel die Eltern in der Vergangenheit falsch gemacht haben: Mit Hilfe der fünf Fertigkeiten einer positiven Erziehung und der fünf positiven Botschaften lässt sich dies wieder gutmachen. Eltern müssen sich einfach vor Augen halten, dass auch sie Fehler machen dürfen. Auch für Eltern gilt: Sie tun mit den ihnen verfügbaren Mitteln ihr Bestes.

Sich rechtfertigen und anderen die Schuld geben

Kinder, die in einer unnachsichtigen Umgebung aufwachsen, gewöhnen sich defensives Verhalten an. Sie verteidigen sich, indem sie entweder ihre Fehler rechtfertigen oder anderen die Schuld geben. Bittet man ein Kind, seinen Bruder nicht mehr zu schlagen, dann kommt häufig die Antwort: »Er hat mich zuerst gehauen.« Diese Verteidigungshaltung ist zwar natürlich, aber sie wird durch Strafen verschärft. Brauchen Kinder keine Angst vor Strafen zu haben, dann reagieren sie auf solch eine Bitte, indem sie zuhören und gehorchen, ohne viel Wenn und Aber. Sie haben es nicht nötig, anderen die Schuld zuzuschieben oder ihr Verhalten zu rechtfertigen.

Auch als Erwachsener kann man sein Verhalten berichtigen, indem man die Verantwortung für seine Fehler übernimmt. Solange man seine Fehler rechtfertigt, indem man anderen die Schuld gibt, ist keine Selbstkorrektur möglich.

Man verhält sich wie ein Kind, das in einer bedrohlichen Umgebung aufgewachsen ist.

Solange man seine Fehler rechtfertigt,
indem man anderen die Schuld gibt,
ist keine Selbstkorrektur möglich.

Carol kam zu mir zur Beratung. Sie war unsicher, ob sie bei ihrem Mann Jack bleiben oder ihn verlassen sollte. Er neigte zu Jähzorn und Gewalttätigkeit. Der Auslöser für ihren Besuch war, dass er in einem Wutanfall sie und alle ihre Sachen aus dem Haus geworfen hatte. Später bereute er dies und wollte, dass sie zurückkommt. Wenn er nicht gerade einen Wutanfall hatte, liebte er sie offensichtlich, aber anscheinend war er nicht bereit oder nicht fähig zu einer erwachsenen Beziehung.

Ich sagte Carol, dass ich mit ihrem Mann sprechen müsse. Als sie beide zu mir kamen, fragte ich ihn, ob er so etwas noch einmal tun würde. Er gab mir eine ganz klare Antwort: »Es war nicht recht, was ich getan habe, aber es war auch nicht in Ordnung, was sie tat. Solange sie nicht wieder solche Sachen sagt, werde ich nicht wieder gewalttätig sein.«

Wir führten ein langes Gespräch, aber er blieb uneinsichtig. Ich versuchte ihm klarzumachen, dass sein Verhalten falsch war, gleichgültig, wie sie ihn provoziert hatte. Jack akzeptierte dies nicht, und dies brachte Carol zu der Erkenntnis, dass er offensichtlich nicht reif war für eine Ehe. Jack beharrte darauf, dass Carols Verhalten und Bemerkungen sein gewalttätiges Verhalten rechtfertigten, und solange er dies glaubte, war eine Selbstkorrektur unmöglich. Offensichtlich hatte Jack in seiner Kindheit nicht gelernt, Verantwortung zu übernehmen und an sich selbst zu arbeiten; er hatte nur gelernt, sich zu rechtfertigen, indem er anderen die Schuld gab.

Haben Kinder nicht das Gefühl, Fehler machen zu dürfen, wird allzu viel Zeit und Energie damit verschwendet, Dinge zu verteidigen und zu erklären und darüber zu reden, welche Konsequenzen sie haben sollten. Diese ganze Quälerei für Kinder und Eltern kann man sich ersparen, indem man ein Umfeld schafft, in dem Fehler gemacht werden dürfen. Dies ist die Voraussetzung dafür, dass Kinder auf ihre Eltern hören. Zurückzublicken und zu versuchen, Kindern bewusst zu machen, was sie falsch gemacht haben, führt zu nichts.

Schwierige Jugendliche

Ich wurde einmal gebeten, in Los Angeles ein Trainingsprogramm für schwierige Jugendliche durchzuführen, die sexuell belästigt oder missbraucht worden waren. Alle diese Jugendlichen hatten Verhaltensprobleme und ein niedriges Selbstwertgefühl. Für die erste Woche des Workshops hatte ich vereinbart, mit einer gemischten Gruppe arbeiten zu können, das heißt mit Jugendlichen aus zerrütteten und solchen aus liebevolleren Familien.

Ich vermied dabei eine Trennung der beiden Gruppen, und als die Jugendlichen darüber sprachen, was sie an Negativem in ihrer Kindheit erfahren hatten, entdeckten sie, dass ihr Schmerz letztlich ganz ähnliche Ursachen hatte. Ohne über die wirklichen Missbrauchserfahrungen zu sprechen, die einige gemacht hatten, erkannten die Jugendlichen, dass ihre Probleme zu neunzig Prozent identisch waren. Sie alle fühlten sich gelegentlich missverstanden, nicht ernst genommen oder ungerecht behandelt.

Sehr oft messen Therapeuten und Eltern einer einzigen negativen Erfahrung zu viel Gewicht bei, und der Klient glaubt schließlich, dass seine Probleme von dieser einen Erfahrung herrühren. Aber es ist ein Fehler, sein Unglücklichsein auf einen einzigen Umstand zurückzuführen. Dieser Irrtum wurde bei meinem Workshop korrigiert, als die Jugendlichen aus intakteren Familien nach und nach ebenfalls über ihre Furcht, ihren Zorn, ihre Enttäuschungen, ihren Schmerz, die Zurückweisung, die Ungerechtigkeiten, die Schuldgefühle, die Trauer und ihren Groll sprachen. Zwar gab es bei den missbrauchten Jugendlichen andere und unglückliche Umstände, aber sie entdeckten, dass ein großer Teil ihrer Probleme das Ergebnis falscher Erziehungsmethoden war.

Solange Jugendliche nicht wissen, dass andere dasselbe empfinden wie sie, suchen sie die Ursache für ihre negativen Empfindungen in ihrer Vergangenheit. Auch viele Erwachsene neigen zu diesem Verhalten. Aber solche einfachen Schuldzuweisungen hindern sie daran, in sich die Kraft zu entdecken, ihr Leben zu ändern.

Workshops, Beratung und Unterstützungsgruppen können helfen, den Schmerz der Vergangenheit zu heilen, aber zur Vorbeugung können Eltern versuchen, eine Umgebung zu schaffen, in der ihre Kinder den Mut zu Fehlern haben können. Hat sich bei einem Kind die Tendenz festgesetzt, Schuld abzuwälzen, können Eltern ihm dadurch helfen, dass sie die Methoden der positiven Erziehung anwenden und zu einem Vorbild werden, indem sie die Verantwortung für frühere Fehler übernehmen.

Niedriges Selbstwertgefühl und Selbstbestrafung

Das Selbstbild von Kindern orientiert sich an dem Bild, das andere von ihnen haben. Kinder zu vernachlässigen zerstört ihr Selbstwertgefühl. Aber auch, wenn Eltern auf das Verhalten oder die Fehler ihrer Kinder mit Frustration, Zorn, Verletztheit oder Besorgnis reagieren, fühlen sich ihre Kinder in irgendeiner Weise unwürdig oder unzulänglich.

Statt mit gesundem Selbstvertrauen wachsen solche Kinder mit dem Gefühl auf, den Ansprüchen nicht genügen zu können. Umso verzweifelter versuchen sie, vollkommen zu sein, um ihre Eltern zufrieden zu stellen. Dies ist aber zum Scheitern verurteilt, weil niemand vollkommen ist. Vielleicht zwingen sie sich zu vorbildlichem Verhalten, aber dies geht nur auf Kosten ihres Selbstwertgefühls.

Wenn sich Kinder zu vorbildlichem Verhalten zwingen, geht dies nur auf Kosten ihres Selbstwertgefühls.

Eltern können noch so oft sagen, dass sie ihr Kind lieben: Wenn sie den Fehlern oder Mängeln eines Kindes mit Verärgerung begegnen, reagiert das Kind sehr sensibel darauf. Kinder haben keinen anderen Maßstab für ihre Selbstbewertung als die Reaktionen ihrer Eltern. Sollen Kinder mit sich selbst zufrieden sein, müssen Eltern ihre Erwartungen ständig anpassen, damit nicht fortwährend negative Emotionen an die Oberfläche kommen.

Kinder haben das Gefühl, dass alles in Ordnung ist,
wenn die Eltern dieses Gefühl haben.

Sind die Eltern glücklich, geduldig, respektvoll, verständnisvoll, fürsorglich und vertrauensvoll, dann erleben sich die Kinder als gute Kinder. Sie haben keine Scheu, zu experimentieren und alles zu sein, was sie sein können. Ihr Selbstvertrauen wächst. Sie sind entspannt, weil sie nicht dauernd das Gefühl haben, einem unerreichbaren Ideal entsprechen zu müssen. Sie sind in einer schlichten und unschuldigen Weise davon überzeugt, dass sie sind, was sie sein sollen, und dass sie tun, was sie tun sollen. Die Freiheit, in den ersten neun Lebensjahren folgenlos Fehler machen zu dürfen, verleiht ihnen ein köstliches Gefühl der Sicherheit.

Man braucht sich nur einmal selbst vorzustellen, wie man sich fühlen würde, wenn man alles tun könnte, ohne dadurch in Schwierigkeiten zu geraten, und dass alles, was man versucht, akzeptiert werden würde. Würde sich das eigene Leben nicht ändern, wenn man durch keinerlei Furcht oder Schuldgefühle gehemmt oder zurückgehalten werden würde? Und mit wie viel Freude und Selbstvertrauen würde man neue Dinge in Angriff nehmen!

Genau dieses Geschenk kann man seinen Kindern während der Jahre der Unschuld machen. Wenn dieses Gefühl neun

Jahre lang gepflegt wurde, bleibt es für den Rest des Lebens bestehen. Auch wenn Kinder heranwachsen und lernen, Verantwortung für Fehler zu übernehmen, bleibt doch das grundlegende Gefühl der Unschuld. Wenn sie als Erwachsene Fehler machen, fällt es ihnen nicht schwer, sich selbst zu verzeihen und Korrekturen vorzunehmen. Zudem sind ihr Mitgefühl und ihre Achtung gegenüber anderen Menschen stärker ausgeprägt, weil sie sich selbst nicht in eine Verteidigungshaltung gedrängt fühlen.

Durfte man neun Jahre lang das Gefühl der Unschuld erfahren, verlässt es einen nie mehr.

Hat ein Kind hingegen diese Jahre der Unschuld nicht erleben dürfen, weil es für seine Fehler bestraft wurde, glaubt es, unzulänglich zu sein und keine Liebe verdient zu haben. Es hält Strafen für notwendig, damit es wieder Liebe verdient. Diese Einstellung nimmt es mit ins Erwachsenenalter. Der Erwachsene hat dann manchmal panische Angst, etwas falsch zu machen, und unterläuft ihm ein Fehler, zieht er sich selbst viel stärker zur Rechenschaft, als andere dies tun würden.

Werden Kinder wegen ihrer Fehler bestraft, bleibt ihnen die Angst vor Strafen für ihr ganzes Leben.

Um sich vor Strafe zu schützen, weichen manche darauf aus, anderen die Schuld zu geben und diese zu bestrafen. Manche akzeptieren auch schlechte Behandlung durch Dritte, weil sie glauben, eine gute und liebevolle Behandlung nicht verdient zu haben.

Aber was man an Strafen bekommt, gibt man letztlich an andere oder an sich selbst wieder weiter. Vor allem Mädchen neigen zur Selbstbestrafung. Sie bestrafen sich selbst, indem sie sich mit jemandem einlassen, der ihnen wehtut, oder sie zerfleischen sich nach einem Fehler mit negativen Gedanken und Selbstkritik. Jungen geben eher anderen die Schuld an ihren Fehlern und bestrafen sie. Die Bestrafung von Fehlern hat auf alle Fälle immer zur Folge, dass das Kind nie lernt, sich selbst und anderen Fehler zu verzeihen.

Mit Hilfe der positiven Erziehung kann es Ihnen gelingen, mit den Fehlern Ihrer Kinder konstruktiv umzugehen. Vergessen Sie dabei nicht, dass auch Eltern Fehler machen – und dies dürfen. Kinder sind sehr anpassungsfähig. Sie haben die Fähigkeit, trotz der Fehler ihrer Eltern ihr Potenzial zu verwirklichen. Seien Sie also ein Vorbild, das eigene und fremde Fehler verzeiht und konstruktiv damit umgeht.

Es ist in Ordnung, negative Emotionen auszudrücken

Die Herausforderungen und Beschränkungen des Lebens bringen für alle Kinder die Erfahrung negativer Emotionen mit sich. Negative Emotionen sind ein natürlicher und wichtiger Teil der kindlichen Erziehung. Sie helfen Kindern, ihre Erwartungen in der notwendigen Weise anzupassen und die Beschränkungen des Lebens zu akzeptieren. Durch positive Erziehungsmethoden wie mitfühlendes Zuhören und Auszeiten lernen Kinder auch, negative Emotionen in angemessener Weise auszudrücken.

Früher versuchte man Kinder dadurch zu erziehen, dass man Gefühle unterdrückte. Doch wenn man Kinder für ihren Zorn bestraft, unterdrückt man dadurch ihre Leidenschaften und bricht ihren Willen. Umgekehrt macht man Kinder stark, indem man ihnen erlaubt, negative Emotionen auszudrücken. Dies weckt und stärkt ihre Willenskraft und gibt ihnen Orientierung. Aber Eltern müssen natürlich wissen, wie man mit Hilfe der Methode der positiven Erziehung Kooperationsbereitschaft erzeugt; andernfalls kann die Freisetzung dieser Kräfte kontraproduktiv sein.

Nimmt man die Gefühle von Kindern wahr und akzeptiert man sie, kann dies das kindliche Ich stärken, aber man kann dadurch auch ein falsches Machtgefühl erzeugen. Bekommt ein Kind einen Wutanfall und setzt damit seinen Willen durch, dann würde eine solche Duldung negativer Gefühle nicht nur das Kind verderben, es würde es auch verunsichern.

Eltern dürfen keinesfalls einem Kind nachgeben, weil sie sich nicht mit einem Wutanfall auseinander setzen wollen. Nur

Eltern, die sich nicht von Wutanfällen einschüchtern lassen, können es sich leisten, einem Kind die Äußerung negativer Emotionen zu erlauben. Mit Hilfe der positiven Erziehung können alle Eltern lernen, mit Wutanfällen angemessen umzugehen.

Eltern dürfen keinesfalls einem Kind nachgeben,
weil sie sich nicht mit einem Wutanfall
auseinandersetzen wollen.

Gefühle akzeptieren

Um lernen zu können, mit Gefühlen umzugehen, muss man diese zunächst einmal akzeptieren. Negative Emotionen sind nicht immer willkommen oder angenehm, aber sie gehören zum Erwachsenwerden dazu. Indem Kinder lernen, negative Emotionen zu fühlen und freizusetzen, schärfen sie dadurch die innere Wahrnehmung ihrer Gefühle, ohne diese in irgendeiner Weise ausagieren zu müssen.

Um lernen zu können, mit Gefühlen umzugehen,
muss man diese zunächst einmal akzeptabel machen.

Lernen Kinder, negative Emotionen zu fühlen und mitzuteilen, können sie ein starkes Ich entwickeln und so nach und nach in sich all ihre Kreativität, Intuition, Liebe, Orientierung, Vertrauen, Freude, Mitgefühl, Gewissen und die Fähigkeit entdecken, nach einem Fehler eine Selbstkorrektur vorzunehmen.

Alle lebenspraktischen Fähigkeiten, die ein Mensch braucht,

um ein erfolgreiches und glückliches Leben zu führen, beruhen darauf, dass man in Kontakt zu seinen Gefühlen bleibt und die Fähigkeit hat, negative Emotionen loszulassen. Auch erfolgreiche Menschen spüren ihre Niederlagen, aber sie werden dadurch nicht geschwächt, weil sie mit ihren negativen Gefühlen umgehen können.

Die meisten Menschen, die keinen persönlichen Erfolg haben, sind entweder gegenüber ihren inneren Gefühlen abgestumpft, treffen Entscheidungen auf der Grundlage negativer Gefühle oder können sich von negativen Gefühlen und Haltungen nicht lösen. Dies hindert sie daran, ihre Träume zu verwirklichen. Durch die Techniken einer positiven Erziehung lernen Kinder nach und nach, mit ihren inneren negativen Emotionen umzugehen und positive Emotionen zu erzeugen.

Erfolglose Menschen sind entweder gegenüber ihren inneren Gefühlen abgestumpft oder können sich von negativen Gefühlen und Haltungen nicht lösen.

Begeisterung heißt, intensiv zu fühlen. Im Leben kann man die Begeisterung aufrechterhalten, wenn man fähig ist, erfolgreich mit seinen negativen Emotionen umzugehen. Gewöhnt man es sich an, seine negativen Gefühle zu unterdrücken, verliert man allmählich auch den Kontakt zu seinen positiven Gefühlen, zu Liebe, Freude, Selbstvertrauen und innerem Frieden.

Fällt man Entscheidungen auf der Grundlage negativer Gefühle, sind Misserfolge im Leben unvermeidlich. Erfolgreiche Erwachsene müssen gelernt haben, negative Emotionen zu fühlen und loszulassen. Dann kehren die positiven Gefühle zurück und mit ihnen die Fähigkeit, sinnvolle und letztlich erfolgbringende Entscheidungen zu fällen.

Negative Emotionen sind nichts Schlechtes, aber man muss sie zur rechten Zeit und am rechten Ort ausdrücken. Man kann es nicht hinnehmen, dass ein Kind die Familie mit Wutanfällen terrorisiert. Kluge Eltern greifen deshalb bei kleinen Kindern zum Mittel der Auszeiten, um ihnen die Gelegenheit zu geben, ihre negativen Emotionen ganz zu fühlen und auszudrücken. Eltern haben die Verantwortung, das Verhalten des Kindes zu regeln, also müssen sie auch dafür sorgen, dass das Kind negative Gefühle in einem sicheren Umfeld ausdrücken kann. Mit Hilfe der Methoden der positiven Erziehung, des Zuhörens und der Auszeiten, lernen Kinder allmählich, wann, wie und wo sie ihre Emotionen ausdrücken und mitteilen können.

Verletztheit bewältigen

Kinder haben intensivere Gefühle als Erwachsene, weil sie bis zum zehnten Lebensjahr noch nicht die Fähigkeit zu vernünftiger Überlegung haben. Verhält sich jemand ihnen gegenüber böse, glauben sie, dass immer alle Menschen böse zu ihnen sein werden, oder dass sie irgendwie eine solche Behandlung verdient hätten und immer so behandelt werden. Sie können es sich nicht vorstellen, dass jemand zu ihnen böse ist, ohne dass dies irgendetwas mit ihnen zu tun hat. Ein Erwachsener denkt sich vielleicht, dass der Betreffende einfach einen schlechten Tag hat. Weil aber Kinder noch nicht vernünftig überlegen können, ist ihre Verletztheit viel größer.

Oft tun Eltern ihren Kindern unwissentlich weh, indem sie deren Empfindungen der Verletztheit nicht ernst genug nehmen. Um zu der richtigen mitfühlenden Haltung zu gelangen, muss man einfach davon ausgehen, dass Kinder aus ihrer Perspektive immer einen guten Grund haben, wenn sie Kummer haben. Es hat keinen Sinn, ihnen ihre Gefühle ausreden zu wollen. Indem man Kindern erlaubt, ihre Emotionen auszudrücken, können sie sie loslassen und sie sind wieder empfänglicher für beruhigende Worte.

Kinder haben aus ihrer Perspektive immer einen guten Grund, wenn sie Kummer haben.

Die meisten Erwachsenen wissen, dass Empfindungen wie Zorn, Trauer, Furcht und Bedauern bei einem schweren Verlust nicht nur natürlich sind, sondern auch helfen, diesen Verlust besser zu bewältigen. Wenn man nicht bekommt, was man haben will, oder einen geliebten Menschen verliert, dann können Tränen sehr erleichternd sein. Negative Emotionen zu fühlen und loszulassen hilft, die Beschränkungen des Lebens zu akzeptieren. Ebenso brauchen Kinder manchmal einen Wutanfall, damit sie lernen, die von den Eltern gesetzten Grenzen zu akzeptieren. Regelmäßige Wutanfälle geben kleinen Kindern die Gelegenheit, ihre negativen Emotionen auszudrücken und dabei zu fühlen. Schließlich lernen sie es, solche negativen Gefühle im Inneren wahrzunehmen, ohne sie auszudrücken.

Regelmäßige Wutanfälle sind bis zum zehnten Lebensjahr normal und natürlich. Erlaubt man dies den Kindern nicht, dann gelangen sie über dieses Entwicklungsstadium niemals hinaus, sondern sie werden für den Rest ihres Lebens Wutanfälle bekommen. Die heutigen Kinder sind sensibler und haben daher ein noch größeres Bedürfnis, Gefühle auszudrücken. Viele der Probleme, die heute bei Kindern so häufig auftreten, von Hyperaktivität und Gewaltbereitschaft bis zu niedrigem Selbstwertgefühl und Selbstmordneigungen, lösen sich von selbst, wenn Kinder in der gezeigten Weise unterstützt werden und lernen können, ihre Emotionen erfolgreich zu bewältigen.

Warum es hilft, Emotionen zu äußern

Die Äußerung negativer Emotionen erlaubt es Kindern, ihre Gefühle bewusst wahrzunehmen. Sie entwickeln die Fähigkeit zu erkennen, was im eigenen Inneren vorgeht. Fühlen zu können hilft aber auch, die Wünsche und Bedürfnisse anderer Menschen anzuerkennen und zu respektieren. Den Kindern zuzuhören, wenn sie negative Emotionen ausdrücken, hilft ihnen, ihre Fähigkeit zu fühlen zu entwickeln.

Kontakt zu seinen Gefühlen aufzunehmen macht einem bewusst, wer man ist, was man braucht und was man möchte.

Gibt man Kindern die Gelegenheit, Zorn, Trauer, Furcht in einer sicheren Umgebung auszudrücken und zu fühlen, dann finden sie damit wieder die Verbindung zu ihrem grundlegenden inneren Bedürfnis nach der Liebe der Eltern. Mit einem Schlag erkennen sie, dass die Liebe ihrer Eltern viel wichtiger ist als das, worüber sie gerade in Zorn gerieten. Inszeniert ein Kind einen heftigen Wutanfall, weil es nichts Süßes bekommt, dann hat dieses Kind einfach vorübergehend vergessen, wer im Haus das Sagen hat und dass Liebe wichtiger ist als etwas zu naschen. Unterstützt man das Kind bei der Äußerung seiner negativen Emotionen, dann gewinnt das Verlangen nach Liebe wieder die Oberhand, und das Bedürfnis nach einer Nascherei ist plötzlich nicht mehr so wichtig. Der Wutanfall verflüchtigt sich, und das Kind verhält sich wieder kooperativ.

Inszeniert ein Kind einen Wutanfall, dann hat es vorübergehend vergessen, wer im Haus das Sagen hat und dass Liebe das Wichtigste ist.

Mit Empathie zuzuhören und Auszeiten zu geben ist eines der wirksamsten Mittel, durch das Eltern die Botschaft vermitteln können, dass es in Ordnung ist, negative Gefühle auszudrücken. Selbst wenn Kinder sich sträuben, eine Auszeit anzunehmen, ist es in Ordnung. Sie dürfen wütend werden und böse Dinge sagen. Eine Auszeit gibt Kindern die Gelegenheit, sich mit aller Macht zu sträuben und sich letztlich doch der Kontrolle der Eltern zu unterwerfen. Zugleich müssen Kinder wissen, dass sie nicht böse sind, weil sie sich gegen eine Auszeit wehren oder eine Auszeit brauchen. Dies gehört einfach zum Erwachsenwerden.

Die Kraft des Mitgefühls

Um den Kindern bei der Äußerung negativer Emotionen zu helfen, müssen Eltern lernen, Mitgefühl zu entwickeln. Es genügt nicht, seine Kinder zu lieben: Man muss die Liebe auch in einer sinnvollen Weise mitteilen können. Mitgefühl deutlich zu machen, ist eines der größten Geschenke, das Eltern machen können.

Mitgefühl bringt die negativen Emotionen von Kindern zum Vorschein und heilt sie. Es vermittelt die Botschaft, dass die Gefühle in Ordnung sind. Eltern haben es immer sehr eilig, ihren Kindern zu versichern, dass alles in Ordnung ist. Aber bevor Kinder diese Botschaft annehmen können, müssen sie zuerst das Gefühl haben können, dass man sie hört. Kinder müssen für einige kurze Sekunden die Erfahrung machen, dass man ihre Perspektive versteht; dann können sie die Beruhigung durch die Eltern annehmen.

Mitgefühl ist der Zauberstab, der Kinder für Beruhigung und Leitung zugänglich macht.

Ist ein Kind zornig, weil es nicht sofort bekommen kann, was es will, dann sind viele Eltern allzu schnell mit einer Entschädigung bei der Hand. Aber dies hindert das Kind daran, seine Enttäuschung wahrzunehmen, und nur wenn das Kind seine Enttäuschung spürt, wird es für das Mitgefühl zugänglich, das es braucht. Dies kann, wie gesagt, einige wenige Sekunden dauern. Empfängt es dann dieses Mitgefühl, verändern sich seine Emotionen. Es schreitet entweder zu einer tieferen Ebene negativer Emotionen fort (vom Zorn zur Trauer und Furcht), oder es geht ihm besser. So bekommt das Kind nicht nur, was es braucht, um sich wieder besser zu fühlen, sondern es macht auch die Erfahrung, dass es die Fähigkeit hat, negative Emotionen loszulassen.

Um Mitgefühl zu zeigen, braucht man manchmal nur einige Sekunden stiller Zuwendung und Anteilnahme.

Sind Eltern immer sehr schnell mit Lösungen bei der Hand, werden Kinder von solchen Lösungen abhängig und lernen nicht, die Rückschläge des Lebens in einer positiven Haltung zu akzeptieren. Die Kinder verlassen sich zu sehr darauf, dass sie bekommen, was sie wollen, statt zu lernen, dass Liebe das Wichtigste ist, gleichgültig, wie die äußeren Umstände sind.

Geben die Eltern dagegen Mitgefühl statt Lösungen, entwickeln Kinder die Fähigkeit, mit allen negativen Umständen oder mit Enttäuschungen zurechtzukommen, ohne dass alles Unangenehme sofort beseitigt werden muss. Gibt man Kindern Mitgefühl, bevor man ihnen hilft, ein Problem zu lösen, lernen sie zunächst negative Emotionen loszulassen, um sich wieder besser zu fühlen, und dann die Lösung des Problems selbst in Angriff zu nehmen.

Die Fünf-Sekunden-Pause

Manchmal genügt es schon, einfach kurz innezuhalten und nicht zu versuchen, die Probleme der Kinder zu lösen. Wenn ein Kind zornig, traurig, enttäuscht oder besorgt ist, besteht eine positive Erziehung nicht darin, dass man ihm sagt, wie es die Situation in einem positiveren Licht sehen könnte, sondern einfach darin, dass man fünf Sekunden lang fühlt, was das Kind vermutlich fühlt. Dann sagt man etwas Einfaches wie: »Ich weiß, dass dies eine große Enttäuschung ist.« Dies vermittelt dem Kind die klare Botschaft, dass Enttäuschungen zum Leben gehören. Es ist nichts wirklich Schlimmes passiert. Dadurch ändert sich die Stimmung eines Kindes sehr schnell. Kinder brauchen die Gewissheit, dass das Leben auch dann in Ordnung ist, wenn nicht dauernd alles klappt.

Ist man hingegen sofort mit einer Lösung bei der Hand, erstickt dies nicht nur die Gefühle, sondern verstärkt auch die Empfindung der Unzulänglichkeit. Wenn die Erwachsenen so schnell eine Lösung für das Problem des Kindes haben, dann hat es entweder das Gefühl, unnötig beunruhigt zu sein, oder aber, dass es unzulänglich ist, weil es nicht selbst auf diese Idee gekommen ist. Lösungen sollen erst dann gegeben werden, wenn das Kind sich wieder gefangen hat oder selbst danach fragt, wie man mit einer solchen Situation umgehen könnte.

Wenn einem die Kinder nicht mehr zuhören,
dann hat man ihnen zu viele Ratschläge erteilt.

Manchmal ist für ein Kind eine Lösung selbst dann nicht das Beste, wenn es darum bittet. Es könnte sein, dass es in Wirklichkeit vor allem mehr Mitgefühl braucht. Das Kind sagt vielleicht in einem aufgeregten Ton: »Ich weiß nicht, was ich machen soll.« In einem solchen Fall sind die meisten Väter gleich mit einer Lösung zur Stelle. Doch dann kommt es sehr oft zu einem Machtkampf oder einer Auseinandersetzung. Das Kind reagiert auf die »Lösung« unweigerlich mit Widerstand und einem »Aber«: »Aber das passt hier nicht«, oder: »Aber das funktioniert hier nicht, weil...«, oder: »Aber du verstehst das nicht.«

Wenn ein Kind sagt: »Du verstehst das nicht«, fühlen sich die meisten Väter in die Defensive gedrängt, und statt für das Kind da zu sein, muss am Ende das Kind für den Vater da sein. Der Vater möchte, dass das Kind einsieht, dass er Recht hat. Aber damit sind die Rollen vertauscht: Die Eltern sind für die Kinder da, nicht umgekehrt.

Sagt ein Kind: »Du verstehst das nicht«, muss man sich sofort zurücknehmen. Man muss in den sauren Apfel beißen und dem Kind Recht geben. In diesem Augenblick versteht man tatsächlich nicht, was es empfindet. Statt den Ablauf zu rekapitulieren und erklären zu wollen, dass man sehr wohl versteht, was das Kind sagt und in welcher Situation es sich befindet, muss man einfach einen Punkt machen und dem Kind zustimmen. Man sagt etwas Ähnliches wie: »Du hast Recht, ich verstehe es wirklich nicht. Erzähl es mir noch einmal.« Dann verzichtet man auf Erklärungen und zeigt stattdessen sein Mitgefühl.

Nachfolgend einige Beispiele, wie man statt Lösungen zu geben Mitgefühl vermitteln kann.

Lösung	*Mitgefühl*
»Weine nicht.«	Nach einer Pause von fünf Sekunden sagt man: »Ich weiß, dies ist eine Enttäuschung.«
»Mach dir nichts draus.«	Nach einer Pause von fünf Sekunden sagt man: »Das ist nicht einfach. Ich weiß, dass du dir Sorgen machst.«
»Morgen ist es wieder gut.«	Nach einer Pause von fünf Sekunden sagt man: »Das ist hart. Ich weiß, dass du enttäuscht bist.«
»Das ist nicht so schlimm.«	Nach einer Pause von fünf Sekunden sagt man: »Ich weiß, dass du dich verletzt fühlst. Komm auf meinen Schoß.«
»Ach, man muss auch mal verlieren können.«	Nach einer Pause von fünf Sekunden sagt man: »Ich weiß, dass du traurig bist. Ich wäre auch traurig.«
»Ach, komm schon… so ist das Leben eben.«	Nach einer Pause von fünf Sekunden sagt man: »Du bist mit Recht wütend. Ich wäre auch wütend.«
»Es gibt Schlimmeres.«	Nach einer Pause von fünf Sekunden sagt man: »Ich verstehe es, dass du darunter leidest. Ich würde auch darunter leiden.«
»Du bekommst das schon hin. Das kommt alles in Ordnung.«	Nach einer Pause von fünf Sekunden sagt man: »Ich weiß, dass du Angst hast. Ich hätte auch Angst.«

Lösung	*Mitgefühl*
»Es ist doch gar nicht so wichtig.«	Nach einer Pause von fünf Sekunden sagt man: »Man darf auch einmal neidisch sein. Ich wäre auch neidisch.«
»Dann probierst du es eben noch mal.«	Nach einer Pause von fünf Sekunden sagt man: »Wenn mir das passiert wäre, wäre ich auch enttäuscht.

Wenn Kinder kein Mitgefühl wollen

Bekundet man einem Kind sein Mitgefühl, widerspricht es manchmal und berichtigt die Eltern: »So habe ich das nicht gemeint«, und es erzählt, was es empfindet. Selbst wenn man glaubt, im Recht zu sein, darf man das Kind jetzt nicht unterbrechen, um seine eigene Wahrnehmung zu verteidigen. Es geht nicht darum, Recht zu haben, sondern darum, dem Kind die Möglichkeit zu geben, seine Gefühle auszudrücken.

Hat ein Kind Kummer, regen sich in seinem Inneren viele Empfindungen. Spicht man eines der Gefühle an, die ein Kind in diesem Augenblick möglicherweise hat, wendet es sich schnell einem anderen zu und sagt: »Nein, ich bin nicht zornig, ich bin traurig.« Man darf sich dann nicht darauf versteifen, dass das Kind nicht zuhört; man muss sich vielmehr klarmachen, dass es jetzt wichtig ist, dem Kind zuzuhören. Wenn die Gefühle eines Kindes sich verlagern, ist dies nur gut, denn werden sich Kinder ihrer unterschiedlichen Gefühle bewusst, können sie diese umso schneller loslassen.

Widersprechen Kinder, muss man sich klarmachen, dass sie jetzt vor allem das Bedürfnis haben, dass man ihnen zuhört.

Hatte das Kind bisher nicht ausreichend Gelegenheit, Gefühle zum Ausdruck zu bringen, dann kann Mitgefühl mit seinen aktuellen Gefühlen einen ganzen Sturzbach von Gefühlen zum Vorschein bringen. Alles, was das Kind in den vergangenen Monaten oder selbst Jahren beunruhigt hat, kann jetzt an die Oberfläche kommen. Dies ist gut, und man muss es zulassen.

Hat das Kind die Gelegenheit, alles auszusprechen, verschafft ihm dies rasch Erleichterung. Eltern machen oft den Fehler, dass sie Kindern ins Wort fallen und sagen, dass sie Unrecht hätten oder dass sie jetzt doch von etwas ganz anderem reden. So etwas darf man nicht sagen. Man muss vielmehr zuhören, damit die Kinder die Vergangenheit vergessen und den Eltern fürs Zuhören dankbar sein können.

Wenn Eltern negative Emotionen ausdrücken

Negative Emotionen können bei anderen Menschen emotionale Reaktionen auslösen. Wenn jemand traurig ist, ist man ebenfalls traurig. Schlägt einem Zorn entgegen, reagiert man ebenfalls mit Zorn. Ist jemand von einer tiefen Furcht ergriffen, reagiert man ebenfalls mit Beunruhigung. Ist man in irgendeiner Weise emotional bewegt, dann verstärken die Emotionen anderer Menschen die eigenen Gefühle.

Dies kann erklären, warum es manchmal so schwierig ist, einem weinenden Kind zuzuhören, oder warum es manchmal einfach ist, Mitgefühl zu zeigen und manchmal nicht. Hatte man selbst einen schlechten Tag und fühlt man sich emotional instabil, könnte es schwieriger sein, Kindern zu zuhören. Sie brauchen nur in irgendeiner Weise »lästig« zu sein, und schon kommen die eigenen nicht aufgelösten Gefühle an die Oberfläche. Ist man zum Beispiel schon frustriert, weil man zu viel Arbeit und zu wenig Zeit hat, neigt man eher zu einer Überreaktion gegenüber den Kindern. Ist das Kind wütend, weil es seine Hausaufgaben nicht versteht, und versucht man, ihm zu helfen, dann löst dies die eigenen Frustrationen aus. Plötzlich fängt man an, mit dem Kind zu schimpfen. Was als liebevolle Geste begann, endet mit einem Streit und Tränen.

Reagieren Eltern auf die negativen Emotionen der Kinder ebenfalls mit negativen Emotionen, wagen Kinder es nicht mehr, ihre Gefühle mitzuteilen. Eltern können ihren Zorn, ihre Frustration, ihren Ärger viel lauter und beeindruckender äußern, wodurch Kinder eingeschüchtert werden. Schließlich stumpfen sie gegen ihre Gefühle ab.

Eltern können negative Emotionen viel lauter und beeindruckender äußern und schüchtern die Kinder dadurch ein.

Wenn man seinen Kindern helfen will, mit ihren Gefühlen zurechtzukommen, muss man auch mit seinen eigenen Gefühlen zurechtkommen. Die Eltern müssen sich Zeit für sich selbst nehmen, um den Stress abzubauen und unaufgelöste emotionale Probleme zu verarbeiten.

Um den Kindern zu helfen, mit ihren Gefühlen zurechtzukommen, muss man mit seinen eigenen Gefühlen zurechtkommen.

Eltern, die nicht aufgelöste Gefühle des Zorns, der Enttäuschung, der Frustration, der Besorgnis oder der Angst zurückhalten, haben kaum die Fähigkeit, geduldig Kindern zuzuhören, die Zorn, Trauer und Angst ausdrücken. Weigern sich Eltern, sich mit ihren eigenen Gefühlen zu befassen, dann weigern sie sich zwangsläufig auch, sich mit den negativen Gefühlen ihrer Kinder zu befassen.

Wollen sich Eltern nicht mit dem auseinander setzen, was die Kinder ihnen sagen, dann enthalten sie ihnen das Mitgefühl vor, das sie brauchen. Haben Kinder den Eindruck, dass ihre Emotionen und ihr Bedürfnis nach Verständnis und Zuneigung bloß lästig sind, beginnen sie ihre Gefühle zu unterdrücken und sich von ihrem wahren Selbst zu trennen. Sie müssen dann darauf verzichten, ein authentisches Leben zu führen.

Nehmen sich Eltern jedoch Zeit dafür, ihren Stress abzubauen und sich um ihr eigenes Bedürfnis nach zwischenmenschlichem Austausch, nach Liebe und Unabhängigkeit zu kümmern, finden sie wieder zu sich selbst und es wird ihnen viel besser gelingen, die fünf Fertigkeiten der positiven Erziehung zum Nutzen der Kinder umzusetzen.

Kinder nicht mit den eigenen Gefühlen belasten

In den siebziger Jahren wurden sich die Menschen allmählich bewusst, wie wichtig es ist, Kontakt mit seinen Gefühlen zu bekommen. Gleichzeitig erkannte man, dass dies genauso für Kinder gilt. Um nun Kinder zu lehren, diesen Kontakt herzustellen, begannen »aufgeklärte« Eltern, mit Kindern über ihre Gefühle zu reden. Das Ziel war richtig, aber der Weg war falsch.

Über seine Gefühle muss man mit Gleichaltrigen reden. Redet man über eine negative Emotion, dann schwingt dabei immer das Bedürfnis mit, einen Zuhörer zu haben, der mit Mitgefühl und Hilfsbereitschaft reagiert. Verlangt man dies aber von Kindern, dann führt dies dazu, dass sie sich in eine unangemessene Verantwortlichkeit gegenüber den Eltern gedrängt fühlen. Es ist in Ordnung, wenn Kinder miteinander oder mit den Eltern über ihre Gefühle reden, aber es ist nicht in Ordnung, wenn dies Eltern gegenüber ihren Kindern tun.

Kinder haben das Bedürfnis, ihren Eltern Freude zu machen. Reden Eltern mit ihren Kindern über ihre negativen Emotionen, dann fühlt sich das Kind dafür verantwortlich, die Eltern zu trösten. Das Kind, das eigentlich der Zuwendungsbedürftige ist, muss jetzt plötzlich seinen Eltern Zuwendung geben. Dieser Tausch der Rollen ist für das Kind verhängnisvoll. Mädchen verlieren den Kontakt zu ihren eigenen Gefühlen und Bedürfnissen und versuchen, den Eltern zu helfen. Jungen neigen eher dazu, eine solche Verantwortung abzulehnen; sie werden gleichgültig und hören nicht mehr zu.

Man darf Kindern niemals die Verantwortung für die Gefühle der Eltern aufbürden.

Sagt man zum Beispiel zu einem Kind: »Ich habe Angst, dass du dir wehtust«, oder: »Ich bin traurig, dass du nicht angerufen hast«, dann bewirkt man damit, dass sich das Kind durch negative Gefühle manipuliert und kontrolliert fühlt. Erwachsene müssen einfach sagen: »Ich möchte, dass du besser aufpasst« oder: »Ich möchte, dass du mich das nächste Mal anrufst.«

Dies ist nicht nur wirksamer, sondern Kinder lernen dadurch auch, nicht auf der Grundlage negativer Emotionen Entscheidungen zu fällen. Das Kind soll sich nicht kooperativ verhalten, damit sich die Eltern keine Sorgen machen müssen, sondern weil die Eltern es um etwas gebeten haben.

Kinder entwickeln ein gesteigertes Bewusstsein für Gefühle nicht dadurch, dass die Eltern mit ihnen über ihre eigenen Gefühle reden, sondern dadurch, dass diese Mitgefühl und Verständnis zeigen und zuhören. Die fünf Fertigkeiten einer positiven Erziehung lassen die Gefühle der Kinder ganz von selbst zum Vorschein kommen.

Die Kinder nicht ständig fragen, wie sie sich fühlen

Wie sich Kinder nicht für die Gefühle ihrer Eltern verantwortlich fühlen sollten, so sollen sie umgekehrt auch nicht glauben, dass sie durch ihre Emotionen und Wünsche ein Machtinstrument in der Hand hätten. Es ist nicht falsch, ein Kind zu fragen, wie es ihm geht oder was es haben möchte, aber man darf dies nicht zu oft tun. Überlegt man sich etwas und fragt man das Kind, was es davon hält, kann es dies so auffassen, als ob die Entscheidung der Eltern von seinen Wünschen abhängen würde. Dies verleiht den Gefühlen und Wünschen des Kindes ein zu großes Gewicht und vermittelt ihm den falschen Eindruck, dass es das Sagen hätte.

Kinder brauchen Eltern, die das Sagen haben, aber sie müssen auch das Gefühl haben können, dass ihr Widerstand, ihre Gefühle und ihre Wünsche wahrgenommen und in angemessener Weise berücksichtigt werden. Man sagt also nicht: »Was hältst du davon, wenn wir Onkel Robert besuchen?«, sondern: »Komm, wir besuchen Onkel Robert.« Wenn das Kind lieber schwimmen gehen möchte, wird es das schon sagen.

Etwa um das zehnte Lebensjahr haben die Kinder eine bessere Selbstwahrnehmung und sind reif für direktere Fragen über ihre Gefühle. Aber statt ein Kind zu fragen, was es empfindet, können Eltern einfach etwas Mitfühlendes sagen wie: »Ich sehe, dass du enttäuscht bist.« Dies regt die Gefühle des Kindes und seine Bereitschaft an, über Gefühle zu reden.

Am besten lehrt man Bewusstsein für Gefühle dadurch, dass man mitfühlend zuhört und so hilft, diese zu identifizieren. Auch durch Geschichtenerzählen können Eltern eine verständnisvolle Umgebung für Gefühle schaffen. Sie können ihren Kindern deutlich machen, dass auch sie Gefühle haben, indem sie erzählen, wie sie selbst als Kinder auf bestimmte Herausforderungen des Lebens reagierten. In diesem Fall fühlt sich das Kind nicht für die Gefühle der Eltern verantwortlich.

Eltern können ihren Kindern mitteilen,
dass auch sie Gefühle haben,
indem sie ihnen von früheren Erlebnissen erzählen.

Sagt ein Kind zum Beispiel, dass es vor einer Klausur nervös ist, können die Eltern eine Geschichte aus ihrer Kindheit zum Besten geben, als sie ebenfalls eine Arbeit schreiben mussten und nervös waren. Eine solche Geschichte sollte aber nicht nur dazu dienen, die Gefühle des Kindes anzuerkennen, sondern sie sollte auch mit einer beruhigenden Botschaft verbunden sein.

Was man selbst unterdrückt, drücken die Kinder aus

Kinder können auch dann durch die Gefühle der Eltern beeinflusst werden, wenn diese gar nicht darüber reden. Manchen Eltern ist klar, dass man mit Kindern nicht über die eigenen Gefühle reden soll, aber sie wissen andererseits nicht, wie sie ihre Gefühle verarbeiten können. Dies führt dazu, dass sich besonders in Zeiten der Anspannung nicht aufgelöste Gefühle im Innern stauen.

Kinder nehmen solche unterdrückten Gefühle wahr und verquicken sie mit ihren eigenen Empfindungen: Was die Eltern unterdrücken, drücken die Kinder aus. Oft nimmt das sensibelste Kind in der Familie die ganzen nicht aufgelösten

Probleme der Familie auf. Therapeuten wissen heute, dass Probleme von Kindern oft auf Probleme der Eltern zurückzuführen sind.

Oft nimmt das sensibelste Kind in der Familie die ganzen nicht aufgelösten Probleme der Familie auf.

Fühlt man sich unter Termindruck, dann stellt man oft fest, dass auch die Kinder darüber klagen, dass sie zu viel zu tun und zu wenig Zeit haben. Fühlt man sich emotional vernachlässigt und ohne Unterstützung, klagt immer auch eines der Kinder darüber, dass es sich vernachlässigt fühlt. Kinder übernehmen ganz buchstäblich die negativen Gefühle der Erwachsenen und agieren sie aus.

Kinder übernehmen negative Gefühle und agieren sie aus.

Dies erklärt auch, warum Kinder gerade dann, wenn man selbst besonders frustriert oder erschöpft ist, unausgeglichen, extrem anlehnungsbedürftig oder anspruchsvoll erscheinen.

Es gibt ein einfaches Mittel, um festzustellen, ob das Kind die Empfindungen der Eltern oder seine eigenen ausagiert: Lehnt man die Gefühle des Kindes ab, dann drückt es offensichtlich etwas aus, was man in sich selbst unterdrückt. Ist man dagegen fähig, geduldig und mitfühlend zuzuhören, dann hat sein Verhalten nichts mit eigenen unaufgelösten Gefühlen zu tun.

Lehnt man die Empfindungen des Kindes ab,
dann drückt es offensichtlich etwas aus,
was man in sich selbst unterdrückt.

Spürt man Widerstand gegenüber seinen Gefühlen, bedeutet dies aber nicht, dass man ein schlechter Vater beziehungsweise eine schlechte Mutter wäre. Es ist einfach ein Zeichen dafür, dass man sich einmal Zeit für seine eigenen Bedürfnisse nehmen sollte. Zum Glück kann man immer auf das Mittel der Auszeit zurückgreifen. Gleichgültig, was man selbst unterdrückt und das Kind ausdrückt, eine Auszeit hilft dem Kind immer, sich mit dem auseinanderzusetzen, was ausgedrückt werden muss.

Das schwarze Schaf der Familie

Haben Eltern nicht gelernt, negative Emotionen abzubauen, und unterdrücken sie stattdessen ihre Gefühle, wird mindestens eines ihrer Kinder diese Gefühle übernehmen, und zwar meist das sensibelste. Dieses Kind wird dann zum »schwarzen Schaf« der Familie. In einer Umgebung, die negative Emotionen nicht akzeptiert, agieren diese Kinder entweder diese Gefühle aus und werden zum Störenfried, oder sie wenden die Gefühle nach innen und leiden unter Minderwertigkeitsgefühlen. Nicht selten treten auch beide Reaktionen gleichzeitig auf.

Diese schwarzen Schafe bekommen weder die Aufmerksamkeit noch das Mitgefühl, das sie brauchen, und so verschärfen sich die Probleme. Da sie die Gefühle ausdrücken, die die Eltern in sich selbst ablehnen und unterdrücken, schlägt ihnen Widerstand und Ablehnung entgegen.

»Schwarze Schafe« bekommen keine Liebe und Unterstützung, sodass sie schließlich glauben, mit ihnen sei etwas nicht in Ordnung.

Oft wissen sie nicht, warum sie sich so verstört fühlen, weshalb sie irgendwann glauben, dass mit ihnen irgendetwas nicht in Ordnung ist. Aber in Wirklichkeit fehlen ihnen nur Unterstützung, Liebe und Zuwendung, damit sie sich aus ihren negativen Haltungen und Gefühlen lösen können. Häufig bekommen diese Kinder die nötige Unterstützung außerhalb der Familie bei anderen, verständnisvolleren Menschen.

Stellt man fest, dass eines der Kinder in die Rolle des schwarzen Schafs zu geraten droht, wird man sich mit den Gefühlen dieses Kindes besonders intensiv beschäftigen müssen. Bedenken Sie, dass jedes Kind einzigartig ist, und hüten Sie sich davor, Vergleiche mit anderen Kindern anzustellen. Schwarze Schafe brauchen viel Unterstützung durch Aktivitäten außerhalb der Familie, wo sie nicht unter dem Druck stehen, die unaufgelösten Probleme und Gefühle anderer aufzunehmen und auszuagieren.

Negative Emotionen sind in Ordnung

Die Haltung, dass negative Emotionen in Ordnung sind, ist etwas völlig Neues in der Erziehung. Noch nie zuvor hatten Erwachsene und Kinder so viele Gefühle. Noch nie zuvor waren wir so sensibel. Wir haben es heute mit der großartigen Herausforderung zu tun, Gefühle zu akzeptieren. Die wenigsten von uns wurden von Eltern erzogen, die wussten, wie man mit der freien Äußerung von Emotionen umgeht. Aber mit den Fertigkeiten der positiven Erziehung kann man es schaffen.

Dies wird dazu führen, dass die eigenen Kinder nicht mehr bloß nach den Zwängen des Lebens agieren, sondern vielmehr in einer schöpferischen Weise ihr Leben so gestalten können, wie sie es sich vorstellen. Weil sie mehr auf ihre Gefühle achten und achten können, entdecken sie schließlich, wer sie sind und wozu sie in dieser Welt sind. Natürlich werden auch sie sich vor Herausforderungen gestellt sehen, vielleicht vor größere als ihre Eltern, aber sie verfügen über ganz neue Möglichkeiten, ihre Ziele zu erreichen und ihre Träume Wirklichkeit werden zu lassen.

Es ist in Ordnung, mehr zu wollen

Wenn Kinder nicht wissen, was sie wollen, werden sie für die Bedürfnisse und Wünsche anderer anfällig. Dadurch werden sie der Möglichkeit beraubt, ihr eigenes inneres Potenzial zu entdecken und zu entwickeln; stattdessen werden sie zu dem, was anderen Menschen vorschwebt. Sie übernehmen die Vorstellungen anderer und geben die Verbindung zu ihrer eigenen inneren Kraft, Leidenschaft und Zielsetzung auf. Damit aber vermögen sie nicht mehr klar zu erkennen, was für sie im Leben am wichtigsten ist.

Wissen Kinder nicht, was sie wollen, übernehmen sie die Vorstellung anderer.

Allzu oft wird Kindern der Eindruck vermittelt, dass sie selbstsüchtig oder verzogen sind, weil sie mehr wollen oder weil sie mit Ärger reagieren, wenn sie nicht bekommen, was sie möchten. Früher mussten Kinder mit dem vorlieb nehmen, was sie bekamen, sie durften kaum eigene Wünsche äußern. Die Eltern hätten auch gar nicht gewusst, wie sie mit den negativen Empfindungen hätten umgehen sollen, wenn ein Kind nicht bekam was es wollte. Dass man Kindern heute gestattet, mehr zu wollen, gibt ihnen die Macht, mit der Eltern früher nicht hätten umgehen können.

Weil man heute dank der Methode der positiven Erziehung mit negativen Emotionen umgehen kann, kann man es zulassen, dass Kinder mehr wollen. Dies hilft ihnen, ein starkes Ich zu entwickeln und zu entdecken, was ihre Aufgabe in dieser Welt ist.

Angst vor den Wünschen

Oft glaubt man, dass Kinder übermäßig anspruchsvoll werden, wenn man es ihnen erlaubt, mehr zu wollen. Natürlich ist es bequemer, ein Kind zu haben, das allen Wünschen der Eltern gehorcht, aber solch ein Kind kann seine ganz persönlichen Veranlagungen nicht entwickeln und wird seine Richtung im Leben nicht finden. Bekommen Kinder die Liebe und Unterstützung, die sie brauchen, um mit ihren Gefühlen umgehen zu können, dann werden sie durchaus nicht maßlos, wenn man es ihnen erlaubt, mehr zu wollen. Wollen Kinder mehr und bekommen sie es nicht, lernen sie Selbstbeherrschung und die wichtige Fähigkeit, Wünsche aufzuschieben.

Manche Eltern befürchten, dass ihr Kind zu selbstsüchtig werden könnte. Dies kann aber nur dann geschehen, wenn Eltern den Wünschen ihrer Kinder ständig nachgeben. Kinder werden nicht selbstsüchtig, weil sie bekommen, was sie wollen, sondern dadurch, dass sie sich daran gewöhnen, ihren Willen mit Wutanfällen durchsetzen zu können.

Kinder werden nicht selbstsüchtig, weil sie mehr wollen, sondern dadurch, dass sie sich daran gewöhnen, ihren Willen mit Wutanfällen durchsetzen zu können.

Mit regelmäßigen Auszeiten und guten Kommunikationsfähigkeiten, die den Kindern helfen, mit ihren intensiven Gefühlen zurechtzukommen, können Eltern es ihren Kindern erlauben mehr zu wollen. So werden aus diesen Kindern selbstbewusste, kooperative und mitfühlende Menschen.

Eine positive Erziehungsmethode, die darauf achtet, Kooperation zu erzeugen statt blinden Gehorsam, fördert die Entwicklung der Willenskraft des Kindes und stellt zugleich sicher, dass die Eltern die Kontrolle behalten. Um kooperatives Verhalten zu erreichen, braucht man nicht den Willen des Kindes zu brechen. Auch wenn Kinder aufbleiben wollen, gehen sie doch nach dem Willen der Eltern zu Bett. Die Anwendung der fünf Fertigkeiten einer positiven Erziehung erlaubt es Eltern, Kindern ihre Wünsche zu lassen, ohne darauf zu verzichten, selbst das letzte Wort zu haben.

Erlaubt man seinen Kindern, mehr zu wollen, muss man es allerdings in Kauf nehmen, dass man sich manchmal etwas mehr Zeit nehmen muss. Kinder fügen sich nicht immer sofort. Sie wollen manchmal etwas anderes und machen dies auch deutlich. Dann sollte man sich Zeit zum Zuhören nehmen und sich vor Augen halten, wie wichtig es ist, einem Kind Willensstärke mitzugeben. Hat ein Kind das Gefühl, dass man in aller Regel ein offenes Ohr für es hat, dann wird es sehr entgegenkommend sein, wenn die Eltern einmal nicht so viel Zeit haben.

Wenn der Wille eines Kindes nicht gebrochen oder ignoriert wird, kann er gedeihen. Nimmt man sich Zeit dafür, den Willen eines Kindes zu fördern, stärkt dies sein Band zu den Eltern und schafft die Grundlagen für Kooperationsbereitschaft. Wird der Wille jedoch unterdrückt, verlieren Kinder allmählich den Funken ihrer Begeisterung für das Leben, die Liebe und neue Erfahrungen, an denen sie wachsen können.

Stärkt man die Willenskraft eines Kindes, fördert dies seine Begeisterung für das Leben, für die Liebe und neue Erfahrungen, an denen es wachsen kann.

Lernen Kinder, ihre Bedürfnisse zu fühlen und die Bedürfnisse der Eltern zu respektieren, entwickeln sie so wichtige Fähigkeiten wie Achtung, Mitteilungsbereitschaft, Kooperationsfähigkeit, Kompromissbereitschaft und Verhandlungsgeschick. Dürfen Kinder nicht mehr wollen und nicht um mehr bitten, lernen sie nur, sich selbst für andere aufzuopfern.

Der Wert der Dankbarkeit

Eltern legen zu viel Wert auf die Tugend der Dankbarkeit, statt ihren Kindern zu erlauben, mehr zu wollen. »Sei dankbar für das, was du hast«, ist oft die vorschnelle Antwort auf den Wunsch eines Kindes nach mehr. Viele Erwachsene gestatten es sich nicht, im Leben mehr zu wollen, weil sie immer noch fürchten, undankbar und unzufrieden zu erscheinen.

Der alte Spruch »Bescheidenheit ist eine Zier« ist aber längst überholt. Wir haben heute so viele Möglichkeiten wie niemals zuvor. Unsere Kinder können alle ihre Träume verwirklichen. Sie haben die Möglichkeit zu innerem und äußerem Erfolg, und die Grundlage dieses Erfolgs ist das Gefühl, mehr wollen zu dürfen. Enthält man Kindern dieses Gefühl vor, hören sie auf zu träumen, aber ohne einen Traum geschieht nichts, und alles bleibt beim Alten.

Das Geheimnis des inneren und äußeren Erfolgs besteht darin, dass man schätzt, was man hat, und trotzdem mehr möchte. Ein Herz voller Dankbarkeit und Liebe zu dem was man hat, und zugleich ein starkes Verlangen nach mehr ist das Geheimrezept für den späteren Erfolg im Leben. Lernen Kinder, mit negativen Gefühlen umzugehen, die dadurch entstehen, dass sie nicht immer bekommen, was sie möchten, dann können sie auch das schätzen, was sie haben, nämlich die Liebe und Unterstützung, die ihnen zuteil wird. Damit besitzen sie die Voraussetzung, die Wünsche ihres eigenen wahren Selbst zu fühlen.

Der Wert des Verhandelns

Räumt man Kindern das Recht ein, mehr zu wollen, kann dies für die Eltern manchmal mit einigem Aufwand verbunden sein. Dafür aber lernen Kinder, wie man im Leben zu seinem Vorteil verhandelt. Verhandeln erfordert Zeit, aber ich bin immer wieder darüber erstaunt, wie gut es meine Kinder verstehen, mich für ihre Zwecke einzuspannen. Ich bin stolz auf ihre Willenskraft und Entschlossenheit und ihre Abneigung dagegen, sich blind zu unterwerfen.

Weil meine Tochter die Freiheit hat, um etwas zu bitten, was sie gerne haben möchte, kann sie ihre innere Kraft entwickeln, zu bekommen, was sie haben möchte. Sie gibt sich selten mit einem Nein als Antwort zufrieden. Sie zögert nicht zu verhandeln und bringt mich oft dazu, ihr zu geben, was sie haben möchte. Aber warum soll man seine Haltung nicht ändern, wenn ein Kind überzeugende Argumente bringt? Dies ist etwas völlig anderes, als sich einem drohenden Wutausbruch zu beugen. Es sind zwei völlig verschiedene Dinge, ob man sich von einem quengeligen Kind manipulieren oder ob man sich von einem geschickten Verhandlungspartner umstimmen lässt. Natürlich müssen Eltern in allen Verhandlungen die Kontrolle behalten, indem sie klare Grenzen setzen.

Es sind zwei völlig verschiedene Dinge, ob man sich von einem quengeligen Kind manipulieren oder ob man sich von einem geschickten Verhandlungspartner umstimmen lässt.

Viele Erwachsene wissen nicht, wie man um etwas Gewünschtes bittet, weil sie dies als Kinder nie üben konnten. Ringen sie sich schließlich doch dazu durch, einen Wunsch zu äußern, wissen sie immer noch nicht, wie man verhandelt. Bekommen sie eine abschlägige Antwort, dann geben sie entweder sofort auf oder ärgern sich. Es gäbe sehr viel weniger Probleme unter Erwachsenen, wenn sie gelernt hätten, wie man um etwas Gewünschtes verhandelt.

Kinder, die mit dem Verhandeln groß geworden sind, ziehen sich weder zurück noch ärgern sie sich. Sie wissen, dass Nein nur dann Nein heißt, wenn sie nicht doch noch ein gutes Argument finden. Sie wissen auch, dass ein Nein sich am nächsten Tag durchaus in ein Ja verwandeln kann. Verhandeln erfordert Kreativität und Beharrlichkeit, die Kinder automatisch erwerben, wenn man es ihnen erlaubt, mehr zu wollen.

Räumt man Kindern dieses Recht nicht ein, bekommen sie nie eine Ahnung davon, wie viel sie erreichen können. Viele Menschen haben auch als Erwachsene noch Schwierigkeiten zu entscheiden, was und wie viel sie verlangen können, ohne beleidigend zu sein oder als habgierig oder undankbar zu erscheinen. Aber wenn schon Erwachsene hiermit Schwierigkeiten haben, dann darf man sicher nicht erwarten, dass es Kinder besser wissen.

Kinder müssen das Recht haben, um mehr bitten zu dürfen; andernfalls können sie niemals abschätzen, wie viel sie erreichen können.

Darum müssen Eltern auch Verständnis dafür haben, dass ein Kind manchmal viel zu viel verlangt und habgierig zu sein scheint. Statt das Kind zu tadeln, müssen Eltern sich verständnisvoll verhalten. Man kann von einem Kind nicht erwarten, dass es immer schon weiß, wie viel angemessen ist. Dies lernt man nur durch Ausprobieren.

Kindern zu erlauben, um mehr zu bitten, heißt keineswegs, dass man es ihnen auch immer gewährt. So, wie sie lernen, um mehr zu bitten, so müssen Eltern üben, in Gelassenheit nein zu sagen. Können Eltern nicht nein sagen, werden Kinder mit ihren Forderungen sehr schnell maßlos. Wenn sie dann doch irgendwann plötzlich an eine Grenze stoßen, brauchen sie oft eine Auszeit, um die intensiven Empfindungen der Enttäuschung, der Wut, der Traurigkeit und der Furcht zu verarbeiten. Je mehr Kinder bekommen, was sie möchten, desto größer ist ihre Enttäuschung, wenn sie irgendwann einmal etwas nicht bekommen.

Sind Eltern unfähig, vernünftige Grenzen zu setzen,
werden die Kinder maßlos.

Verhandeln Kinder um etwas Gewünschtes, müssen Eltern klare Grenzen setzen, wie lange sie mit sich verhandeln lassen. Glaubt man, dem Kind lange genug zugehört zu haben, und sieht man keinen Anlass, seine Meinung zu ändern, dann muss man dies äußern: »Ich verstehe es, dass du enttäuscht bist, aber jetzt hat das Verhandeln ein Ende.«

Reagiert das Kind nicht darauf, muss man diesen Satz einfach wiederholen und dem Kind gebieten, aufzuhören. Man sagt etwa: »Das Verhandeln ist jetzt vorbei. Ich will nicht mehr, dass du mich noch einmal fragst.«

Befolgt das Kind dies immer noch nicht, ist es außer Kontrolle und braucht eine Auszeit. Wenn das Kind diesen Ablauf einige Male erlebt hat, wird es die Aufforderung nicht mehr ignorieren, das Verhandeln zu beenden.

Möchte man das Verhandeln beenden, hilft es meist, vor

allem bei kleinen Kindern, diese abzulenken. Die Mutter könnte etwa sagen: »Ich verstehe es, dass du enttäuscht bist. Ich wünschte, ich hätte einen Zauberstab und könnte dir geben, was du willst, aber es geht nicht. Machen wir doch stattdessen ...«

Es gibt einige Situationen, in denen Eltern zu einem Kind nein sagen müssen. Beispielsweise wenn das Kind sich einer Aufforderung widersetzt, wie der Bitte, sich zum Weggehen fertig zu machen, da es lieber weiterspielen möchte. In diesem Fall muss man in der Lage sein, dem Kind klar und deutlich zu sagen, dass es nicht weiterspielen darf, und seine Aufforderung wiederholen. Es kommt auch häufig vor, dass man auf einen Wunsch des Kindes mit einem Nein reagieren muss. Das Kind möchte, dass man mit ihm spielt, aber man hat etwas anderes vor. In beiden Fällen muss die Antwort entschieden und kurz sein. Sich mit langen Begründungen aufzuhalten, ist kontraproduktiv – man sagt einfach nein. Reagiert das Kind darauf nicht, wiederholt man dieselbe Antwort einfach in einem noch festeren Ton. Nachfolgend einige einfache Beispiele, wie man nein sagen kann:

- ▷ »Nein, ich habe jetzt gerade zu tun.«
- ▷ »Nein, ich habe etwas anderes vor.«
- ▷ »Nein, aber vielleicht ein andermal.«
- ▷ »Nein, ich bin jetzt gerade mit etwas anderem beschäftigt.«
- ▷ »Nein, wir machen etwas anderes.«
- ▷ »Nein, ich möchte jetzt, dass du ...«
- ▷ »Nein, machen wir lieber ...«
- ▷ »Nein, jetzt ist es Zeit zu ...«
- ▷ »Nein, wir wollen ...«
- ▷ »Nein, ich möchte jetzt eine kleine Weile für mich sein.«

Mit solchen klaren Ablehnungen lernen Kinder auch selbst, im späteren Leben nein zu sagen. Eltern dürfen sich nicht darüber ärgern, wenn ein Kind um mehr bittet. Wenn man es ihm erlaubt, mehr zu wollen, muss man ihm auch die Gelegenheit geben, darum zu bitten. Bleiben sich Eltern dessen bewusst, dass sie nicht ja sagen müssen, dann können sie auch ohne Schuldgefühle nein sagen. Dadurch stellen sie sicher, dass ihre eigenen Belange nicht zu kurz kommen, und zugleich werden sie zu einem positiven Rollenmodell für ihre Kinder. Will ein Kind eine Ablehnung nicht hinnehmen, brauchen die Eltern nur zu sagen: »Ende der Verhandlungen.«

Um mehr bitten

Als meine Tochter Lauren etwa sechs war, bat sie mich einmal, mit ihr in die Stadt zu gehen, um ihr eine Süßigkeit zu kaufen. Dies war ein kleines Ritual, das wir recht regelmäßig durchführten. Einmal musste ich nein sagen, und sie begann zu verhandeln. Ein Nachbar, der zufällig dabeistand, fiel ihr sofort ins Wort und sagte: »Lauren, du darfst deinen Vater nicht darum bitten. Siehst du nicht, dass er zu tun hat? Wenn du weiter bettelst, kann er nicht nein sagen.«

Daraufhin sagten meine drei Töchter Shannon, Juliet und Lauren im Chor: »Natürlich kann er.« Dies war ein denkwürdiger Augenblick. Ich war sehr stolz auf meine Töchter. Sie waren sich also dessen bewusst, dass sie das Recht hatten zu fragen, und ich hatte im Gegenzug dafür das Recht, nein zu sagen.

Vorbild sein, wie man bittet

Eltern müssen es Kindern nicht nur zugestehen, um mehr zu bitten, sondern sie auch lehren, wie man das tut. Dies geschieht am besten durch das Vorbild. Stellen Eltern ihre Forderungen in einer respektvollen Weise, lernt auch das Kind, respektvoll um etwas zu bitten.

Im Kapitel »Wie man Kooperation erreicht« haben wir uns schon damit beschäftigt, wie man statt Forderungen zu stellen Bitten ausspricht. Dabei verwendet man die Formulierungen »würdest du«, »willst du«, »bitte« und »danke«. Stellen Kinder Forderungen oder erteilen sie Befehle, sagt man ihnen nicht, dass sie nicht so respektlos sein sollen, sondern macht es ihnen einfach vor, wie sie ihr Anliegen besser hätten ausdrücken können.

Wenn ein Vierjähriger sagt: »Papa, gib mir das!«, dann antwortet man darauf einfach: »Papa, würdest du mir das geben? Aber ja, gerne gebe ich dir das.« Dann gibt man ihm das Gewünschte, so als ob er selbst mit diesen Worten darum gebeten hätte.

Diese Technik habe ich selbst erfolgreich angewandt. Wenn meine Kinder allzu große Ansprüche stellten oder respektlos fragten, ließ ich mich nicht mehr auf einen Machtkampf ein, um sie zu korrigieren oder sie zu zwingen, dies anders zu formulieren. Ich machte es ihnen einfach vor und reagierte dann so, wie wenn sie selbst es gesagt hätten.

Es gibt nur einen Grund dafür,
warum Kinder sich nicht respektvoll ausdrücken:
Sie haben es noch nicht gelernt.

Es gibt nur einen Grund dafür, warum Kinder sich nicht respektvoll ausdrücken: Sie haben es noch nicht gelernt. Darum braucht man sie nicht zu korrigieren, man muss ihnen einfach zeigen, wie es richtig geht. Eltern haben die Aufgabe, ihren Kindern etwas beizubringen. Erleben diese es immer wieder, dass ein solches Verhalten für beide Seiten angenehm ist und funktioniert, dann ahmen sie es nach.

Kinder müssen das Gefühl haben, ohne Angst um alles bitten zu dürfen, was sie haben möchten, selbst wenn dies nicht perfekt ausgedrückt wird. Zugleich aber müssen sie wissen, dass sie nicht immer alles bekommen, worum sie bitten. Dabei sollten Eltern nicht deshalb nein sagen, weil das Kind nicht in der richtigen Weise gefragt hat. Wenn ein Kind fragt, tut es immer sein Bestes. Macht es dabei einen Fehler, kann man ihm deswegen keinen Vorwurf machen; es braucht dann einfach mehr gute Beispiele, mehr Förderung oder eine Auszeit.

Der Wert des Bittens

Erlaubt man es seinen Kindern, um mehr bitten zu dürfen, verhilft man ihnen damit zu Zielstrebigkeit und Durchsetzungsvermögen. Allzu viele Frauen fühlen sich machtlos, und dies liegt nur daran, dass sie nie um mehr bitten durften. Ihnen wurde beigebracht, mehr darauf zu achten, was andere brauchten. Waren sie wütend, weil sie nicht bekamen, was sie wollten oder brauchten, dann wurden sie dafür getadelt.

Keine Scheu zu haben, um mehr zu bitten, ist eine der wichtigsten Fähigkeiten, die Eltern einer Tochter vermitteln können. Die meisten Frauen haben dies als Kinder nicht gelernt. Statt einfach direkt um etwas zu bitten, tun sie dies in einer indirekten Weise, indem sie mehr geben und hoffen, dass jemand dies wahrnimmt und ihnen etwas zurückgibt. Durch diese Unfähigkeit, direkt um etwas zu bitten, hindern sie sich selbst daran, zu bekommen, was sie vom Leben und von ihren Beziehungen erwarten.

Sehr viele Frauen haben Probleme in ihren Beziehungen, weil sie als Kinder nicht gelernt haben, direkt um etwas zu bitten.

Während Mädchen ermuntert werden müssen, mehr zu wollen, brauchen Jungen eine besondere Unterstützung, wenn sie nicht mehr bekommen. Oft stecken sich Jungen sehr hohe Ziele, und die Eltern versuchen, ihnen diese auszureden, weil sie sie vor Enttäuschungen bewahren möchten. Dabei übersehen sie aber, dass es für Jungen zwar wichtig ist, Ziele zu erreichen, aber noch wichtiger ist die Fähigkeit, mit Enttäuschungen fertig zu werden, damit sie erneut zu ihren hohen Zielen aufbrechen können.

Mädchen brauchen viel Unterstützung, damit sie den Mut finden, um etwas Gewünschtes zu bitten. Jungen hingegen müssen unterstützt werden, damit sie ihre Gefühle identifizieren und verarbeiten können. Dazu erkundigt man sich, was geschehen ist, wobei man sehr darauf achten muss, keine Ratschläge und keine Hilfe anzubieten. Selbst zu viel Mitgefühl kann dazu führen, dass er keine Lust mehr hat, über das Vorgefallene zu reden.

Mütter machen oft den Fehler, dass sie zu viel fragen. Wenn man Jungen mit Fragen bedrängt, verschließen sie sich ganz. Macht man ihnen Vorschläge, wie sie ein Problem lösen können, ziehen sie sich zurück. Musste ein Junge eine Niederlage einstecken, braucht er nicht auch noch jemanden, der ihm sagt, wie man das Problem lösen kann oder inwieweit ihn gar eine Schuld trifft.

Zu viel geben

Geben Eltern zu viel, bekommen sie eine entsprechende Reaktion ihrer Kinder: Sie werden übertrieben anspruchsvoll und schätzen nicht mehr, was sie haben. Gibt man ihnen etwas und sie lehnen es ab, weil es ihnen nicht genug ist, dann ist dies in der Regel ein Zeichen dafür, dass sie schon zu viel haben.

Gibt man seinen Kindern etwas und sie lehnen es ab, weil es ihnen nicht gut genug ist, dann ist das ein Zeichen dafür, dass sie zu viel haben.

Betrachten wir ein Beispiel. Meine Tochter Lauren wollte einmal ein Eis. Ich war gerade dabei, einige Einkäufe zu erledigen, aber sie wollte unbedingt ein Eis haben. Statt zu tun, was ich zu tun hatte, willigte ich ein, ihr eines zu kaufen. In diesem Augenblick war mir nicht klar, dass ich zu viel gab. Die Unterbrechung störte mich, aber ich tat es trotzdem.

Nachdem wir im Geschäft eine ganze Weile in der Kassenschlange gestanden hatten, fiel ihr ein, dass sie die Eiswaffel doch nicht wollte, sondern etwas anderes. Sie verlangte von mir, dass ich es ihr holen sollte. Dann hätte ich aber meinen Platz in der Reihe verloren und mich wieder hinten anstellen müssen. Jetzt wurde mir deutlich, dass ich mich über ihre Ansprüche ärgerte, und entsprechend reagierte ich. Dies verwirrte sie, und sie fragte, ob ich wütend auf sie sei. Ich sagte zu ihr, dass ich nur deshalb wütend sei, weil alles so lange dauerte.

Ein Teil von mir war wütend auf sie, aber sie hatte nichts weiter getan, als ihre Grenzen auszuloten und um etwas zu bitten, was sie haben wollte. Ich war der Erwachsene – es lag an mir zu sagen, was ich ihr geben konnte und was nicht. Dies wurde mir an jenem Tag sehr deutlich. Ihre Aufgabe war es, mich so lange zu bitten, bis eine Grenze erreicht war. Es war nicht gerecht, mich von ihr über die Grenze drängen zu lassen und ihr dann Vorwürfe wegen ihrer Ansprüche zu machen. Ich brauchte also nur darauf zu achten, in Zukunft nicht mehr so viel zu geben und die Grenzen klarer zu ziehen, dann bräuchte ich mich auch nicht mehr darüber zu ärgern, dass ich zu viel für sie tat.

Wenn sich meine Kinder gelegentlich in der Öffentlichkeit

allzu anspruchsvoll verhielten, dann nahm ich dies immer als klares Zeichen dafür, dass ich zu viel gab. Geben Eltern zu viel, um ein Kind glücklich zu machen, bewirkt dies nur, dass das Kind übertriebene Ansprüche stellt. Manchmal ist es Eltern nicht klar, dass sie für ihre Kinder des Guten zu viel tun. Sie möchten so gerne den Kindern immer alle Wünsche erfüllen, aber sie übersehen dabei, dass sie sich zu nachgiebig verhalten und den Kindern zu viel Macht einräumen.

Kinder wollen immer mehr

Erlaubt man Kindern, mehr zu wollen, dann wollen sie auch mehr. Dabei ist es gleichgültig, ob es sich um materielle Dinge oder um Zeit und Aufmerksamkeit handelt. Manchmal hat man das Gefühl, dass man sie einfach nicht zufriedenstellen kann. Aber dies ist normal und gehört zum Prozess des Erwachsenwerdens. Damit Kinder ihre Fähigkeit entdecken können, aus sich selbst heraus glücklich zu sein, müssen sie manchmal auch die Erfahrung machen, dass sie nicht alles haben können.

Bekommen sie einmal nicht, was sie in der materiellen Welt haben wollen, dann besinnen sie sich wieder auf ihre wahren Bedürfnisse. Erkennen sie ihr Bedürfnis nach Liebe, wird ihnen plötzlich klar, dass sie auch glücklich sein können, wenn sie nicht alles bekommen, was sie möchten. Sie müssen zumindest nicht alles sofort haben. So lernen Kinder, Wünsche aufzuschieben.

Wünsche aufschieben zu können heißt zu lernen, wie man im gegenwärtigen Augenblick auch dann glücklich sein kann, wenn man etwas Gewünschtes nicht sofort bekommt.

Deshalb ist es so wichtig, dass Kinder lernen, mit negativen Gefühlen umzugehen. Will ein Kind mehr und bekommt es nicht sofort, was es haben möchte, wird es unglücklich. Eltern müssen es vermeiden, ein solches Kind immer gleich aufmuntern oder seine Probleme lösen zu wollen. Das Kind ist wie der kleine Schmetterling, der sich aus seinem Kokon freikämpft: Er braucht diesen Kampf, um kräftige Flügel zu entwickeln, die ihn in die Freiheit fliegen lassen.

Um im Leben glücklich sein zu können, braucht man vor allem die Fähigkeit, Wünsche aufschieben zu können. Mehr zu wollen und trotzdem mit demjenigen glücklich zu sein, was man hat, ist eine großartige Fähigkeit. Diese übt ein Kind immer dann, wenn es etwas Gewünschtes nicht bekommen kann und wütend wird. Hilft man seinen Kindern, die negativen Gefühle wahrzunehmen und dann loszulassen, machen sie immer wieder die Erfahrung, dass sie in jedem Augenblick gelassen und glücklich sein können, selbst wenn das Leben nicht vollkommen ist und nicht alles immer so läuft, wie sie es sich vorstellen.

Kinder geschiedener Eltern

Kinder geschiedener Eltern müssen das Auseinanderbrechen der Familie verarbeiten. Alle Kinder wollen, dass ihre Eltern einander lieben. Sie müssen den Verlust der Gemeinschaft ebenso betrauern wie die Eltern. Dieser Trauerprozess setzt bei ihnen jedoch oft erst dann ein, wenn die Eltern anfangen, sich mit neuen Partnern zu treffen. Deshalb müssen Eltern, wenn sie selbst den Trauerprozess abgeschlossen haben, sobald wie möglich wieder ausgehen.

Der Trauerprozess setzt bei Kindern oft erst dann ein, wenn die Eltern anfangen, sich mit neuen Partnern zu treffen.

Oft gehen allein erziehende Eltern keine neue Beziehung ein, weil die Kinder dies nicht wollen. Die Kinder klammern sich so sehr an den Elternteil, bei dem sie leben, dass dieser es nicht einmal wagt, auszugehen. Eine solche Nachgiebigkeit gegenüber dem Kind verdirbt dieses nicht nur, sondern nimmt ihm auch die Möglichkeit, das Ende der Ehe seiner Eltern zu betrauern.

Andere Eltern gehen nicht mehr aus, weil sie das Beste aus der Situation machen und mehr für ihre Kinder tun wollen. Sie denken: »Weil das Kind nur noch einen Elternteil hat, muss ich entsprechend mehr geben.« Im Prinzip haben sie Recht, aber sie gehen von falschen Voraussetzungen aus: Kinder wollen immer mehr, als man geben kann.

Versucht man, noch mehr zu tun, dann opfert man sich allzu sehr für die Kinder. Man darf nie vergessen, dass Kinder vom Himmel sind: Tut man selbst sein Bestes, tut Gott das Übrige. Das Geheimnis liegt darin, dass man für seine Kinder da ist, wenn sie sich mit ihrem Widerstand dagegen auseinandersetzen müssen, dass man für sich selbst tut, was man tun muss. Statt es Kindern ersparen zu wollen, dass sie nicht bekommen, was sie haben wollen, muss man ihnen vielmehr helfen, sich mit den Gefühlen auseinanderzusetzen, die dadurch entstehen, dass man ihnen etwas verweigert.

Man darf nie vergessen, dass Kinder vom Himmel sind: Tut man selbst sein Bestes, tut Gott das Übrige.

Möchte eine allein erziehende Mutter mit einem Freund ausgehen, kann ein Kind ihr eine solche Szene machen, dass sie darauf verzichtet. Sie weiß nicht, dass Kinder verheirateter Ehepaare es ebenfalls nicht lieben, wenn die Eltern ausgehen. Die Mutter muss für sich selbst klären, was sie geben kann, ohne ihr eigenes Leben zu opfern. Alleinerziehende brauchen vor allem deshalb Zeit für sich selbst, damit sie ihrem Kind all die Aufmerksamkeit und Zuwendung geben können, die es braucht.

Die Sehnsucht des menschlichen Geistes

Der menschliche Geist hat immer das Verlangen nach mehr. Lernen Kinder, mit ihrem Wunsch nach mehr umzugehen und zugleich geduldig zu akzeptieren und zu schätzen, was sie haben, dann sind sie für die Herausforderungen des Lebens bestens gerüstet. Wer Ausdauer hat, der hat Erfolg im Leben. Diejenigen, die aufgeben und auf ihre Träume und Wünsche verzichten, werden im Leben scheitern. Besitzen Kinder seelische und geistige Offenheit und einen starken Willen, dann ist für sie kein Hindernis zu groß.

Kinder, die zu Willensstärke erzogen wurden, unterwerfen sich nicht dem Willen eines Tyrannen, noch versuchen sie ihrerseits, ihren Willen anderen Menschen aufzuzwingen. Sie stellen der Welt ein neues Modell der Interaktion vor Augen. Kooperation ist für sie selbstverständlich, weil sie die Fertigkeit entwickelt haben, auch andere Menschen zu kooperativem Verhalten zu bewegen.

Kinder, denen es nie verwehrt wurde, mehr zu wollen, denken und planen in großen Maßstäben. Sie sind davon überzeugt, mehr erreichen zu können. Ihre Wünsche sind von dem tiefen Vertrauen und dem intuitiven Wissen getragen, dass sie bekommen können, was sie haben wollen.

Erlaubt man Kindern, mehr zu wollen, weckt man dadurch

dieses kreative und intuitive Bewusstsein; damit stehen ihnen Möglichkeiten im Leben offen, wie sie in der Vergangenheit nur wenige Menschen hatten. Mit diesem inneren Vertrauen und dieser inneren Zielstrebigkeit können es die Kinder im Leben sehr weit bringen. Sie werden weit mehr erreichen, als die Eltern früherer Generationen für ihre Kinder erhoffen konnten.

Es ist in Ordnung, nein zu sagen, aber vergiss nicht, dass die Eltern das Sagen haben

Die Grundlage einer positiven Erziehung ist Freiheit. Jede der fünf positiven Botschaften gibt Kindern mehr Freiheit, ihr ganzes inneres Potenzial zu entwickeln. Diese neue Erziehungsmethode verleiht Kindern die Fähigkeit, im Leben voranzukommen, ohne sich selbst aufzugeben. So erzogene Kinder haben gelernt, dass es in Ordnung ist, anders zu sein, dass es in Ordnung ist, Fehler zu machen, negative Emotionen auszudrücken, mehr zu wollen und vor allen Dingen nein zu sagen.

Die Fähigkeit, sich einer Autorität zu widersetzen, ist die Grundvoraussetzung für die Entwicklung einer echten und positiven Ich-Empfindung.

Bei oberflächlicher Betrachtung könnte die positive Erziehungsweise als lasch und nachgiebig erscheinen, aber in Wirklichkeit übt sie sogar mehr Kontrolle aus. Ihre Methoden schaffen Kontrolle, aber ohne mit Angst oder Schuldgefühlen zu operieren. Den Kindern zu erlauben, nein zu sagen, heißt nicht, dass Eltern jeden Widerstand der Kinder hinnehmen. Vielmehr nehmen Eltern diesen Widerstand zur Kenntnis und prüfen ihn. Statt den Eltern blind gehorchen zu müssen, bekommen Kinder so die Gelegenheit, sich für kooperatives Verhalten zu entscheiden.

Erlaubt man es Kindern, nein zu sagen, gibt man ihnen dadurch die Möglichkeit, Gefühle auszudrücken, zu entdecken, was sie wirklich wollen, und gegebenenfalls zu verhandeln. Es bedeutet nicht, dass man immer tut, was das Kind möchte, und dass es immer seinen Willen durchsetzen wird. Man nimmt aufmerksam zur Kenntnis, was das Kind fühlt und möchte; dies allein bewirkt schon, dass das Kind sich viel kooperativer verhält. Vor allen Dingen vermeidet man es dadurch, dass das Kind beginnt, sein wahres Selbst zu unterdrücken.

Ein Kind nein sagen zu lassen bedeutet nicht, dass man immer seinem Willen nachgibt.

Es ist ein großer Unterschied, ob ein Kind seinen Willen anpasst oder ihn verleugnet. Seinen Willen anzupassen heißt, sich auf das zu verständigen, was die Eltern wollen. Ihn zu verleugnen heißt, seine Wünsche und Gefühle zu unterdrücken und den Wünschen der Eltern zu unterwerfen. Unterwerfung bricht aber den Willen des Kindes.

Kinder mit einem schwachen Willen werden sehr leicht durch negative Trends in der Gesellschaft oder durch den Druck Gleichaltriger beeinflusst. Wer kein ausgeprägtes Selbstbewusstsein hat, wird leicht das Opfer von Manipulation und Missbrauch. Dies kann sogar so weit gehen, dass man sich auf Beziehungen einlässt, in denen man ausgenutzt wird, weil man sich so wertlos fühlt und keinen Mut hat, seinen Eigenwillen zu behaupten.

Seinen Willen anzupassen nennt man Kooperation; ihn zu verleugnen, indem man sich dem Willen eines anderen Menschen unterwirft, nennt man Gehorsam. Die positive Erziehungsweise will kooperative, nicht gehorsame Kinder hervorbringen. Es ist nicht erstrebenswert, dass Kinder stumpfsinnig dem Willen ihrer Eltern gehorchen.

Dürfen Kinder Widerstand leisten, verleiht dies den Eltern letztlich mehr Kontrolle. Sooft ein Kind sich wiedersetzt und dann doch seinen Willen dem der Eltern unterordnet, kann es die Erfahrung machen, dass die Eltern Herr im Haus sind. Die Gelegenheit, die Kontrolle der Eltern zu spüren, ist die Basis einer positiven Erziehung.

Dürfen Kinder Widerstand leisten,
verleiht dies den Eltern letztlich mehr Kontrolle.

Diese Wahrnehmung der Verbundenheit fördert die Bereitschaft der Kinder, das Verhalten der Eltern nachzuahmen und sich kooperativ zu verhalten. Zugleich gibt es ihnen die Freiheit, sich selbst zu entdecken, Fehler zu machen und sich zu korrigieren, negative Emotionen zu fühlen und freizusetzen, mehr zu wollen und sich auf das Mögliche zu beschränken, und zu verhandeln, wenn man mehr möchte. Gerade die Erlaubnis, nein zu sagen oder sich der Autorität zu widersetzen, verleiht Kindern das Bewusstsein, dass sie unter der Kontrolle der Eltern stehen. Dies ist ein Sicherheitsnetz, das das Kind in jedem Stadium seiner Entwicklung begleitet.

Der Einfluss der Eltern auf ihre Kinder

Für ihren Erfolg im Leben stützen sich Erwachsene auf vielfältige innere Ressourcen. Diese Ressourcen sind Liebe, Weisheit, Selbstvertrauen, Integrität, Moral, Kreativität, Intelligenz, Geduld, Respekt, um nur einige wenige zu nennen. Die Summe all dieser Ressourcen ist die individuelle Perspektive oder das Bewusstsein eines Menschen. Eine Entscheidung eines Erwachsenen oder seine Reaktion auf eine Situation sind ein Ergebnis seines Bewusstseins. Spüren Kinder eine innere Verbundenheit mit ihren Eltern, dann können sie gewissermaßen vom Bewusstsein ihrer Eltern profitieren. Durch eine solche Verbundenheit spiegelt sich das Bewusstsein der Eltern in allem, was das Kind sagt und tut.

Kinder, die eine Verbundenheit mit ihren Eltern haben, profitieren direkt von deren Bewusstsein.

Dieses positive Bewusstsein der Eltern gibt Kindern die Sicherheit und den Mut, sie selbst zu sein. Es verleiht ihnen die Kraft, sich nach einem Fehler zu berichtigen – auch ohne lange Vorträge oder die Androhung von Strafen.

Kinder, die in die beruhigende Gegenwart des Bewusstseins ihrer Eltern eingehüllt sind, haben keine Schwierigkeiten, negative Emotionen auszudrücken und freizusetzen. Bis zum zehnten Lebensjahr können Kinder noch nicht logisch denken, aber sie können von der Fähigkeit der Eltern zu vernünftigem Denken profitieren und negative Emotionen loslassen. In den Armen liebevoller Eltern zu weinen heilt den Schmerz eines ängstlichen Kindes.

Muss ein Kind aber alleine weinen, weil es niemand hört oder lieb hat, verstärkt dies die Empfindung des Verlassenseins, und die Furcht kann nicht abgebaut werden. Kleine Kinder leben in einem ewigen Jetzt. Weil sie die Fähigkeit zu vernünftigem Denken nicht haben, interpretieren sie die Wirklichkeit immer wieder falsch.

Weil Kinder zu Nachahmung und Kommunikation fähig sind, glauben Eltern, dass sie auch logisch denken können.

Als ich auf der Suche nach einer guten Schule für meine Kinder war, sagte einmal ein Vater zu mir: »Es ist doch ganz gleichgültig, welche Lehrer oder Kinder an der Schule sind. Kinder müssen einfach irgendwann lernen, dass in der Welt draußen das Gesetz des Dschungels gilt. Sie sollten das besser gleich lernen als später.« Dies klingt vielleicht gut gemeint und »realistisch«, aber das ist es keineswegs.

Man muss Kinder möglichst vor der Negativität der Welt beschützen, bis ihr Gehirn so weit entwickelt ist, dass sie diese Wirklichkeit richtig interpretieren können. Solange sich das Kind im Mutterschoß entwickelt, braucht es den Schutz und die Unterstützung des mütterlichen Körpers. Ebenso braucht das Kind in den ersten neun Lebensjahren Schutz vor der Negativität der Welt. Man kann Kinder nicht dadurch auf schlechte Erfahrungen vorbereiten, dass man sie schlechte Erfahrungen machen lässt.

Ein Kind ist wie ein Keimling, der vor rauer Witterung geschützt werden muss, bis er kräftiger geworden ist. Kinder müssen vor strengen Lehrern, ruppigen Mitschülern, den Abendnachrichten und so weiter geschützt werden. Liebevolle Eltern und Verwandte, hilfreiche Freunde und Lehrer bilden den idealen »Mutterschoß« für das sich entwickelnde Kind.

Die Entwicklung kognitiver Fähigkeiten

Die kognitiven Fähigkeiten entwickeln sich noch später. Zunächst dauert es neun Jahre, bis das Gehirn die Fähigkeit zu einer logischen Interpretation der Wirklichkeit erlangt hat. Erst nach weiteren fünf Jahren, also im fünfzehnten Lebensjahr, ist ein Kind zu konsequentem abstraktem Denken fähig; dann kann es hypothetische Situationen verstehen oder darstellen, logisch über sich selbst nachdenken und Probleme aus der Sichtweise eines anderen betrachten. In Ansätzen mögen diese kognitiven Fähigkeiten auch schon früher vorhanden sein, aber sie sind jedenfalls noch nicht voll entwickelt. Und ohne diese kognitiven Fähigkeiten erfahren Kinder die Welt völlig anders.

Erwachsene haben vergessen, wie es ist, die Welt ohne diese geistigen Fähigkeiten zu betrachten. Aus der Perspektive eines Kindes ist die Welt ein weiter Ort, der verstörend, verwirrend und Furcht erregend sein kann. Die heutige Welt ist negativer und aufdringlicher als die früherer Generationen. Der technische Fortschritt hat dazu geführt, dass auf die Kinder pausenlos ein Hagel von negativen Informationen und Stimulationen niedergeht.

Kinder sind heute mehr denn je einem Hagel negativer Informationen und Stimulationen ausgesetzt.

Wenn irgendwo ein Kind entführt, vergewaltigt oder ermordet wird, dann wird man pausenlos von Berichten darüber verfolgt, im Fernsehen, im Radio, in Zeitschriften und im Internet. Dies vermittelt dem Kind den Eindruck, dass die Tragödie irgendwo in seiner Nähe geschehen ist und dass es leicht selbst das nächste Opfer sein könnte. Die ständige Berieselung mit Leid und Unglück in den Nachrichten stumpft die natürliche Sensibilität von Kindern ab und schwächt ihre Empfindung, unter der Kontrolle der Eltern zu sein.

Die dauernde Konfrontation mit Verbrechen und Gewalt macht zum Normalzustand, was im Leben keineswegs normal oder natürlich ist.

Niemals zuvor wurden Kinder mit so vielen schmerzlichen und negativen Realitäten konfrontiert. Selbst Erwachsene schaffen es kaum noch, all die Nachrichten aus der wirklichen Welt zu verarbeiten. Aber zumindest haben sie die intellektuelle Fähigkeit, Weltereignisse einigermaßen richtig zu interpretieren und einzuordnen. Kinder haben diese Fähigkeit nicht. Eltern sollten ihr Möglichstes tun, ihre Kinder vor dieser Überwältigung zu schützen, damit sie sich wieder sicher und geschützt fühlen und Vertrauen entwickeln können.

Kinder brauchen Sicherheit

Bis zur Entwicklung des logischen Denkens brauchen Kinder immer wieder die Vergewisserung, dass alles in Ordnung ist. Ohne die Fähigkeit zum logischen Denken kommen die Kinder zu falschen Überzeugungen und Schlussfolgerungen. Fühlen Kinder sich nicht geliebt, glauben sie, dass sie niemals geliebt werden. Geht etwas verloren, glaubt ein Kind, dass dies nie mehr gefunden oder ersetzt werden kann. Bekommen Kinder einmal keine Süßigkeit, glauben sie, dass sie niemals mehr eine Süßigkeit bekommen werden. Wenn Eltern weggehen, dann glauben Kinder, dass sie niemals mehr zurückkommen werden. Mit Zureden kann man Kinder nicht beruhigen – nur mit Zuhören. Eine mitfühlende Reaktion auf die zarten Gefühle von Kindern vermittelt eine beruhigende Botschaft, auch wenn sie noch nicht vernünftig denken können.

Begründungen beruhigen Kinder nicht,
wohl aber Zuhören.

Für die Eltern ist klar, dass sie bald wieder da sein werden und alles in Ordnung ist. Dieses Wissen überträgt sich vom Bewusstsein der Eltern direkt auf die Kinder, wenn sie ruhig und liebevoll zuhören und dem Kind versichern, dass alles in Ordnung ist. Das einfache Gefühl der Verbundenheit lässt das Kind an der Lebenserfahrung und am Bewusstsein der Eltern teilhaben.

Kinder haben ein anderes Gedächtnis

Etwa bis zum zehnten Lebensjahr haben Kinder auch ein anderes Erinnerungsvermögen. Sie können sich zwar an Worte, Gedanken und konkrete Handlungen erinnern, aber weil sie noch kein logisches Denken entwickelt haben, können sie diese nicht immer logisch miteinander verknüpfen. Es ist unrealistisch, von einem Kind unter neun Jahren zu verlangen, dass es nicht vergessen soll, die Dose für sein Pausenbrot bereitzulegen oder etwas wegzulegen. Es lernt dies nur durch ständige Anleitung und Wiederholung; man kann nicht erwarten, dass es nur deshalb daran denkt, weil es sinnvoll ist.

So nützt es nichts, wenn eine Mutter einem Kind erklärt: »Wenn du dein Pausenbrot vergisst, dann wirst du in der Schule Hunger bekommen.« Das Kind versteht diese Begründung nicht, weil es noch nicht vernünftig über seine Zukunft nachdenken kann. Am besten fragen Eltern einfach: »Holst du bitte die Dose für dein Pausenbrot?«, oder: »Würdest du dies bitte weglegen?«

Verlangt man von einem Kind zu viel, bekommt es das Gefühl, dass die Eltern nicht mehr die Kontrolle haben und dass es böse ist, weil es nicht tut, was man ihm sagt. Natürlich sind solche Schlussfolgerungen falsch, aber das Kind ist einfach noch nicht so weit, sich Dinge deshalb zu merken, weil sie sinnvoll oder vernünftig sind.

Es verletzt ein Kind, wenn Eltern ärgerlich sagen: »Wieso hast du es vergessen?« Das Kind hat gar nichts vergessen, weil es überhaupt noch nicht in der Lage ist, sich etwas zu merken. Wenn jemand etwas vergessen hat, dann die Eltern, nämlich dass man von einem Kind unter neun Jahren bestimmte Dinge einfach noch nicht erwarten kann.

Das Gleichgewicht zwischen Freiheit und Kontrolle

Kinder sind nie böse – sie sind höchstens außer Kontrolle. Durch die positive Erziehung bekommen sie die Möglichkeit, die Kontrolle der Eltern zu fühlen. Konkret heißt das: Sie erhalten von den Eltern einerseits Freiheit, andererseits klare Führung. Mit der Methode der positiven Erziehung gelingt es, dieses Gleichgewicht zwischen Freiheit und Kontrolle zu schaffen, weil sie eine Gefühlsverbundenheit zwischen Eltern und Kindern herstellt. Kinder erleben die Freiheit, individuell und anders sein zu dürfen, aber sie fühlen auch das starke Bedürfnis, die Eltern nachzuahmen und von ihnen zu lernen. Die Freiheit, Widerstand leisten zu dürfen, stärkt das Selbstbewusstsein der Kinder und schafft zugleich eine Verbindung zum Willen und Bewusstsein der Eltern.

Sind Kinder aufsässig, brauchen sie keine Androhung von Strafen: Sie müssen einfach die Verbindung zu ihren Eltern wieder finden.

Erlaubt man es einem Kind, nein zu sagen und mehr zu wollen, muss man auch starke negative Emotionen in Kauf nehmen, wenn es nicht mehr bekommt. Die Äußerung dieser starken Emotionen gibt aber Kindern nicht nur die Gelegenheit zu lernen, wie man mit ihnen umgeht, sondern verstärkt auch ihre Fähigkeit, in ihr Inneres zu schauen, also zu fühlen. Lässt man die Äußerung negativer Emotionen zu, entsteht ein Gefühlsbewusstsein, das das Kind für seine Verbindung mit den Eltern braucht.

Denn dieses Gefühlsbewusstsein hilft Kindern, ihre inneren Bedürfnisse zu identifizieren. Fühlen Kinder mehr, werden sie sich ihres Bedürfnisses nach der Liebe und der Führung der Eltern deutlicher bewusst. Dies aktiviert ihre Bereitschaft, sich den Eltern gegenüber kooperativ zu verhalten und von ihnen zu lernen. Man kann auf Strafen verzichten: Diese Kinder korrigieren sich automatisch selbst, weil sie in Verbindung mit dem Bewusstsein der Eltern stehen und so spüren, was richtig und falsch, gut und schlecht, klug und dumm ist. Kinder wissen zwar nicht direkt, was ihre Eltern wissen, aber sie können deren Wissen und andere Quellen nutzen, um sich selbst zu korrigieren und notwendige Anpassungen durchzuführen.

Probleme bei Verlust der Kontrolle

Verlieren Kinder die Verbindung zu ihrer inneren Bereitschaft, die Kontrolle ihrer Eltern anzunehmen, können zwei bedeutsame Probleme entstehen: Sie agieren den Schmerz und den Aufruhr darüber, dass sie außer der Kontrolle ihrer Eltern sind, entweder aus, oder sie verdrängen ihre Gefühle. Grundsätzlich kann man sagen, dass Jungen eher ausagieren und Mädchen eher verdrängen, auch wenn es Kinder gibt, die beides tun oder zwischen beidem wechseln.

Grundsätzlich gilt, dass Jungen
ihren inneren Schmerz und Aufruhr eher ausagieren,
Mädchen eher verdrängen.

Die typischen Symptome eines Kontrollverlusts lassen sich folgendermaßen beschreiben: Jungen werden aufsässig und lehnen Autorität ab. Ohne die Unterstützung von Eltern und Verwandten suchen sie Führung vor allem bei Gleichaltrigen. Ein braves Kind lässt sich leicht von anderen beeinflussen, die nicht ganz so brav sind. Haben Jugendliche keinen Kontakt mehr zu ihren Eltern, ist das Risiko größer, dass sie von Gleichaltrigen verdorben werden, die noch mehr außer Kontrolle sind.

Sind Jungen der Kontrolle der Erzieher entglitten, verlieren sie leicht die Orientierung. Sie werden hyperaktiv, und dies führt zu zunehmender individueller oder Banden-Aggressivität, Gewaltbereitschaft, Promiskuität, Bösartigkeit und Grausamkeit. Verlieren die Eltern die Kontrolle, gehen die schulischen Leistungen zurück, und die Aktivitäten in der Schule und in der Familie werden vernachlässigt. Ohne die elterliche Kontrolle können Jungen ihr inneres Potenzial nicht verwirklichen.

Verlieren die Eltern die Kontrolle,
gehen die schulischen Leistungen zurück,
und die Aktivitäten in der Schule und in der Familie
werden vernachlässigt.

Zwar können auch bei Mädchen diese Probleme auftreten, doch neigen sie eher dazu, den unvermeidlichen Schmerz, von der Unterstützung der Eltern abgeschnitten zu sein, nach innen zu verdrängen. Mädchen verlieren insbesondere ihr Selbstvertrauen, und ihr Selbstwertgefühl sinkt. Statt die Unterstützung ihrer Eltern zu suchen, wenden sie sich Jungen zu und missbrauchen ihre Sexualität, um Aufmerksamkeit zu bekommen und ihr Selbstwertgefühl zu erhöhen.

Während Jungen hyperaktiv werden und die Fähigkeit verlieren, sich zu konzentrieren und zusammenzunehmen, neigen Mädchen dazu, sich allzu sehr mit ihren Mängeln und Unzulänglichkeiten zu befassen. Dies führt zu Klatschsucht, Gewichtsproblemen, einem negativen Selbstbild, Selbstmordneigung, Verstrickung in Beziehungen, in denen sie sich ausnutzen lassen, Suchtverhalten und Depression. Ohne die Unterstützung der Eltern können auch Mädchen ihr wahres Potenzial nicht entwickeln.

Drei Stadien der Entwicklung

Kinder entwickeln sich in drei Stadien von jeweils neun Jahren zu reifen und erfolgreichen Erwachsenen. In den ersten neun Jahren entwickeln sich Kinder am besten, wenn sie vertrauensvoll und in völliger Abhängigkeit aufwachsen können. Während der zweiten neun Jahre (neun bis achtzehn Jahre) müssen die Jugendlichen Selbstvertrauen und Unabhängigkeit lernen. Im dritten Neunjahres-Zeitraum (achtzehn bis siebenundzwanzig Jahre) entwickelt der junge Erwachsene seine Autonomie.

Im ersten Stadium besteht die Aufgabe der Eltern darin, vollkommen für das Kind verantwortlich zu sein. Während der zweiten neun Jahre müssen sie eine gewisse Kontrolle ausüben, aber zugleich dem Jugendlichen immer mehr Freiheit und Unabhängigkeit gewähren. Die Lockerung der Kontrolle ist ein fortschreitender Prozess. Kinder können nur Selbstvertrauen erwerben, wenn man ihnen die Gelegenheit gibt, mehr Verantwortung zu übernehmen. Jugendliche brauchen stufenweise mehr Freiheit, um ein gesundes Verantwortungsgefühl zu entwickeln. Grundsätzlich dürfen die Eltern keine Vollkommenheit erwarten – Kinder machen in allen Altersstufen Fehler.

Jugendliche brauchen stufenweise mehr Freiheit,
um ein gesundes Verantwortungsgefühl zu entwickeln.

Im dritten Stadium müssen sich die Eltern zurückziehen und die Verantwortung für ihre Kinder allmählich ablegen. Allerdings haben Eltern dann immer noch die wichtige Aufgabe, die Kinder in jeder Weise zu unterstützen. Welcher Art diese Unterstützung ist, hängt vor allem davon ab, was das Kind in Anspruch nehmen möchte, nicht davon, was das Kind nach Auffassung der Eltern braucht. So ist es zum Beispiel in Ordnung, wenn man dem Kind Rat, Unterkunft oder Geld gibt, wenn es dies braucht oder darum bittet.

Liebevolle Eltern müssen aufhören, sich um ihre erwachsenen Kinder Sorgen zu machen und stattdessen deren Erfolgen Anerkennung zollen. Sich um einen Erwachsenen Sorgen zu machen, vermittelt nur den Eindruck, dass man kein Vertrauen in ihn hat. Wohlmeinende Eltern, die vielleicht ihre vergangenen Fehler gutmachen wollen, machen alles nur noch schlimmer, wenn sie einem Kind über achtzehn Jahren unerbetene Hilfe aufdrängen wollen.

Die Entwicklung der Verantwortlichkeit

In den ersten neun Jahren sind Kinder ganz auf Unterstützung angewiesen, um ihre Richtung finden zu können. Sind sie nicht vollständig unter der Kontrolle der Eltern, müssen sie zu schnell erwachsen werden und ihre Entwicklung verläuft nicht vollständig. Sie müssen zuerst lernen, anderen zu vertrauen, damit sie allmählich die Fähigkeit entwickeln, sich selbst zu vertrauen.

Man würde niemals lernen, auf einem Seil zu gehen, wenn man ohne Netz in großer Höhe üben müsste. Man geht also zunächst dicht über dem Boden. Dann spannt man das Seil höher, benutzt aber ein Sicherheitsnetz. Ohne die Sicherheit, dass bei einem Absturz nichts passieren kann, kann man niemals eine neue Fähigkeit lernen. Das Wissen, dass man sich auf andere verlassen kann und man deren Unterstützung hat, ist die Grundlage für die Entwicklung von Unabhängigkeit und Autonomie.

Kinder sind noch völlig ichbezogen. Sie sind der Mittelpunkt der Welt. Wenn etwas Gutes geschieht, dann glauben sie, dass sie dies bewirkt hätten. Geschieht etwas Schlechtes, dann glauben sie, auch dafür verantwortlich zu sein. Sie übernehmen die Verantwortung, weil sie noch nicht logisch denken und

Probleme nicht aus der Sichtweise eines anderen betrachten können.

Sind zum Beispiel die Eltern schlecht gelaunt, dann kann das Kind nicht verstehen, dass Dinge, die außerhalb von ihm selbst liegen, für die schlechte Laune der Eltern verantwortlich sein könnten. Es sucht die Ursache für diese schlechte Laune sofort in sich. Dem können Eltern nur entgegenwirken, indem sie selbst die Verantwortung für ihre schlechte Laune übernehmen. Dem Kind muss klar sein, dass die Stimmung nichts mit ihm zu tun hat, und falls die Eltern ihre schlechte Laune an den Kindern auslassen, müssen sie sich dafür entschuldigen. Sonst setzt sich bei Kindern die Überzeugung fest, dass es immer ihre Schuld ist, wenn die Eltern schreien oder streiten.

Die Generationsgrenze

Eltern und Kinder stehen für zwei verschiedene Generationen. Die Grenze dazwischen muss immer respektiert werden. Eltern befinden sich oberhalb der Generationsgrenze, Kinder darunter. Wer oberhalb der Grenze ist, muss Verantwortung tragen und die Kontrolle haben. Wer unterhalb dieser Grenze ist, ist abhängig und braucht die Kontrolle der Eltern oberhalb der Grenze.

Sind Eltern gelassen, liebevoll, verständnisvoll, respektvoll, mitleidsvoll und kooperativ, haben sie die Kontrolle über sich und stehen oberhalb der Grenze. Die von ihnen abhängigen Kinder befinden sich unterhalb der Grenze, hier können sie Kinder sein.

Kinder werden mit einem Potenzial zu Achtung, Kooperation, Nachsicht, Selbstkorrektur, Liebe, Beharrlichkeit und Anpassungsfähigkeit geboren, aber sie brauchen die Leitung und Unterstützung eines Menschen, der sich diese Fähigkeiten schon erworben hat. Stehen Eltern oberhalb der Grenze und Kinder unterhalb davon, steht ihnen das Bewusstsein der Eltern automatisch als Ressource zur Verfügung.

Verhalten sich Eltern unverantwortlich, sei es gegenüber einander, gegenüber der Welt oder gegenüber ihren Kindern, dann können sie keine Unterstützung mehr geben. Wenn Eltern die Kontrolle über sich selbst verlieren und sich wie Kinder verhalten, geraten sie unter die Grenze. Dies hat zur Folge, dass Kinder über die Grenze gehen und Verantwortung übernehmen.

Geraten Eltern unter die Generationsgrenze,
kann dies dazu führen,
dass Kinder zu rasch erwachsen werden müssen.

Ein solches Kind ist plötzlich auf sich allein angewiesen und entwickelt spontan eine Überlebensstrategie, doch diese zwingt es dazu, zu schnell erwachsen zu werden. Es muss sich selbst die Eltern ersetzen, und dabei unterdrückt es Aspekte seines inneren Wesens. Statt beispielsweise zu lernen, mit negativen Emotionen und Begierden umzugehen, unterdrückt es diese nur. Etwas Ähnliches geschieht, wenn Kinder im Stich gelassen werden. Muss ein Zwölfjähriger die Verantwortung für sich selbst übernehmen, können sich bestimmte Aspekte seines Wesens nicht mehr entwickeln. Er verhält sich vielleicht wie ein Erwachsener, aber gewisse Fähigkeiten wie ein gesunder Umgang mit Emotionen oder die Fähigkeit, sich auf andere zu verlassen oder um Hilfe zu bitten, bleiben verkümmert. Er ist vielleicht sehr liebevoll, aber er hat Schwierigkeiten, eine enge oder dauerhafte Beziehung zu pflegen. Dies heißt nicht, dass er lebensuntüchtig wäre, aber es fehlt einfach etwas.

Damit sich Kinder vollständig entwickeln können, müssen sie achtzehn Jahre unterhalb der Generationsgrenze sein. Sie brauchen das Gefühl, dass ihre Eltern die Kontrolle haben. Sie müssen das Vertrauen haben können, dass sie sich auf sie verlassen können und dass nicht umgekehrt sie für die Eltern da sein müssen.

Scheidung und die Generationsgrenze

Fällt ein Elternteil weg, wechseln Kinder oft auf die andere Seite der Generationsgrenze, um den zurückgebliebenen Elternteil zu trösten. Um Kinder unterhalb der Grenze erziehen zu können, müssen zwei Elternteile oberhalb der Grenze sein. Fehlt ein Elternteil wegen Trennung, Scheidung oder einfach wegen Vernachlässigung versuchen Kinder, den fehlenden Elternteil zu ersetzen.

Auch der Versuch eines Elternteils, bei einem Kind emotionale Unterstützung zu finden, kann dieses veranlassen, die Generationsgrenze zu überschreiten. Brauchen Eltern emotionale Unterstützung, müssen sie diese bei einem anderen Erwachsenen suchen, nicht bei einem Kind.

Brauchen Eltern emotionale Unterstützung, müssen sie diese bei einem anderen Erwachsenen suchen, nicht bei einem Kind.

Dies ist ein weiterer Grund, warum alleinstehende Eltern nach der Scheidung so schnell wie möglich versuchen sollten, wieder ein normales Leben zu führen. Es schadet den Kindern sehr, wenn man versucht, sie als Ersatz für den Partner zu nehmen. Dies scheint vielleicht einfach und naheliegend, aber man behindert dadurch die Entwicklung der Kinder: Sie werden zu schnell erwachsen und zeigen je nach Temperament typische Verhaltensweisen:

- ▷ Sensible Kinder fühlen sich als Opfer und glauben, ihre Wünsche nicht aus eigener Kraft erfüllen zu können.
- ▷ Aufgeweckte Kinder neigen dazu, es allen recht machen zu wollen; sie verleugnen ihre eigenen Wünsche, um anderen entgegenzukommen.
- ▷ Empfängliche Kinder werden unterwürfig und passiv und verlieren ihre Kreativität.
- ▷ Aktive Kinder werden sehr erfolgreich, aber oft verhalten sie sich anderen gegenüber respektlos oder dominant.

Nur wenn Eltern sich verantwortungsvoll verhalten und oberhalb der Generationengrenze bleiben, können sich Kinder in einer gesunden Weise entwickeln. Natürlich werden Kinder Fehler machen und Wutanfälle bekommen, aber so können sie die nötigen Fertigkeiten entwickeln, um schließlich erwachsen zu werden.

Diese Erkenntnis kann alleinstehenden Eltern helfen, sich von den Schuldgefühlen zu befreien, die sie oft daran hindern, einen neuen Partner zu suchen. Zwar wehren sich Kinder oft dagegen, dass man ausgeht, aber man muss es trotzdem tun. Die Kinder müssen einsehen lernen, dass man auch ein eigenes Leben führen möchte und andere Menschen braucht, um sein Bedürfnis nach Freundschaft, Kommunikation, Liebe und Genuss befriedigen zu können. Unternimmt man nichts, um seine Bedürfnisse woanders zu befriedigen, übernimmt das Kind zu viel Verantwortung.

Jugendliche kontrollieren

Manche Eltern versuchen, die Aktivitäten von Jugendlichen zu stark zu kontrollieren, während andere ihnen zu viel Freiheit geben. Es gibt allerdings keine festen Regeln, welche Grenzen für jedes Alter richtig sind. Man ist auf seinen gesunden Menschenverstand angewiesen und muss durch Ausprobieren selbst herausfinden, wie viel Freiheit das Kind in welchem Alter verträgt. Verhaltensgrenzen müssen immer individuell zwischen Eltern und Kindern festgelegt werden, ob es um das Fernsehen, die Zeit am Computer, Aktivitäten außerhalb der Schule, die Sprache, die Ernährung, den Zeitaufwand für die Hausaufgaben, den Zeitpunkt, wann die Kinder abends zu Hause sein müssen, Freunde, das sexuelle Verhalten, häusliche Pflichten, Geld, die Kleidung oder das Betragen geht.

Die Kinder immer mehr in die Freiheit zu entlassen ist ein Prozess, für den eine gute Kommunikation zwischen Eltern und Kindern sowie mit anderen Eltern und Lehrern unerlässlich ist. Auch wenn man Jugendlichen viel persönliche Entscheidungsfreiheit lässt, kann man trotzdem noch nicht auf die fünf Fertigkeiten positiver Erziehung verzichten, um die Kontrolle zu behalten.

Wenn ein Sechzehnjähriger außer Kontrolle ist und die Eltern in einer respektlosen Weise herausfordert, dann ist immer noch eine Auszeit angemessen. Geben Jugendliche freche Antworten, dann muss man ihnen deutlich machen, dass ihr Verhalten inakzeptabel ist und dass man sich mehr Respekt wünscht. Auch wenn sich Kinder schon besser artikulieren können, dürfen Eltern trotzdem nicht vergessen, dass sie ihren Aufforderungen nicht durch die Androhung von Strafen oder Erklärungen Nachdruck verleihen dürfen.

Widersetzen sich Jugendliche Aufforderungen, dann ist es nach wie vor am besten, das Mittel der Belohnung oder des Gebots einzusetzen. Man sagt einfach, was man sagen will, und lässt dies wirken. Solange die Kinder im Haus sind, müssen sie wissen, dass die Eltern das Sagen haben.

Solange die Kinder im Haus sind, müssen sie wissen, dass die Eltern das Sagen haben.

Jugendliche brauchen ebenso wie Kinder Überwachung. Selbst wenn man nicht physisch anwesend ist, hilft den Kindern schon das bloße Wissen, dass die Eltern darüber informiert sind, wo sie sind und was sie tun, um das Bewusstsein der Kontrolle durch die Eltern nicht abreißen zu lassen. Der erste wichtige Schritt ist hier die Schule. Oft möchten Kinder nicht viel über den Schultag erzählen, wenn sie nach Hause kommen. Manchmal brauchen sie einfach etwas Zeit, um Geschehnisse zu vergessen, oder sie müssen mit einem Freund am Telefon über die Ereignisse reden, bevor sie sich gegenüber den Eltern äußern können. Um Jugendliche zum Reden zu bringen, muss man immer versuchen, auch in diesen Teil ihres Lebens präsent zu sein.

Eltern sind oft so beschäftigt, dass sie kaum Zeit dafür haben, an Aktivitäten in der Schule teilzunehmen, über die Vorgänge in der Schule informiert zu sein und prinzipiell Verbindung zu halten. Für Kinder ist es aber sehr wichtig, dass sich die Eltern an schulischen Aktivitäten beteiligen; nur dann reden sie auch über die Schule. Zum Glück ist es heute dank des technischen Fortschritts einfacher, eine solche Verbindung aufrechtzuerhalten.

Mit dem Internet die Kommunikation verbessern

Eltern können heute das Internet nutzen, um sich darüber zu informieren, was in der Schule ihrer Kindern passiert. Manche Schulen haben bereits ein entsprechendes Angebot. Eltern können sich im Internet über die aktuellen Kurse, Ereignisse und Projekte auf dem Laufenden halten und über E-Mail Kontakt zu den Lehrern und anderen Eltern pflegen. Wenn die Schule noch keine Website hat, kann man die Schulleitung anregen, ein entsprechendes Projekt zu starten.

Eltern können sich heute auch im Internet über die Aktivitäten an der Schule ihrer Kinder informieren.

Diese neuen Möglichkeiten können die Kommunikation zwischen Eltern und Kindern sehr verbessern. Wenn die Eltern bloß sagen: »Wie war es heute?«, dann kann man kaum eine Antwort erwarten. Stellen sie dagegen eine Frage, die deutlich macht, dass sie auf dem Laufenden sind, geben die Kinder viel bereitwilliger Auskunft. Es ist immer besser, nicht allgemeine, sondern spezifische Fragen zu stellen, beispielsweise:

- »Wie ging es heute im Turnen?«
- »War Jessica heute nett zu dir?«
- »Hat dem Lehrer dein Vortrag gefallen?«
- »Ich bin sehr stolz auf dich, dass du im Diktat eine Eins geschrieben hast.«

Kinder reden durchaus gerne über die Schule, wenn die Eltern sich informiert zeigen und dadurch echtes Interesse erkennen lassen. Je mehr sich die Eltern an schulischen Aktivitäten beteiligen und je besser sie darüber informiert sind, welche Fächer im Augenblick Schwerpunkt sind und mit welchen Kindern die Kinder spielen, desto mehr öffnen sie sich. Ein ständiger Austausch über die Ereignisse im Leben des Kindes und in der Schule ist wichtig, damit man die Kontrolle und seinen Einfluss behält. Je mehr der Einfluss der Eltern schwindet, desto anfälliger werden Kinder für den Einfluss anderer Kinder.

Man muss ständig mit Kindern im Gespräch darüber sein, was sich in der Schule tut, damit man seinen Einfluss behält.

Unterstützung durch andere Eltern

Verständigen sich Eltern nicht untereinander, bekommen Kinder zu viel Macht. Sie kommen zum Beispiel nach Hause und sagen, dass andere Kinder erst um elf Uhr abends zu Hause sein müssen, und man fühlt sich unter Druck, die Ausgehzeit ebenfalls zu verlängern. Die Wahrheit ist meist, dass nur ein einziges Kind bis elf Uhr wegbleiben darf, während alle übrigen um zehn Uhr zu Hause sein müssen. Haben Eltern untereinander keinen Kontakt, wissen sie dies nicht. Redet man mit anderen Eltern, dann bekommt man ein besseres Bild davon, welche Grenzen für die Kinder angemessen sind, und man behält die Kontrolle.

Auch hierbei kann das Internet nützlich sein. Es ermöglicht einen problemlosen Austausch zwischen Eltern, die sich sonst kaum sehen. Von anderen Eltern zu hören, wie es bei ihnen zurzeit »läuft«, schafft nicht nur mehr Klarheit und Überblick, sondern macht auch die Erziehungsaufgabe einfacher. Es ist viel schwieriger, wenn man das Gefühl hat, auf sich allein gestellt zu sein. Und hat man selbst die Unterstützung anderer Eltern, dann bekommen auch die Kinder die Unterstützung, die sie brauchen.

Die fünf Botschaften erfolgreich anwenden

Tief im Innern aller Kinder gibt es einen Knopf. Drückt man diesen Knopf, werden sie an ihre Bereitschaft erinnert, sich den Eltern gegenüber kooperativ zu verhalten und ihnen Freude zu machen. Die fünf Botschaften und die fünf Fertigkeiten der positiven Erziehung dienen dazu, diesen Knopf zu betätigen. Eltern, die dies lernen, verschaffen sich die Kontrolle, die sie brauchen, um ihre Kinder führen zu können. Eltern müssen diesen magischen Knopf immer wieder drücken, damit die Kinder optimal lernen und wachsen können.

Die positive Erziehung bewährt sich auch bei Kindern, die bisher nicht mit den fünf Botschaften der positiven Erziehung erzogen wurden. Es ist nie zu spät, zu einem guten Erzieher zu werden und Kinder zu einem kooperativen Verhalten zu ermuntern. Mit den fünf Botschaften der positiven Erziehung hat man ein Mittel in der Hand, jederzeit die Kommunikation zu verbessern, kooperatives Verhalten zu erzeugen und in den Kindern das Beste zum Vorschein zu bringen.

Mütter und Töchter

Die Beziehung zwischen Müttern und ihren heranwachsenden Töchtern ist oft schwierig, weil die Mutter immer noch versucht, alles im Leben des Kindes unter Kontrolle zu halten. Dies ist besonders dann der Fall, wenn Töchter ihren Müttern trotzen, weil diese zu nachgiebig waren, als die Töchter noch kleiner waren.

Die Entwicklung des Selbstbewusstseins bringt es bei heranwachsenden Mädchen oft mit sich, dass sie heftig gegen die Kontrolle der Mutter rebellieren. In diesem Fall können die fünf Fertigkeiten der positiven Erziehung der Mutter helfen, in einer gesünderen Weise die Kontrolle zu behalten, ohne die Stimme zu erheben, Forderungen zu stellen, Gefühle zu äußern oder Strafen androhen zu müssen. Indem Mütter ihre Töchter mit Begründungen überhäufen, warum sie sich anders verhalten sollten, erzeugen sie nur Widerstand.

Väter und Töchter

Töchter entfremden sich oft ihren Vätern, weil diese Lösungen anbieten, statt Fragen zu stellen. Viele Männer verstehen nicht, dass Frauen oft einfach das Bedürfnis haben zu reden und sich mitzuteilen; meist wollen ihre Töchter gar keine Ratschläge, wenn sie sich an sie wenden. Männer glauben, es sei ihre Aufgabe, immer alles in Ordnung zu bringen, während Mädchen und Frauen oft einfach nur reden und einen Zuhörer haben wollen. Väter sind meist vollauf damit beschäftigt, ihre Familie zu ernähren, darum kümmern sie sich oft weniger um die alltäglichen Erziehungsprobleme. Dies vermittelt kleinen Mädchen den Eindruck, dass sie ihrem Vater gleichgültig sind.

In Wahrheit ist es natürlich so, dass dem Vater das Wohlergehen seiner Tochter sehr wohl am Herzen liegt, deshalb arbeitet er ja auch so hart. Zugleich aber weiß er nichts von den kleinen Dingen, weil er sich nicht um die Details kümmert. Er sorgt für ihre Grundbedürfnisse, aber ob sie Jeans und einen Pferdeschwanz trägt oder einen Rock mit einer passenden Haarspange, ist für ihn nicht so wichtig. Auf das Mädchen wirkt dies jedoch wie Desinteresse. Um Zugang zu ihren Töchtern zu bekommen, müssen Väter sich darum die Zeit nehmen, interessierte Fragen zu stellen, und lernen, zuzuhören, ohne immer gleich einen Rat anzubieten.

Mütter und Söhne

Mütter klagen oft darüber, dass ihre Söhne nicht auf sie hören und sie nicht respektieren. Dies liegt daran, dass sie ihnen zu viele Anweisungen geben und sich schnell zurückziehen, wenn die Kinder sich nicht kooperativ verhalten.

Aber Jungen haben das Bedürfnis zu beweisen, was sie alleine können. Zu viel Hilfe wird als mangelndes Vertrauen interpretiert, weshalb sie schließlich die Verbindung abbrechen und nicht mehr zuhören.

Jungen brauchen im Allgemeinen mehr Unabhängigkeit und Raum für Experimente als Mädchen.

Mütter neigen dazu, Jungen mit Empörung oder langen Vorträgen kontrollieren zu wollen. Dies ist ein häufiger Fehler, der sehr schnell dazu führt, dass die Söhne die Verbindung abbrechen und die Mutter deshalb erst recht keine Kontrolle hat. Widersetzt sich ein Junge einer Aufforderung der Mutter, muss sie mit seinem Wutanfall rechnen und bereit sein, ihm eine Auszeit zu verordnen. Wenn sie einfach aufgibt oder wartet, bis Papa nach Hause kommt, verliert sie ihre Autorität.

Inwieweit Söhne ihre Mutter respektieren, hängt auch stark davon ab, wie der Vater seine Frau behandelt. Wenn die Mutter zum Beispiel zum Mittagessen ruft und der Vater sich lange Zeit lässt, bis er kommt, dann übernehmen Kinder dieses Verhalten sofort.

Kinder leben ganz aus der Beobachtung und Nachahmung. Hört der Vater nicht auf die Mutter, dann bedeutet dies für die Jungen ganz klar, dass sie ebenfalls nicht zu hören brauchen. Dies ist ein weiterer Grund, warum es so wichtig ist, dass man Auseinandersetzungen mit dem Ehepartner nicht vor den Kindern austragen darf. Beklagt sich die Mutter vor den Kindern darüber, dass ihr Mann sie nicht respektiert, dann bringt sie ihren Kindern ungewollt bei, dass auch sie sie nicht zu respektieren brauchen.

Väter und Söhne

Väter schaffen das beste Band zu ihren Söhnen durch gemeinsame Aktivitäten. Diese geben dem Sohn die Gelegenheit, die Wertschätzung, Bewunderung und Unterstützung seines Vaters zu erfahren. Söhne und Väter brauchen nicht so viel miteinander zu reden, aber sie müssen ein Band herstellen. Väter müssen darauf achten, ihre Söhne nicht zu sehr zu kritisieren oder sich über deren Mängel zu ärgern. Söhne brauchen die klare Botschaft ihres Vaters, dass sie so, wie sie sind, normal und in Ordnung sind.

Väter müssen sich hüten,
zu viel von ihren Söhnen zu verlangen.

Jungen sind mehr zielorientiert als Mädchen. Scheitert ein Junge, dann muss er die Gewissheit haben, dass ihn sein Vater verstehen und trösten und ihm zugestehen wird, dass er sein Bestes getan hat. Väter müssen sich hüten, ständig darauf zu verweisen, was das Kind hätte besser machen können. Sie müssen sich vor Augen halten, dass jedes Kind anders ist und unterschiedlich schnell lernt. Ihre Aufgabe ist es, die Stärken der Kinder zu entdecken und diese mit Lob und Bewunderung zu fördern.

Lernen Väter, ihre Söhne ohne Strafen zu kontrollieren, schafft dies die Voraussetzung für eine gute Verbindung zwischen ihnen. Der Sohn braucht keine Angst vor Strafe zu haben, wenn er einen Fehler begeht, und er hat das Gefühl, immer den Rat und die Führung des Vaters in Anspruch nehmen zu können, solange er zu Hause ist.

Jugendliche schätzen Grenzen

Jugendliche schätzen nicht immer, was man letztlich bestimmt, aber sie respektieren und akzeptieren es doch, und insgeheim sind sie den Eltern sogar dankbar dafür. Jugendliche empfinden den Druck durch Gleichaltrige sehr stark. Versuchungen zu widerstehen ist einfacher, wenn man sich auf die Eltern berufen kann. Kinder von Eltern, die die Methode der positiven Erziehung anwenden, können zwar nicht sagen, dass sie von diesen bestraft werden, aber sie können immerhin sagen, dass sie großen Ärger mit ihnen bekommen.

Jugendliche können sich dem Druck Gleichaltriger leichter widersetzen, wenn sie sich auf ihre Eltern berufen können.

Statt mit Strafen reagieren die Eltern in der positiven Erziehungsweise mit Anpassungen auf Fehlverhalten von Jugendlichen. Damit man Jugendlichen mehr Freiheit geben kann, müssen sich diese zuerst Vertrauen verdienen. Stellt sich heraus, dass sie die Grenzen ihrer neuen Freiheit noch nicht respektieren können, dann muss man diese wieder einschränken. Eltern können vorübergehend das Maß an Freiheiten reduzieren, was keine Strafe ist, sondern eine Korrektur.

Eltern können vorübergehend das Maß an Freiheiten reduzieren, was keine Strafe ist, sondern eine Korrektur.

Der sechzehnjährige Tom durfte an Wochenenden bis ein Uhr ausbleiben. Aber es wurde jedes Mal zwei Uhr. Er sagte, dass er es einfach vergessen hätte, und er konnte nicht verstehen, warum dies so eine Affäre sein sollte. Seine Mutter erklärte ihm, dass es nachts nicht so sicher sei und dass man erst etwas reifer und verantwortungsbewusster sein müsse, um so spät nach Hause zu kommen. Wenn er schon nicht daran denken könne, um ein Uhr zu Hause zu sein, dann sei er noch nicht reif und verantwortungsbewusst genug.

Seine Mutter sagte ihm, dass er um Mitternacht anrufen müsse, wenn er bis um ein Uhr wegbleiben wolle. Dies würde ihm helfen, daran zu denken, wann es Zeit sei, nach Hause zu gehen. Tom vergaß es weiterhin. Nach einigen weiteren Versuchen, das Problem zu lösen, musste seine Mutter schließlich erkennen, dass sie ihm zu früh zu viel Freiheit gegeben hatte.

Sie sagte also zu Tom: »Ich habe eingesehen, dass es ein Fehler war, dich bis ein Uhr weggehen zu lassen. Ich weiß, dass du dein Bestes tust, aber ich glaube, dass du noch nicht so weit bist. Ab jetzt kannst du bis Mitternacht wegbleiben, und wenn dies eine Weile klappt, können wir wieder über ein Uhr reden.«

In dieser Weise wurde eine bestimmte Freiheit vorübergehend beschränkt, und in dieser Zeit konnte Tom beweisen, dass er das erforderliche Vertrauen verdient hatte. Natürlich sollte die Aufhebung eines Privilegs nur das letzte Mittel sein. Es muss dem Jugendlichen klar sein, dass man Verschiedenes versucht hat, aber schließlich doch zu dem Schluss gekommen ist, dass er einfach für eine so große Freiheit oder ein solches Privileg noch nicht weit genug ist.

Eltern müssen es sorgfältig vermeiden, eine Anpassung deshalb durchzuführen, um einen Jugendlichen zu bestrafen oder unter Druck zu setzen.

Solche Anpassungen dürfen nur dann vorgenommen werden, wenn die Eltern erkannt haben, dass sie zu viel Freiheit eingeräumt haben und einen Schritt zurückgehen müssen. Dann hat der Jugendliche die Gelegenheit, sich erneut das Vertrauen zu verdienen, sodass man ihm wieder mehr Privilegien geben kann. Dabei muss man immer sicherstellen, dass man es zunächst mit anderen Mitteln versucht hat, bevor man Privilegien zurücknimmt. Man muss sich immer vor Augen halten, dass Jugendliche, die bestraft werden, bei ihren Eltern keine Unterstützung mehr suchen.

Um die Kontrolle zu behalten, müssen Eltern wissen, wo ihre Kinder sind, mit wem sie ihre Zeit verbringen, was sie tun und wer ein Auge darauf hat. Aber oft wissen Jugendliche natürlich gar nicht, wohin sie gehen. Sie wollen weg, sich treffen und irgendetwas unternehmen. Die Eltern wollen wissen, wo die Kinder hingehen – aber diese wissen es manchmal wirklich nicht. Für dieses Problem kann man wie für jedes andere Problem kreative Lösungen finden, indem man neue Regeln festlegt.

Hat ein Jugendlicher die Erlaubnis, mit seinen Freunden auszugehen, ohne genau sagen zu müssen, wohin, dann könnte die neue Regel zum Beispiel lauten, dass er um zehn Uhr anrufen oder ein Handy mitnehmen soll. Vergisst er dies, dann wird die neue Freiheit wieder eingeschränkt, bis das Kind fähig ist, an das Handy zu denken oder zu einem bestimmten Zeitpunkt anzurufen.

Jugendliche sträuben sich zwar gegen Vorschriften, aber ein Teil von ihnen ist trotzdem dankbar dafür, dass die Eltern die Kontrolle und die Verantwortung behalten.

Für einen Monat muss der Jugendliche dann vorab sagen, wohin er geht, aber er kann weiterhin versuchen, um zehn Uhr anzurufen oder das Handy mitzunehmen. Klappt dies, dann darf er wieder ausgehen, ohne zu sagen, wohin. Ein weiterer Vorteil eines Handys ist, dass die Jugendlichen wissen, dass die Eltern jederzeit anrufen können. Dies trägt dazu bei, dass sie sich weniger leicht auf Drogen oder andere gefährliche Abenteuer einlassen.

Was tun, wenn das Kind Drogen nimmt?

Erfährt man, dass ein Kind Drogen nimmt, oder hat man einen entsprechenden Verdacht, aber das Kind streitet es ab, dann muss man einen Drogentest in Erwägung ziehen. Drogen-Stichproben haben sich als sehr wirksames Abschreckungsmittel erwiesen, durch das die Jugendlichen auch dem Druck der Gleichaltrigen etwas entgegensetzen können. Wenn sie sagen können, dass sie mit einem Drogentest rechnen müssen, dann fällt es ihnen leichter, von Gleichaltrigen angebotene Drogen abzulehnen.

Keinen Zweck hat es, als Strafe tage- oder wochenlanges Ausgehverbot zu erteilen. Je länger dieses Ausgehverbot dauert, desto mehr sinkt die Kooperationsbereitschaft. Die Jugendlichen betrachten die Eltern dann nicht mehr als Eltern, sondern als Feind. Bekommt man es mit ernsthaften Verhaltensproblemen zu tun, müssen Eltern noch mehr zuhören und versuchen, ihre Kinder zum Reden zu bringen. Statt Kindern zu sagen, was sie falsch machen, müssen sie vorsichtige Fragen stellen:

- »Warum glaubst du, dass ich etwas dagegen habe, dass du Drogen nimmst?«
- »Was hältst du davon?«
- »Was glaubst du, wie Drogen wirken?«
- »Glaubst du, dass ich dir helfen könnte, keine Drogen zu nehmen?«
- »Möchtest du, dass ich noch etwas für dich tue?«

Bringt man Jugendliche zum Reden, hilft ihnen dies, ihre Haltung zu klären. Haben Kinder eine Möglichkeit, ihre Meinung zu äußern, dann respektieren sie die Eltern eher. Hat ein Kind eine andere Meinung als die Eltern, dann müssen Eltern dies akzeptieren, aber sie müssen trotzdem darauf bestehen, dass der Jugendliche letztlich tut, was die Eltern ihm sagen. Kinder werden immer andere Wünsche haben, und wenn man diese zur Kenntnis nimmt, werden sie letztlich eher bereit sein, die Führung der Eltern zu akzeptieren.

Umgang mit Respektlosigkeit

Eine Mutter fragte mich, wie lange man einer Sechzehnjährigen Hausarrest geben kann, die freche Antworten gibt. Sie wollte wissen, ob zwei Wochen angemessen seien. Ich sagte ihr, dass sie beim nächsten Mal einfach eine Auszeit geben sollte. Weil ihre Tochter aber nicht an die positive Erziehung und an Auszeiten gewöhnt war, glaubte die Mutter, dass diese sie bloß auslachen würde. Also schlug ich ihr vor, die ersten Auszeiten etwas länger zu machen: zwei Stunden statt sechzehn Minuten. Die Mutter glaubte trotzdem, dass ihre Tochter sie nur auslachen würde. Sie sagte: »Zwei Stunden sind gar nichts im Vergleich zu dem, was sie verdient hätte.«

Ich machte der Mutter klar, dass ihre Tochter überhaupt keine Strafen verdient hatte. Sie als Mutter hatte diese Haltung nur, weil sie selbst in dieser Weise erzogen war und keine andere Möglichkeit sah, ihre Tochter unter Kontrolle zu halten. Sie willigte schließlich ein, es einmal zu versuchen, auch wenn sie nach wie vor davon überzeugt war, dass ihre Tochter sie nur auslachen würde.

Um wieder respektvoll zu werden, müssen Jugendliche einfach wieder unter Kontrolle kommen.

Als die Mutter das nächste Mal eine große Auseinandersetzung mit ihrer Tochter hatte, ließ sie es nicht zu, dass das Ganze eskalierte, sondern hielt inne und sagte: »Es ist nicht in Ordnung, dass du so mit mir redest. Ich bin deine Mutter, und ich möchte, dass du mich respektierst. Ich will jetzt, dass du eine Auszeit nimmst. Ich möchte, dass du zwei Stunden in dein Zimmer gehst. In dieser Zeit darfst du nicht heraus. Außerdem wirst du auch nicht mit deinen Freundinnen telefonieren.«

Die Mutter war überrascht, dass ihre Tochter mit Wut reagierte. Sie sagte: »Was fällt dir ein, mir zu sagen, was ich zu tun habe. Ich nehme keine Auszeit. Du kannst mir nichts befehlen. Du bist ein …«

Weil die Mutter die Tochter nicht nehmen und in ihr Zimmer stecken konnte, befahl sie ihr einfach zu gehen. Sie wiederholte diesen Befehl noch mehrmals. Schließlich ging die Tochter aus dem Zimmer, trat mit den Füßen gegen die Wände und schrie mit jedem Tritt Unflätiges. Als das Mädchen versuchte, weiter mit ihrer Mutter zu streiten, wiederholte ihre Mutter einfach das Gebot: »Ich will jetzt, dass du eine Auszeit von zwei Stunden nimmst. Und in dieser Zeit darfst du nicht ans Telefon.«

Die Mutter war skeptisch. Sie konnte sich nicht vorstellen, dass eine Auszeit von nur zwei Stunden ausreichen würde, um all den Widerstand an die Oberfläche zu bringen. Aber nach zwei Stunden kam die Tochter aus dem Zimmer und entschuldigte sich dafür, dass sie so frech gewesen war. Die Auszeit hatte sich in diesem Fall sofort bewährt.

Die Mutter brauchte also lediglich die Kontrolle wiederherzustellen, sodass die Tochter ihre Verbundenheit mit der Mutter fühlen konnte. Eltern brauchen einem Kind nicht tagelang oder wochenlang Hausarrest zu geben, um die Kontrolle wiederherzustellen. Dies bewirkt nur, dass die Eltern alle Kontrolle verlieren. Für heutige Kinder sind Strafen kontraproduktiv und schwächen nur die Autorität der Eltern gegenüber ihren Söhnen und Töchtern.

Unflätige Sprache

Als meine Tochter Lauren etwa zwölf war, begann sie gelegentlich zu fluchen. Ich bat sie jeweils ruhig, nicht solche Worte zu gebrauchen. Eines Tages widersetzte sie sich mir. Sie gab mir zur Antwort, dass ich selbst auch manchmal fluchen würde – warum also sie nicht auch? Ich erklärte ihr, dass ich als Erwachsener wusste, wann so etwas angemessen sei und wann nicht, und dass sie dies als Kind noch nicht wissen könne. Sie müsse erst lernen, sich zu beherrschen, bis sie es zu einem angemessenen Zeitpunkt und an einem angemessenen Ort tun könne.

Zunächst wollte sie dies nicht akzeptieren. Sie sagte, dass alle in der Schule fluchten und dass es dann auch ihr erlaubt sein müsse. Sie spürte die neue Freiheit einer Zwölfjährigen und widersetzte sich.

Sie sagte: »Ich will es nicht sein lassen.«

Ich wiederholte meine Aufforderung noch einmal. Ich sagte zu ihr: »Ich habe es gehört, dass alle anderen Kinder in der Schule Schimpfworte gebrauchen, aber es gehört sich nicht.«

Lauren: »Ich höre nicht auf damit, und du kannst mich nicht dazu zwingen.«

Ich: »Ich weiß, dass ich es nicht kontrollieren kann, wenn ich nicht in deiner Nähe bin. Ich kann dich nicht daran hindern, Schimpfworte zu gebrauchen, wenn du bei deinen Freundinnen bist, aber ich kann dich daran hindern, wenn du vor mir stehst. Ich will, dass du in meiner Nähe keine solchen Worte gebrauchst.«

Lauren: »Und wenn ich es doch tue? Was machst du dann?«

Ich: »Ich werde dich einfach bitten, dies sein zu lassen, und dich daran erinnern, dass ich nicht möchte, dass du Schimpfworte gebrauchst. Ich will, dass du anständig redest.«

Lauren: »Und wenn ich es nicht tue?«

Ich: »Wenn du weitermachst, dann wirst du eine Auszeit nehmen müssen.«

Damit war die Diskussion beendet. Für den Rest des Abends war die Stimmung zwischen uns etwas frostig, aber dann war die Sache vergessen. Sie wollte offensichtlich die Grenzen ihrer neuen Macht und Freiheit ausloten, und sie musste sich an den Teil von sich selbst gewöhnen, der sich mir widersetzen wollte.

Einige Tage später gebrauchte sie wieder Schimpfworte. Inzwischen hatten wir beide Zeit gehabt, über diese neue Herausforderung nachzudenken. Als sie ins Auto einstieg, schimpfte sie über jemanden, den sie nicht ausstehen konnte. Ich gab ihr wiederum zur Antwort: »Lauren, ich möchte nicht, dass du in meiner Gegenwart so redest.«

Sie sagte: »Papa, es ist so schwierig, keine Schimpfworte zu gebrauchen. Alle Kinder tun es. Ich fühle, wie es sich in mir aufstaut, und dann muss es heraus. Ich weiß nicht, was ich tun soll.«

Ich sagte zu ihr: »Ich habe darüber nachgedacht, und ich glaube, dass ich einen guten Kompromiss habe. Ich möchte einfach, dass du dich bemühst, nicht so zu reden. Wenn du ab und zu das Gefühl hast, dass es heraus muss, dann erlaube ich es dir ausnahmsweise, solche Worte zu gebrauchen, aber damit du lernst, dich zu beherrschen, musst du mich um Erlaubnis fragen. Du hast ja in ›Star Trek‹ gesehen, wie die Mannschaft den

Kapitän um Erlaubnis bittet, offen reden zu dürfen. Wenn du mich zuerst fragst, dann überlege ich mir, ob es ein geeigneter Zeitpunkt ist, so ungeschminkt zu reden.«

Diese kreative Lösung hat sich wunderbar bewährt. Wenn sie das Gefühl hat, etwas Unschönes sagen zu müssen, flüstert sie mit einem kleinen Lächeln in mein Ohr: »Darf ich loslegen?« Wenn ich zustimme, lässt sie ihre Kraftausdrücke oder gehässigen Bemerkungen vom Stapel. So lernte sie, ihre Gefühle zu kontrollieren und höflich zu bleiben, wenn dies notwendig war.

Entscheidungen fällen

Eltern geben oft auch dadurch die Kontrolle preis, dass sie ihren Kindern zu viele Entscheidungen überlassen. Gibt man Kindern vor dem neunten Lebensjahr zu viel Unabhängigkeit, schaden sie sich oft selbst durch falsche Entscheidungen. Dies führt dazu, dass sie an sich selbst zu zweifeln beginnen und unsicher werden. Diese Unsicherheit kann ein Leben lang anhalten und dazu führen, dass sie als Erwachsene entschlusslos oder unfähig sind, eine dauerhafte Verpflichtung einzugehen.

Eltern, die die Kontrolle haben, dürfen Kindern bis zum zehnten Lebensjahr niemals die Verantwortung für Entscheidungen überlassen. Natürlich dürfen Kinder ihre Wünsche, Bedürfnisse und Gefühle äußern, aber die Entscheidung müssen die Eltern fällen. Selbst bis zur Pubertät müssen Eltern an Entscheidungen den überwiegenden Anteil haben.

Kindern bis zum zehnten Lebensjahr darf man niemals die Verantwortung für Entscheidungen überlassen.

Fragen Eltern ihre Kinder direkt, was sie möchten, dann bekommen Kinder den Eindruck, dass sie die Kontrolle haben, nicht die Eltern, und zwar auch dann, wenn letztlich die Eltern die Entscheidung treffen. Positive Erziehung besteht darin, dass man jederzeit den Gefühlen und Wünschen der Kinder zuhört und diese berücksichtigt, aber nicht darin, dass die Eltern direkt danach fragen.

Fragen ist allenfalls dann in Ordnung, wenn die Kinder von sich aus Gefühle äußern oder sich der Kontrolle der Eltern widersetzen. Statt zu fragen: »Ist es schlimm, wenn du nicht auf den Spielplatz darfst?«, sagen kluge Eltern: »Es scheint dir nicht recht zu sein, dass du nicht auf den Spielplatz darfst.« Wenn die Eltern nicht direkt fragen, dann entsteht bei Kindern auch nicht der Eindruck, dass ihre Gefühle entscheidend sind oder dass allzu viel von ihnen abhängt.

Der Sieben-Jahres-Rhythmus

In den ersten sieben Lebensjahren brauchen Kinder die Eltern oder eine feste Bezugsperson, um ihre Selbstempfindung entwickeln zu können. In den folgenden sieben Jahren (sieben bis vierzehn Jahre) sind die Kinder immer noch von den Eltern abhängig, aber es findet eine Verschiebung statt, indem sie sich jetzt mehr auf Geschwister, Verwandte und Freunde stützen, um eine positive Selbstempfindung zu entwickeln. In den nächsten sieben Jahren (vierzehn bis einundzwanzig Jahre) halten sich Jugendliche und junge Erwachsene an Gleichaltrige und Menschen mit ähnlichen Zielen, um ihre Selbstempfindung weiterzuentwickeln.

In der ersten Phase müssen die Bedürfnisse der Kinder durch ihre Eltern oder einen anderen Erziehungsberechtigten befriedigt werden. In der zweiten Phase entwickeln sie im Austausch mit anderen in einer geschützten Umgebung ihr Selbstbewusstsein. In dieser Zeit ist es ihr größtes Bedürfnis, spielen und sich amüsieren zu können. In dieser Zeit müssen Eltern versuchen, den Kindern das Leben so einfach, angenehm und sicher wie möglich zu machen. Haben Kinder in den ersten sieben Jahren gelernt, wie sie bekommen können, was sie brauchen, und haben sie in den zweiten sieben Jahren gelernt, wie sie sich amüsieren können, dann sind die Voraussetzungen dafür geschaffen, dass sie in der dritten Phase hart arbeiten und Disziplin halten können.

Zwischen dem achten und fünfzehnten Lebensjahr ist es Kindern am wichtigsten, zu spielen und sich amüsieren zu können.

Es ist ein Fehler, von Kindern in den ersten vierzehn Lebensjahren zu viel zu verlangen. In dieser Zeit müssen sie vor allen Dingen lernen, wie man glücklich ist. Dies ist eine der wichtigsten Fertigkeiten im Leben. Glück kommt nicht aus der äußeren Welt, sondern von innen. Glückliche Menschen sind ungeachtet der äußeren Umstände glücklich.

Glücklichsein lernt man durch Spielen. Darum muss man vom achten bis zum fünfzehnten Lebensjahr Kinder ermuntern, zu spielen und sich zu amüsieren. Dies schafft die Basis dafür, dass sie in der Schule hart arbeiten und sich darauf vorbereiten können, auch in der Welt hart zu arbeiten. Zu viel Druck, gute Noten zu erzielen oder sich an den häuslichen Arbeiten zu beteiligen, kann Kinder daran hindern, die Fähigkeit zu entwickeln, glücklich zu sein und ihr Leben zu genießen. Dürfen Kinder die Erfahrung machen, dass Lernen und häusliche Pflichten Spaß machen können, dann werden sie nicht nur später glücklicher sein, sondern auch ihr ganzes Leben bereit sein, ständig dazuzulernen.

Zu viel Druck, gute Noten zu erzielen oder sich an den häuslichen Arbeiten zu beteiligen, kann Kinder daran hindern, glücklich zu sein.

Zwischen dem fünfzehnten und zweiundzwanzigsten Lebensjahr haben Jugendliche vor allem das Bedürfnis nach der Unterstützung anderer Jugendlicher, und der Druck durch Gleichaltrige nimmt stark zu. Haben Eltern dann nicht durch eine gute Kommunikation dafür gesorgt, dass sie eine gute Beziehung zu ihrem Kind haben, dann gewinnt die Unterstützung durch Gleichaltrige ein allzu großes Gewicht, und es besteht die Gefahr schlechter Einflüsse.

Warum Jugendliche rebellieren

Es ist eine natürliche Entwicklung, dass Jugendliche zwischen vierzehn und einundzwanzig die Unterstützung Gleichaltriger suchen, aber dies bedeutet nicht, dass sie deshalb zwangsläufig die Unterstützung durch ihre Eltern und die Familie zurückweisen müssen. Werden Kinder nach den Methoden einer positiven Erziehung erzogen, brauchen sie nicht zu rebellieren, um ein Ichbewusstsein zu entwickeln. Weil sie in jedem Entwicklungsstadium die Freiheit genossen haben, sie selbst zu sein, brauchen sie sich jetzt nicht aufzulehnen.

Jugendliche rebellieren nur, wenn sie als Kinder nicht genügend Freiheit und Unterstützung bekamen, sich selbst zu entdecken und zu entfallen.

Um einem ungesunden Druck seitens anderer Jugendlicher standhalten zu können, müssen die Kinder eine feste Verbindung zu ihrem Zuhause haben. Dies erreicht man nicht durch mehr Kontrolle, sondern durch die Anwendung der fünf Fertigkeiten einer positiven Erziehung. Jugendliche brauchen jemanden, der ihnen Verständnis, Rat und Orientierung geben kann. Nur dann nehmen sie die Unterstützung der Eltern an.

Viele Jugendliche sind heute rebellisch, weil die Eltern sie auf der Grundlage von Furcht erzogen haben. Wenden die Eltern statt Strafe und Furcht die Methoden der positiven Erziehung an, kommt das Bedürfnis nach Auflehnung von selbst zum Erliegen. Aber auch die positive Erziehung kann versagen, wenn Eltern zu lange zu viel Kontrolle ausüben. Jugendlichen muss man nach und nach immer mehr Freiheit geben, sonst kommt es doch wieder zu Auflehnung. Um Widerstand seitens der Jugendlichen zu vermeiden, müssen Eltern immer ein Gleichgewicht zwischen Freiheit und Kontrolle finden.

Die Kommunikation mit Jugendlichen verbessern

Eltern müssen sich bei Jugendlichen sehr davor hüten, unerbetenen Rat zu erteilen. Die Kinder haben jetzt die Fähigkeit zu abstraktem Denken entwickelt und können sich eine eigenständige Meinung bilden. Sie haben jetzt die Fähigkeit, auch den Standpunkt anderer Menschen zu berücksichtigen, aber sie brauchen zuerst jemanden, der ihre Meinung anhört. Selbst wenn sie einen nach der Meinung fragen, darf man immer erst antworten, nachdem man zurückgefragt hat, was *sie* meinen.

Nimmt man sich Zeit dafür, mit Jugendlichen nicht nur darüber zu sprechen, was man von ihnen erwartet, sondern auch über andere Themen, dann wird ihre Abwehrhaltung geringer. Jugendliche in diesem Entwicklungsstadium müssen streiten und ihre individuelle und oft abweichende Meinung vertreten. Selbst wenn man ihren Standpunkt nicht teilt, kann man zumindest ihre Logik anerkennen. Man könnte etwa sagen: »Daran hätte ich nie gedacht«, oder: »Nun, ich bin nicht dieser Meinung, aber man kann das sicher vertreten.«

Selbst wenn man den Standpunkt des Jugendlichen nicht teilt, kann man zumindest seine Logik anerkennen.

Man sollte die Jugendlichen auch die Erfahrung machen lassen, dass man nicht nur hinsichtlich der Frage, wie lange sie abends wegbleiben dürfen, offen ist. Indem man ihre Logik und ihre Meinung akzeptiert, lernen sie, dass es in Ordnung ist, anderer Meinung zu sein. Dies ist eine sehr wichtige Erfahrung. Ist man für ihre Auffassungen offen, dann sind sie auch zugänglicher, wenn sie mehr Freiheit fordern, als ihnen im Augenblick noch gut tut. Haben sie nicht die Gelegenheit, bezüglich aktueller Ereignisse anderer Meinung zu sein, dann wächst die Neigung zum Widerspruch um des Widerspruchs willen.

Haben Jugendliche einen inneren Widerstand, wollen sie sich nicht sagen lassen, was sie zu tun haben. Bevor Eltern zum Mittel des Gebietens greifen, um ihren Führungsanspruch zu behaupten, müssen sie sich zunächst auf die Einwände des Jugendlichen einlassen. Eltern könnten dann etwa sagen: »Ich verstehe es, dass du jetzt ein Piercing haben möchtest. Ich weiß, dass jetzt alle eines haben. Ich werde es mir überlegen, aber jetzt im Augenblick möchte ich, dass du wartest, bis du achtzehn bist.«

Jugendliche haben ein viel feineres Empfinden für Gerechtigkeit und Fairness als jüngere Kinder. Wenn sich Eltern wie Diktatoren verhalten, ist es klar, dass die Jugendlichen rebellieren. Zuhören und gemeinsame Überlegungen, wie viel Freiheit man einem Jugendlichen geben soll, stärken das Band zwischen Eltern und Jugendlichen.

Zuhören und gemeinsame Überlegungen, wie viel Freiheit man einem Jugendlichen geben soll, stärken das Band zwischen Eltern und Jugendlichen.

Bevor Eltern etwas gebieten, sollten sie zuerst um kooperatives Verhalten bitten, sich die Einwände des Jugendlichen anhören und seine Meinung respektieren. Dann können Eltern äußern, was sie möchten, indem sie zum Beispiel sagen: »Ich verstehe es, dass du dies für ungerecht hältst. Du möchtest bei deinen Freunden sein, und ich möchte, dass du hier bleibst, wenn deine Cousine kommt. Ich weiß, dass du dies nicht willst, aber es ist mir wichtig. Ich will, dass du da bist. Und ich möchte auch, dass du dich ihr gegenüber zwei Stunden lang freundlich und höflich verhältst; danach kannst du machen, was du willst.«

Die Meinung der Jugendlichen respektieren

Jugendliche sollten sich ihre eigene Meinung immer in Abgrenzung zu der Meinung der Eltern bilden können, ohne dass die Eltern mit ihren Gefühlen argumentieren. Es ist kontraproduktiv zu sagen: »Weißt du, dass du mir damit wehtust?«

Redet man über seine Gefühle, hat dies nur zur Folge, dass das Kind nicht mehr zuhört oder Schuldgefühle bekommt. Die meisten Kinder sagen heute: »Ach, die Leier mit den Schuldgefühlen«, und wenden sich ab. Jugendliche sind nicht für die Gefühle der Eltern verantwortlich. Aber sie können bereits verstehen, warum man etwas möchte. Widersetzt sich ein Jugendlicher den Wünschen der Eltern, dann sollte man ihm keinen Vortrag halten, sondern versuchen, mit ihm ins Gespräch zu kommen. Man sagt etwa: »Was glaubst du, warum ich möchte, dass du dies tust?«

Um die Kontrolle behalten zu können, dürfen Eltern die Einwilligung ihrer Kinder nicht immer schon voraussetzen. Jugendliche brauchen die Freiheit, anderer Meinung sein zu dürfen. Dies ist für sie eine wichtige Entwicklungsphase. Verlangt man nicht von vornherein Gehorsam oder Einverständnis, brauchen sie auch nicht zu rebellieren. Die positive Erziehung lässt Widerspruch zu, auch wenn niemals vergessen werden darf, dass letztlich die Eltern das Sagen haben.

Jugendliche brauchen die Freiheit, anderer Meinung sein zu dürfen.

Eltern müssen dafür sorgen, dass sie mit ihren Kindern im Gespräch bleiben, statt sie durch zu viele Ratschläge oder zu viel Kritik abzustoßen. Eltern müssen ein Gespür dafür entwickeln, wann die Kinder wirklich um Rat bitten und wann sie nur wissen wollen, ob sie noch mit den Eltern reden können.

Kommen die Kinder von der Schule mit Geschichten nach Hause, wie andere Kinder sich über Regeln hinwegsetzen, sich respektlos verhalten oder wilden Sex treiben, dann müssen sich Eltern zunächst zurückhalten und nicht gleich beginnen, zu predigen, zu belehren oder zu drohen.

Lesen die die nachfolgenden Beispiele durch. Überlegen Sie, wie Sie spontan reagieren würden, und dann denken Sie darüber nach, welche andere Antwort Sie geben könnten, damit Ihr Sohn oder Ihre Tochter weiter gesprächsbereit bleiben.

- »Harry hat heute beim Mathetest gespickt.«
- »Tina hat ihren Freund vor allen zur Schnecke gemacht.«
- »Chris hat die Stunde geschwänzt und es im Videoraum mit seiner Freundin getrieben.«
- »Ich habe Roger heute eine geklebt, weil er mich dauernd am Haar zog.«

▷ »Herr Richards ist wirklich blöd und langweilig. Er verlangt viel zu viel von uns.«
▷ »Susan war heute ziemlich fertig. Sie hat die ganze Nacht durchgemacht und sich total zugekifft.«

Machen Jugendliche solche oder ähnliche Bemerkungen, versuchen sie herauszufinden, ob sie wirklich mit den Eltern reden können, oder ob diese jetzt anfangen, zu predigen und zu belehren. Statt hier sofort zu reagieren, müssen Eltern zuerst fragen, was der Jugendliche selbst davon hält. Sie könnten etwa sagen: »Was meinst du jetzt, was ich davon halte?« Jugendliche bleiben mit ihren Eltern im Gespräch, wenn man ihre Meinung wahrnimmt.

Statt sofort zu reagieren, müssen Eltern Jugendliche zuerst nach ihrer eigenen Meinung fragen.

Beginnen Eltern sofort damit, die Meinung oder das Verhalten eines Jugendlichen zu kritisieren, oder rufen sie gleich andere Eltern und die Lehrer an, dann erzählen die Jugendlichen nichts mehr. Stattdessen müssen die Eltern zunächst einmal davon absehen, Ratschläge zu erteilen. Man muss zuhören – und sich vielleicht auch daran erinnern, wie man selbst als Jugendlicher war.

Die Kommunikation aufrechtzuerhalten ist viel wichtiger, als irgendwelche Probleme anzugehen. Um Einfluss auf seine Kinder haben zu können, müssen diese spüren können, dass ein Kontakt da ist, und dies kann nur dann der Fall sein, wenn sie das Gefühl haben, dass die Eltern ihnen zuhören.

Nachdem man die Neuigkeiten des Tages gehört hat, kann es manchmal durchaus notwendig sein, etwas zu unternehmen. Möglicherweise muss man andere Eltern über untragbares Verhalten ihrer Kinder informieren. Es ist aber wichtig, dass man nicht übereilt aktiv wird. Zuerst sollte man mit seinem Kind darüber reden, was es glaubt, dass man tun sollte. Hört man dem Kind zu, dann wird es selbst offener gegenüber dem sein, was die Eltern meinen. Wenn etwas unternommen werden muss, dann kann man sich gemeinsam über geeignete Maßnahmen unterhalten.

Einen Jugendlichen wegschicken

Manchmal braucht ein Jugendlicher, der nicht mehr zu kontrollieren ist, mehr als eine Auszeit in seinem Zimmer. Ein betreuter Aufenthalt in einem Entwicklungsland, eine anspruchsvolle Tour mit einem Führer oder ein Aufenthalt bei einem Verwandten, den das Kind gern hat, könnte ihm helfen, wieder zu seinem wahren Selbst zu finden und sein Bedürfnis zu erkennen, geleitet zu werden. Ist ein Jugendlicher einmal einige Zeit außerhalb der Familie und kann er unter Überwachung etwas unternehmen, was für ihn eine Herausforderung darstellt, kann dies sein Verhalten überaus positiv beeinflussen.

Ein Nachmittagsjob außerhalb des Hauses, Privatunterricht oder die Mitgliedschaft in einem Sportclub sind sehr gute Gelegenheiten für einen Jugendlichen, sein Bedürfnis nach Unterweisung und Führung zu erkennen. Kinder brauchen die Führung von jemandem, der außerhalb der Familie steht. Haben sie nicht die Kontrolle eines Chefs, eines Lehrers oder eines Trainers, geraten sie leichter unter schlechten Einfluss. Um die Kontrolle zu Hause wahren zu können, sollte man immer dafür sorgen, dass der Jugendliche auch außerhalb Anleitung und Kontrolle hat.

Nicht verbieten, sondern wünschen

Solange Kinder noch kein logisches Denken entwickelt haben, ist es kontraproduktiv, ihnen in der Befehlsform etwas zu verbieten. Wenn man sagt: »Renne nicht«, dann sehen Kinder vor sich, wie sie laufen. Statt langsamer zu laufen, entsteht in ihnen geradezu der Drang, noch schneller zu laufen. Kinder lernen durch Bilder. Entsteht vor ihrem geistigen Auge ein Bild, dann lässt die entsprechende Handlung nicht lange auf sich warten, als ob sie das Nein überhaupt nicht wahrnehmen würden.

Gebraucht man Kindern gegenüber die verneinte Befehlsform, entsteht in ihnen der Drang, gerade das zu tun, was man ihnen verbieten möchte.

Man braucht nur einmal zu versuchen, nicht an die Farbe Blau zu denken. Sobald man versucht, nicht an Blau zu denken, muss man ständig an Blau denken. Genau so reagiert ein Kind. Sagt man zu ihm: »Spiele nicht mit deinem Essen«, dann entsteht vor seinem geistigen Auge das Bild, wie es mit seinem Essen spielt, und dies weckt in ihm zwangsläufig den Drang, eben dies zu tun. Sobald sich eine Gelegenheit ergibt, fängt das Kind wieder an, in seinem Essen herumzumantschen. Fragt man das Kind dann, warum es das tut, obwohl man es ihm doch verboten hat, wird es ganz ehrlich zur Antwort geben: »Ich weiß es nicht.«

Oft denken Kinder gar nicht nach: Sie agieren einfach das Bild aus, das vor ihrem geistigen Auge entsteht.

Eltern, die das wissen, verzichten auf die negative Befehlsform. Wenn es ihnen trotzdem einmal passiert, dann lässt sich dies leicht korrigieren. Indem sie ihre Bitte positiv formulieren, entsteht sofort wieder das gewünschte Bild. Entschlüpft einem zum Beispiel ein: »Renne nicht«, dann ändert man dies sofort ab in: »Ich möchte, dass du langsam gehst.«

Kinder nach ihrer Meinung fragen

Etwa um das neunte Lebensjahr entwickelt sich bei Kindern die Fähigkeit zum logischen Denken. Dann können Eltern beginnen, Kinder nach ihrer Meinung zu fragen. Bittet ein Kind nachmittags um ein Eis, dann könnten die Eltern sagen: »Was meinst du? Ist das eine gute Idee?«

Außerdem können Eltern auch beginnen, die Gründe dafür zu erläutern, warum sie von ihren Kindern bestimmte Dinge erwarten. Vor dem zehnten Lebensjahr können Kinder mit logischem Denken noch nichts anfangen. Zu Kindern bis zum zehnten Lebensjahr kann man sagen: »Ich möchte, dass du spätestens um neun Uhr im Bett bist, damit du morgen ausgeschlafen bist.«

Nachfolgend einige Beispiele für Aufforderungen an Kinder ab neun Jahren:

- »Würdest du bitte still sein? Ich möchte, dass du mir jetzt zuhörst, damit ich dir erklären kann, was wir vorhaben.«
- »Würdest du bitte aufhören, deine Schwester zu schlagen? Du kannst genauso gut mit ihr reden. Schlagen tut weh, und sie hat dann keine Lust mehr, mit dir zu spielen.«
- »Würdest du mir bitte helfen? Ich möchte, dass du deinen Teller zur Spüle bringst, weil der Abwasch viel Arbeit ist, und es ist einfacher, wenn du hilfst.«
- »Würdest du bitte hier aufräumen? Ich möchte, dass du deine Spielsachen wegtust, denn wenn du sie liegen lässt,

tritt man leicht darauf. Das Zimmer sieht auch viel schöner aus, wenn es aufgeräumt ist.«

Fragt ein Kind unter neun Jahren, warum es etwas Bestimmtes tun soll, dann kann man durchaus eine Begründung geben, aber nicht, wenn das Kind sich widersetzt. Eltern müssen immer daran denken, dass Kinder unter neun Jahren noch nicht die Fähigkeit haben, Logik zu begreifen oder umzusetzen.

Das Verhalten von Kindern unter neun Jahren sollte man ohne Begründungen motivieren. Widersetzt sich ein Kind einer Anweisung, dann muss es sich aus dem einzigen Grund kooperativ verhalten, weil es das Kind ist und man als sein Erzieher möchte, dass es sich kooperativ verhält. In seinem tiefsten Innern will ja auch jedes Kind nichts anderes, als dem Willen und den Wünschen der Eltern zu gehorchen.

Die Herausforderung der Erziehung

Erziehung ist immer eine Herausforderung, aber für positive Erziehung gilt dies in besonderem Maße. Es kostet einige Zeit und Mühe, sie zu erlernen, aber der Aufwand lohnt sich. Langfristig wird dadurch nicht nur die Erziehung einfacher, sondern es ist auch zum Besten der Kinder. Sie werden sie auf ihrem Weg durch die verschiedenen Entwicklungsstadien immer optimal begleiten.

Bei der Anwendung der neuen Fertigkeiten der positiven Erziehung werden Sie sicher gelegentlich auch ins Straucheln kommen, aber dies geschieht jedem einmal. Bald werden Sie zu dieser Methode völliges Vertrauen haben, denn Sie werden merken, dass Sie den Kindern geben, was sie brauchen. Sie können damit zwar nicht ihr Schicksal ändern oder ihre individuellen Probleme beseitigen, aber Sie können ihnen die nötige elterliche Unterstützung geben, sodass sie alle Widrigkeiten bewältigen und im Leben erfolgreich sein können.

Wie bei jeder neuen Fertigkeit gibt es auch bei der positiven Erziehung eine Lernkurve. Bevor es einfacher wird, wird es zunächst schwieriger. Oft glaubt man schon, dass man jetzt alles richtig macht – dann kommt ein Rückschlag, und man ist ratlos.

Wenn es irgendwo nicht weiterzugehen scheint oder Sie verunsichert sind, dann nehmen Sie einfach dieses Buch zur Hand. Sie werden sehr schnell herausfinden, was Sie übersehen haben. Wenden Sie die fünf Fertigkeiten der positiven Erziehung an, sind Sie rasch wieder im richtigen Gleis.

Aber selbst wenn Sie alles richtig machen, dürfen Sie nicht vergessen, dass Kinder nicht vollkommen sind. Sie müssen Fehler machen und Rückschläge erleben. Sie brauchen Schwierigkeiten und Herausforderungen in ihrem Leben, um ihren individuellen Charakter und ihre Stärken ausbilden zu können. Die Unterstützung der Eltern ist sehr wichtig, aber die Kinder bringen in diese Welt schon alles mit, was sie brauchen, um ihre Lektion zu lernen und zu tun, was sie auf dieser Welt zu tun haben.

Ebenso wenig dürfen Sie von sich selbst Vollkommenheit erwarten. Fehler zu machen ist ebenso Teil des Erwachsenwerdens wie einer erfolgreichen Erziehung. Kinder können keine Kraft entwickeln, wenn alles allzu einfach ist. Sie können ihre eigenen Unvollkommenheiten nicht akzeptieren, wenn sie nicht viele Male die Gelegenheit hatten, ihren Eltern ihre Fehler und Unvollkommenheiten zu verzeihen.

Das Geschenk der Großartigkeit

Gibt man Kindern die Freiheit, ihr wahres Selbst zu entdecken und auszudrücken, dann macht man ihnen das Geschenk der Großartigkeit. Alle großen Denker, Künstler, Wissenschaftler und Führer in der Geschichte hatten die Fähigkeit, alte Konventionen abzulehnen und kreativ zu denken. Sie hatten Träume und schafften es, diesen Träumen zu folgen. Wenn andere ihnen widersprachen oder nicht an sie glaubten, dann hatten sie die Kraft, an sich selbst zu glauben. Großartigkeit wächst durch Widerstand. In allen Erfolgsgeschichten gibt es genügend Beispiele dafür, wie sich Menschen durchsetzen mussten. Der Wille, die ausgetretenen Pfade zu verlassen und sich mit Widerspruch auseinanderzusetzen, lässt Kreativität und Größe wachsen.

Die fünf Botschaften der positiven Erziehung helfen, ein starkes Ich zu entwickeln. Diese fünf Botschaften sind:

1. Du darfst anders sein. Dies erlaubt es Kindern, ihr individuelles inneres Potenzial und ihre individuelle Bestimmung zu entdecken, zu akzeptieren und zu entwickeln.
2. Du darfst Fehler machen. Dies erlaubt es Kindern, sich zu korrigieren, aus ihren Fehlern zu lernen und mehr Erfolg zu haben.
3. Du darfst negative Emotionen ausdrücken. Dies lehrt Kinder, mit ihren Emotionen zurechtzukommen und ein Bewusstsein für ihre Gefühle zu entwickeln, das sie vertrauensvoller, einfühlsamer und kooperativer macht.
4. Du darfst mehr wollen. Dies hilft Kindern, eine gesunde Wahrnehmung zu entwickeln für das, was sie verdient haben, und zu lernen, Wünsche aufzuschieben. Sie erwerben die Fähigkeit, mehr zu wollen und doch zugleich mit dem zufrieden zu sein, was sie haben.
5. Du darfst nein sagen. Dies erlaubt es Kindern, ihren Willen zu bilden und eine wahre und positive Selbstempfindung zu definieren. Diese Freiheit stärkt Geist, Herz und Willen der Kinder und ihr Bewusstsein für das, was sie wollen, fühlen und denken. Dieses Recht, sich Autorität widersetzen zu dürfen, ist die Grundlage der ganzen positiven Erziehung.

Ich hoffe, dass dieser praktische Erziehungsführer allen Eltern hilft, ihren Kindern gute Führer zu sein. Erzieher zu sein ist eine schwierige Aufgabe, aber wir alle wissen, dass sie auch die lohnendste ist, die man haben kann.

Möge Ihnen dieser Führer auf Ihrer Reise helfen. Mögen Ihre Kinder voller Vertrauen, Kooperationsbereitschaft und Mitgefühl aufwachsen. Mögen sie in der äußeren Welt und in ihrer inneren Welt erfolgreich sein. Mögen ihre Träume wahr werden, und mögen sie in ihrer Familie und in ihren Freundschaften dauerhafte Liebe erfahren.

Danksagung

Ich danke meiner Frau Bonnie und unseren drei Töchtern Shannon, Juliet und Lauren für ihre beständige Liebe und Unterstützung. Ohne ihre Mithilfe hätte dieses Buch nicht geschrieben werden können.

Ich danke Diane Reverand bei HarperCollins für ihr hilfreiches Feedback und ihren Rat. Weiterhin danke ich Laura Leonard, meiner Traum-Presseagentin, und Carl Raymond, Craig Herman, Matthew Guma, Mark Landau, Frank Fonchetta, Andrea Cerini, Kate Stark, Lucy Hood, Anne Gaudinier und den anderen großartigen Mitarbeitern bei HarperCollins.

Ich danke meiner Agentin Patti Breitman dafür, dass sie an meine Botschaft glaubte und vor neun Jahren den Wert von »Männer sind anders. Frauen auch« erkannte. Ebenso danke ich meiner internationalen Agentin Linda Michaels, die dafür sorgte, dass meine Bücher weltweit in über fünfzig Sprachen erscheinen konnten.

Ich danke meinen Mitarbeitern Helen Drake, Bart und Merril Berens, Pollyanna Jacobs, Ian und Ellie Coren, Sandra Weinstein, Donna Doiron, Martin und Josie Brown, Bob Beaudry, Michael Najarian, Jim Puzan und Rhonda Coallier für ihre beständige Unterstützung und ihren großen Einsatz. Weiterhin danke ich Matt Jacobs, Sherri Rifkin und Kevin Kraynik für ihre Arbeit, durch die marsvenus.com zu einer der besten Sites im Internet wurde.

Und ich danke all meinen Freunden und Angehörigen für ihre Unterstützung und ihre hilfreichen Vorschläge: meinem Bruder Robert Gray, meiner Schwester Virginia Gray, Clifford

McGuire, Jim Kennedy, Alan Garber, Renee Swisco, Robert und Karen Josephson und Rami El Batrawi.

Ich danke den Hunderten von Mitarbeitern, die in der ganzen Welt Mars-Venus-Workshops abhalten, und den Tausenden von Singles und Paaren, die in den letzten fünfzehn Jahren an solchen Workshops teilgenommen haben. Weiterhin danke ich den Mars-Venus-Beratern, die diese Grundsätze täglich in ihrer Beratungspraxis anwenden.

Ein besonderes Dankeschön an Kaleshwar für die beständige Unterstützung und Hilfe!

Ich danke weiterhin meinen Eltern Virginia und David Gray für all ihre Liebe und Unterstützung, mit der sie mir halfen, der beste Vater zu sein, der ich zu sein vermochte. Ein Dankeschön auch an Lucile Brixey, die mich wie eine zweite Mutter führte und liebte.

Vor allem danke ich Gott für die Energie, Klarheit und Unterstützung, die mir bei der Veröffentlichung dieses Buchs zuteil wurden.

John Gray

Wer mehr erfahren möchte über den Autor John Gray und seine Seminare in deutscher Sprache, kann sich an die untenstehende Kontaktadresse wenden.

Seit 1996 gibt es das von Dr. John Gray gegründete Mars Venus Institute, Mill Valley, Kalifornien. Mehr als 600 speziell ausgebildete und persönlich autorisierte Trainer, die Facilitators, bieten in den USA und weltweit Workshops zu den Themen an, die in diesem Buch behandelt wurden.

Diese interaktiven Seminare sind vom Autor persönlich entwickelt worden und vermitteln den Teilnehmern ein tieferes Verhältnis für positive Kommunikation zwischen Männern und Frauen sowie praktische Tipps auf dem Weg zu einem erfüllten und erfolgreichen Leben.

Für den deutschsprachigen Raum gibt es seit 1999 das Mars Venus Institut (Deutschland). Fordern Sie kostenfrei aktuelle Informationen über das Angebot an Seminaren und Workshops an oder informieren Sie sich auf unserer web site im Internet.

MARS VENUS
WORKSHOPS

Hans-Joachim von Malsen
Postfach 1525 · D-82178 Puchheim

Service-Telefon: 01805/225568
Telefax: 089/89027039

http://www.MarsVenusDeutschland.com
e-mail: service@marsvenus.de